"Questão Social": particularidades no Brasil

EDITORA AFILIADA

Coordenação Editorial da
Biblioteca Básica de Serviço Social
Elisabete Borgianni

Conselho editorial
da Área de Serviço Social
Ademir Alves da Silva
Dilséa Adeodata Bonetti
Elaine Rossetti Behring
Ivete Simionatto
Maria Lúcia Carvalho da Silva
Maria Lúcia Silva Barroco

Dados Internacionais de Catalogação na Publicação (CIP)
(Câmara Brasileira do Livro, SP, Brasil)

Santos, Josiane Soares
  "Questão social" : particularidades no Brasil / Josiane Soares
Santos. – São Paulo : Cortez, 2012. – (Coleção biblioteca básica de
serviço social ; v. 6)

  Bibliografia.
  ISBN 978-85-249-1946-6

  1. História social – Brasil 2. Mudança social – Brasil 3. Política
social – Brasil 4. Problemas sociais – Brasil I. Título. II. Série.

12-09052   CDD-303.0981

Índices para catálogo sistemático:
1. Brasil : Questão social : Sociologia   303.0981

Josiane Soares Santos

"Questão Social": particularidades no Brasil

BIBLIOTECA BÁSICA DE SERVIÇO SOCIAL

VOLUME 6

1ª edição
7ª reimpressão

"QUESTÃO SOCIAL": particularidades no Brasil
Josiane Soares Santos

Capa: aeroestúdio
Preparação dos originais: Jaci Dantas
Revisão: Viviam Silva Moreira
Composição: Linea Editora Ltda.
Assessoria editorial: Elisabete Borgianni
Assistente bilíngue: Priscila F. Augusto
Coordenação editorial: Danilo A. Q. Morales

Nenhuma parte desta obra pode ser reproduzida ou duplicada sem autorização expressa da autora e do editor.

© 2012 by Josiane Soares Santos

Direitos para esta edição
CORTEZ EDITORA
Rua Monte Alegre, 1074 – Perdizes
05014-001 – São Paulo – SP
Tel.: (11) 3864-0111   Fax: (11) 3864-4290
E-mail: cortez@cortezeditora.com.br
www.cortezeditora.com.br

Impresso no Brasil – agosto de 2022

"Somos muitos Severinos
iguais a tudo na vida:
na mesma cabeça grande
que a custo é que se equilibra,
no mesmo ventre crescido,
sobre as mesmas pernas finas
e iguais também porque o sangue que usamos tem pouca tinta.
E se somos Severinos
iguais em tudo na vida,
morremos de morte igual,
mesma morte Severina:
que é morte de que se morre
de velhice antes dos trinta,
de emboscada antes dos vinte,
de fome um pouco por dia
de fraqueza e de doença é que a morte severina
ataca em qualquer idade e até gente não nascida".

Trecho do livro *Morte e vida severina*, de
João Cabral de Melo Neto (1955)

Acredito, como Gonzaguinha, que
"toda pessoa sempre é a marca das
lições diárias de outras tantas pessoas".
Desse modo, dedico este trabalho
a algumas das "tantas pessoas" que me compõem:
aos meus pais, Josefa e João;
ao meu pai ancestral, Rildo Ferreira;
aos discentes da Universidade Federal de Sergipe;
aos meus queridos e inúmeros amigos e amigas
e aos vários "Severinos" brasileiros.

Sumário

Apresentação... 13

Introdução.. 17

Capítulo 1 — Elementos para entender a concepção e a gênese da "questão social".. 25
    1.1 A acumulação primitiva do capital e a "pré-história" da "questão social"....................... 30
    1.2 O modo de produção especificamente capitalista e a gênese da "questão social"............ 35
    1.3 A dinâmica política inerente à "questão social"... 39

Capítulo 2 — Modo de produção, formação social e alguns marcos históricos sobre o Brasil................................. 48
    2.1 Modo de produção capitalista e formações sociais particulares................................ 49
    2.2 Breve retomada de marcos históricos da constituição do capitalismo na formação social brasileira 54
        2.2.1 Brasil colônia (1500-1822)............................ 54
        2.2.2 Período monárquico (1822-1889) 59
        2.2.3 A República Velha (1889-1930) 67

2.2.4 O Primeiro Governo Vargas
(1930-1945) 72

2.2.5 Período republicano democrático
(1945-1964) 77

2.2.6 Ditadura militar (1964-1985) 86

Capítulo 3 — Particularidades do capitalismo na formação
social brasileira 94

3.1 O caráter conservador da modernização
operada pelo capitalismo brasileiro 95

3.2 Os processos de "revolução passiva" 112

3.3 A centralidade da ação estatal para a
constituição do capitalismo brasileiro 120

Capítulo 4 — Particularidades da "questão social" no Brasil 133

4.1 As relações capital x trabalho no Brasil até a
industrialização pesada 137

4.2 As relações capital x trabalho no Brasil na
segunda fase da industrialização pesada 150

4.2.1 Flexibilidade e precariedade do regime
de trabalho no "fordismo à brasileira" 159

4.3 Flexibilidade e precariedade no regime de
trabalho brasileiro e suas conexões com
o desemprego como expressão da
"questão social" 171

Capítulo 5 — Aproximações à "questão social" no
Brasil contemporâneo 180

5.1 Crise capitalista e crise do padrão de
desenvolvimento do capitalismo brasileiro 184

5.2 Particularidades recentes do desemprego
no Brasil 194

Capítulo 6 — Determinantes do desemprego nos anos
1980 e 1990 204

     6.1 O desemprego dos anos 1980 e a relação
com a crise do desenvolvimentismo..................... 204

     6.2 O desemprego dos anos 1990 e a relação
com as políticas de ajuste neoliberais................... 213

Capítulo 7 — Apontamentos sobre as tendências ao enfrentamento
do desemprego como expressão da "questão social"
no Brasil contemporâneo... 232

Considerações finais 247

Referências bibliográficas 253

Glossário 263

Apresentação

Originalmente produzido como tese de doutoramento,[1] grande parte do texto que ora apresento como volume da *Biblioteca Básica de Serviço Social* buscou contribuir, em alguns níveis, para uma particularização do debate sobre a "questão social", levando em consideração a formação e o desenvolvimento do capitalismo brasileiro. Adverte-se, porém, que o livro no qual essa pesquisa se transformou exigiu esforços para adequação do texto original tendo em vista, obviamente, a necessidade de atender ao propósito da *Biblioteca Básica*, qual seja, a publicação de textos didáticos sobre temas centrais das Diretrizes Curriculares na área de Serviço Social.

Essas adequações só foram possíveis porque se registrou a coincidência parcial entre os objetivos da tese e do projeto da *Biblioteca Básica* e, quanto a isso, gostaria de enfatizar alguns aspectos. O primeiro deles é que sendo a "questão social" considerada como fenômeno que origina o Serviço Social (e não só) devido às necessidades de implementação das medidas formuladas pelo Estado para respondê-la, de modo sistemático, no capitalismo monopolista, haveria diferentes formas de abordá-la num projeto editorial como este. A proposta poderia ser de um texto com foco no debate conceitual do tema, por exemplo. Mas a lúcida percepção de Elisabete Borgianni — a quem, desde já, agradeço pelo convite para fazer parte deste projeto que, sem dúvida, é uma das mais importantes iniciativas editoriais da área de Serviço Social — "comprou" a ideia de que era preciso oferecer aos estudantes mais que o debate conceitual.

---

1. A tese intitulada "Particularidades da 'questão social' no capitalismo brasileiro" foi defendida no Programa de Pós-Graduação em Serviço Social da UFRJ em março de 2008.

Isso porque sobre esse nível de abordagem tem-se, no Serviço Social brasileiro, um considerável volume de textos de circulação nacional, o que já não pode ser afirmado em relação à tematização da "questão social" no Brasil, direção na qual é visível a escassez bibliográfica. Por esta razão, o preenchimento dessa "lacuna bibliográfica" pelo presente volume da *Biblioteca Básica* não poderia ser mais fiel ao "espírito" das Diretrizes Curriculares da área de Serviço Social.

A rigor, a "questão social", que é central na formulação do atual projeto de formação profissional, não é considerada como uma das suas "matérias básicas", o que se explica, no meu entendimento, pela sua transversalidade em relação a todos os componentes curriculares contemplada na "nova lógica curricular" proposta. Não há, desse modo, como contemplar adequadamente o entendimento da "questão social" sem que se entrelacem os seus níveis diferenciados de apreensão, quais sejam, o conceitual e o histórico. Em face desse entendimento é que mencionei, inicialmente, a "coincidência parcial" entre os objetivos do texto original e os subjacentes à proposta da *Biblioteca Básica*, pois se colocou em ambos, de modo central, a insuficiência de um trato apenas conceitual da "questão social". Assim sendo, tentei formular um livro que tratasse — o mais fidedignamente possível, mas sem qualquer pretensão exaustiva — a unidade entre os fundamentos marxianos da "questão social" e algumas de suas manifestações históricas na realidade brasileira, transitando entre os "núcleos de fundamentação" e sua relação dialética.

Claro está, portanto, que de falta de ousadia este livro não padece. Ousadia, inclusive, por ter aceitado o convite (não sem algum receio) para figurar, através da *Biblioteca Básica,* em meio a uma equipe de autores que são, para mim, referências intelectuais e possuem uma longa trajetória de contribuições inestimáveis ao debate do Serviço Social brasileiro. Nesse sentido, estou ciente da responsabilidade que pesa sob esta obra originada de uma trajetória intelectual recente, como a minha. Resta saber se, além da ousadia, obtive algum êxito nos objetivos propostos para essa empreitada. Essa resposta somente a crítica do público a quem se dirige esta publicação poderá me fornecer.

É preciso registrar e agradecer, por fim, a algumas das interlocuções essenciais para a existência deste livro. Pela orientação da tese de doutorado, plenamente incorporada aqui, agradeço ao Professor José Paulo Netto que a conduziu de forma fraterna, atenta, fecunda e, sobretudo, estimulante para o exercício da autonomia intelectual; pelas argutas observações e contribuições no momento da defesa da tese que me estimularam a revê-la para a publicação, agradeço aos Professores que compuseram a Banca Examinadora: Ronaldo Coutinho, Elaine Behring, Leila Escorssim e Yolanda Guerra; pela "fermentação" intelectual das reflexões aqui presentes e por outras reflexões que as antecedem com seu profundo significado na minha trajetória profissional e pessoal, agradeço à amiga Lúcia Aranha; pelo aprendizado durante o trabalho conjunto de pesquisa e extensão, agradeço à equipe do PEAC (Programa de Educação Ambiental com Comunidades Costeiras), com especial carinho às amigas Nailsa Araújo — com quem tenho (felizmente!) dividido mais do que horas e horas de trabalho exaustivo nesse cotidiano premido pelo "produtivismo acadêmico" — e Elaine Silva, por incontáveis momentos de fraternidade e também pelas contribuições durante a revisão do texto; pela possibilidade de compartilhar coletivamente o conjunto das minhas preocupações teóricas e políticas com o Serviço Social brasileiro, alimentando, também coletivamente, o seu enfrentamento, agradeço aos colegas da gestão 2009-2010 da ABEPSS e às docentes do DSS/UFS.

Josiane Soares Santos
Aracaju, abril de 2012.

Introdução

A visibilidade da "questão social" em todos os quadrantes do capitalismo mundial é um fato de significativa magnitude diante do qual eu ousaria afirmar que ninguém (independente do campo ideopolítico em que se situe) seria capaz de negar-lhe a existência. Situação bem diversa são as explicações oferecidas para sua gênese e, consequentemente, as propostas formuladas para seu enfrentamento pelas diferentes matrizes da teoria social.

Adotando uma explícita concepção a respeito, este livro a toma como expressão das desigualdades sociais oriundas do modo de produção capitalista e contrapõe-se a outras perspectivas, cujos argumentos centrais para a abordagem da "questão social" são as mudanças nas formas de "solidariedade" ou "coesão social". Nestas últimas "desaparecem" conexões essenciais que determinam esses fenômenos, como, por exemplo, seus fundamentos econômicos e históricos, o que, aliás, é bastante funcional a uma "naturalização" de suas expressões, profundamente conectada com a necessidade de afirmação da aparente positividade capitalista.

Alertar para essa diferença me parece importante nestas páginas introdutórias para que o leitor não seja levado a ignorar as polêmicas em torno do tema. E já que estou no campo dessas "advertências preliminares"; gostaria de sublinhar outra diferença, nem sempre suficientemente explícita, que diz respeito ao *estatuto da "questão social"*. Nos textos de alguns dos mais significativos autores do Serviço Social brasileiro, frequentemente, a expressão encontra-se entre aspas, denotando um certo cuidado na sua adoção, que se explica não somente pela origem conservadora da expressão, conforme alertam Iamamoto (2001) e Netto (2001). As aspas também foram adotadas como "solução" para o fato da "questão social" não poder ser alçada ao estatuto de uma categoria, no sentido marxiano, como "forma de ser, determinação da existência".

Quero dizer com isso que a "questão social" em si, a partir dessa concepção, não existe na realidade e, assim sendo, deve ser entendida *como um conceito* — cuja natureza é reflexiva, intelectiva (Pontes, 1995) — *e não como categoria*. As categorias, para serem consideradas como tais, devem, antes, ter existência concreta, real, a fim de que seja possível a sua abstração no âmbito do pensamento. Neste caso, trata-se de afirmar a *existência real não da "questão social" e sim de suas expressões,* determinadas pela desigualdade fundamental do modo de produção capitalista. Disto não decorre qualquer problema ou diminuição da importância da "questão social". Apenas evidencia-se que esse conceito, em face de seus propósitos originalmente conservadores, não traz necessariamente com ele as premissas subjacentes à análise da lei geral da acumulação capitalista. Essa foi uma releitura do conceito quando de sua incorporação por autores do Serviço Social brasileiro, mas isso não o transforma em categoria e, portanto, não altera seu *estatuto conceitual.* Pode-se dizer, assim, que a partir desta releitura, o conceito adquire uma potencialidade totalizadora a ser explorada, especialmente por designar, de modo articulado, uma série de manifestações encaradas tradicionalmente de forma isolada, configurando os chamados "problemas sociais". De acordo com Iamamoto (2001, p. 18),

> a pulverização da questão social, típica da ótica liberal, resulta numa *autonomização e suas múltiplas expressões* — as várias "questões sociais" — em detrimento da perspectiva de unidade. Impede assim de resgatar a origem da questão social imanente à organização social capitalista, o que não elide a necessidade de apreender as múltiplas expressões e formas concretas que assume.

Sua adoção como pilar explicativo das políticas sociais no estágio capitalista dos monopólios tornou-se, assim, um dos "patrimônios intelectuais" do Serviço Social brasileiro e passou a significar, entre nós, a superação de uma concepção tradicional acerca do objeto de trabalho dos assistentes sociais. Penso que não é demais enfatizar a conquista que isso representa numa profissão que foi inspirada, na sua gênese, pelo conservadorismo cristão e que tem, nas tendências à moralização da ação profissional, raízes bastante afeitas ao conservadorismo presente no debate da "questão social" tomado pelo ângulo da solidariedade e da coesão sociais.

Entre essas advertências introdutórias, é preciso ainda dizer que tratarei da "questão social" no Brasil tendo como foco central sua expressão sob a forma do desemprego. As razões dessa "opção" teórico-metodológica estão expostas ao final do primeiro capítulo, mas sua presença alarmante no atual estágio de desenvolvimento do capitalismo já seria, por si só, um motivo para tal. Em se tratando do Brasil, é certo que houve de 2007 em diante uma redução nos altos índices que figuravam na faixa dos 10% da população economicamente ativa e passaram a cerca de 6% ao final de 2011. Entretanto, mais que sua dimensão quantitativa, importa destacar as diferenças existentes entre este fenômeno no Brasil e nos países centrais do capitalismo. Ao contrário do que ocorre nestes últimos, o desemprego estrutural e, principalmente, o "subemprego" no Brasil não são novidades recentes, existindo uma conexão entre este fato e a superexploração da força de trabalho que se "naturalizou" como condição para a inserção subordinada do país nas engrenagens do capitalismo monopolista de corte imperialista.

Dois são os eixos de análise que sustentam o percurso dessa reflexão. O primeiro deles diz respeito às particularidades do capitalismo na formação social brasileira e o segundo a uma análise da dinâmica do mercado de trabalho no país (e seu correspondente padrão de regulação e proteção social), do ponto de vista histórico. Seu cruzamento permitiu-me delinear os contornos presentes como determinantes das contradições e "modalidades imperantes de exploração" do trabalho pelo capital (Netto, 2001) no Brasil.

Desses contornos, emergem a *flexibilidade estrutural do mercado de trabalho* e a *precariedade na estrutura de ocupaçõe*s como particularidades do desemprego e, portanto, da "questão social", no caso brasileiro. Considero, tomando como referência especialmente as pesquisas do Instituto de Economia da Unicamp, que essas características do mercado de trabalho brasileiro possuem estreita relação com a *alta rotatividade no uso da mão de obra,* facultada aos empregadores pela legislação brasileira historicamente, embora em graus diferenciados, a depender da correlação de forças determinada pelos diferentes momentos da luta de classes no país. Tendo isso por suposto, cabe enfatizar o quanto ainda será necessário aprofundar o conhecimento dos diversos aspectos que estão por ser descortinados sobre a "questão social" no Brasil.

Sobre a estrutura do livro

O conteúdo deste livro foi didaticamente dividido em sete capítulos além desta introdução e das considerações finais. Não obstante uma tentativa de síntese que pretendeu dar unidade aos capítulos relacionando-os entre si em seus principais aspectos, a lógica de exposição recomenda que a leitura dos mesmos não seja feita dissociadamente. Outra observação pertinente é que este livro precisa encontrar, diante de si, leitores minimamente informados sobre o processo histórico brasileiro e suas conexões com as etapas do capitalismo mundial. Tais informações mínimas incluem, obviamente, algo mais do que somente referências cronológicas e permitirão melhor compreensão sobre as análises realizadas, haja vista a impossibilidade de precedê-las com detalhes historiográficos amplamente disponíveis em outras fontes. Esse suposto mantém-se fiel à linha editorial da *Biblioteca Básica* que sem abrir mão de preocupações didáticas com a linguagem ou a forma de exposição, não se propõe a "esquematismos" em seus conteúdos. Por isso mesmo e a fim de auxiliar na superação de eventuais dificuldades ou mesmo de proporcionar aprofundamento de temas transversais está disposto, ao longo dos capítulos, um glossário explicativo de algumas categorias e, ao seu final, a bibliografia comentada e a filmografia, conforme também tem sido tradicional nas publicações da *Biblioteca Básica*.

No primeiro capítulo apresento uma síntese do ponto de partida da exposição trazendo os *elementos para entender a concepção e a gênese da "questão social"*. Sua intenção é situar o leitor teórica e historicamente acerca do momento em que se considera ter origem a "questão social". Isso remete, do ponto de vista teórico, às principais premissas que subsidiam a concepção marxiana do debate, tributárias da lei geral da acumulação capitalista e da crítica da economia política de um modo geral; do ponto de vista histórico, remete essencialmente a uma caracterização das relações entre capital e trabalho, predominantes durante a vigência da primeira Revolução Industrial — na Europa do século XIX — como determinantes do pauperismo e das lutas trabalhistas que emergem por volta de 1830. Importante passo que antecede esse processo é a abordagem do momento definido por Marx (2001) como "pré-história" do capitalismo: a acumulação primitiva do capital. Ao final desse capítulo, aponto as linhas de transição para que possa redimensionar o foco e deter-me na análise sobre o Brasil.

O segundo capítulo — *"modo de produção, formação social e alguns marcos históricos sobre o Brasil"* — pretende contribuir para o entendimento de alguns supostos da análise a ser efetuada sobre as particularidades da "questão social" no Brasil. Primeiramente oferece uma rápida diferenciação entre as categorias "modo de produção" e "formação social", objetivando identificá-las como diferentes instâncias da realidade que, embora indissociáveis, respondem por distintos níveis de sua apropriação, recuperando a tríade categorial da universalidade — singularidade — particularidade. Além disso, resgata de modo bastante panorâmico elementos historiográficos da constituição da formação social e econômica do capitalismo no Brasil.

Findo esse interregno, o terceiro capítulo apresenta uma sistematização das *"particularidades do capitalismo na formação social brasileira"*, a partir das hipóteses sugeridas por Netto (1996), em que se destacam o caráter conservador da modernização capitalista no Brasil; os processos de "revolução passiva" e a centralidade da ação estatal na constituição desse capitalismo. É imperioso lembrar, embora com certa obviedade, que essa síntese foi constituída a partir da interlocução com obras de estudiosos clássicos[1] e contemporâneos sobre o Brasil e, assim sendo, nenhuma dessas premissas analíticas é inédita, estando formuladas, de diferentes maneiras, em vários textos dentro e fora do Serviço Social, a exemplo de Behring (2003) e Iamamoto (2007). Esse percurso se fez absolutamente imprescindível para a identificação das características constitutivas do padrão de exploração da força de trabalho no Brasil, cuja configuração é dada pela conjunção dessas particularidades próprias a países de "capitalismo retardatário". (Cardoso de Mello, 1994)

Iluminadas as particularidades do capitalismo brasileiro, a tarefa do quarto capítulo consiste em apreender as *"particularidades da 'questão social' no Brasil"*. Oferece-se, nesse espaço, um processo de particularização pautado em mediações essenciais à compreensão das formas de exploração do trabalho pelo capital: as categorias de "mercado de trabalho" e "regime de trabalho", consideradas ao longo da constituição do capitalismo brasileiro. Tendo seus marcos regulatórios fundamentalmente instituídos durante a "industrialização restringida" — a formação do mercado de trabalho assalariado, a estrutura sindical corporativa, a CLT e a resultante disso tudo, expressa no conceito de Wanderley Guilherme dos Santos (1987) de "cidadania

---

1. Entre os vários autores presentes na bibliografia utilizada para este fim, merecem destaque Fernandes (2006); Prado Júnior (2004); Sodré (1976, 1990); Ianni (1981, 1986).

regulada" —, ambas as categorias são significativamente redimensionadas a partir da "industrialização pesada", especialmente após 1964.

Neste momento, adquirem força as *características que identifico como particularidades da "questão social" no país: a flexibilidade estrutural do mercado de trabalho e precariedade das ocupações*. Essas particularidades são especialmente evidentes no contexto da ditadura militar, devido à intensa repressão às lutas de classe associada a uma legislação que, com a instituição do FGTS (Fundo de Garantia por Tempo de Serviço), possibilita a elevação da rotatividade na utilização da mão de obra pelos empregadores. Destaco ainda as conexões dessas particularidades com o desemprego como expressão da "questão social" e o fato de se constituírem num paradoxo "fordismo à brasileira". Com isso, quero sublinhar que ao contrário do que ocorria nos países cêntricos — cujo padrão de proteção social reforçava a estabilidade dos empregos como condição para as excepcionais taxas de lucro do período — a flexibilidade/precariedade se afirma como princípio estruturante dos postos de trabalho no Brasil. Este fato só adquire sentido quando se leva em consideração as particularidades do capitalismo brasileiro assinaladas no capítulo precedente, especialmente sua heteronomia.

O quinto capítulo avança numa compreensão dessas *"particularidades da 'questão social' no Brasil contemporâneo"*, tendo em conta o momento atual de crise capitalista para pensar as características recentes do desemprego no país. Tendo em vista a flexibilidade estrutural e precariedade das ocupações do mercado de trabalho brasileiro como características da "questão social", a preocupação, neste momento, foi mostrar que a flexibilidade do atual "modo de acumulação" não pode ser pensada, no caso brasileiro, sem levar em consideração a flexibilidade estrutural das ocupações preexistentes. Pretende-se assim, mediatizar análises que no Serviço Social (e não só) afirmam a flexibilidade como uma "nova" determinação no mundo do trabalho. O que parece *se manifestar, na atualidade, uma extensão e aprofundamento da flexibilidade estrutural do mercado de trabalho, estendendo-a a outros aspectos além da flexibilidade quantitativa dos empregos*, expressa na alta rotatividade da mão de obra.

Tendo esboçado essa atualização do panorama geral da "questão social" no Brasil a partir da crise capitalista recente, chamo atenção para as características diferenciadas do desemprego ao longo dos anos 1980 e 1990. Esta é a tarefa do capítulo seis (*Determinantes do desemprego nos anos 1980 e 1990*) em que essas diferenças são tributadas a causalidades também distintas. No caso dos anos 1980, a crise do "desenvolvimentismo" aparece como principal determinante dos índices de desemprego. Trata-se da crise do padrão de desenvolvimento adotado até a "industrialização pesada", assentado no tripé "setor produtivo estatal/capital nacional/capital internacional". Nesse contexto, o desemprego vinculou-se, em grande medida, às oscilações da atividade produtiva, observada pela tendência à recuperação quantitativamente equivalente dos postos de trabalho perdidos nos momentos de crise. Houve uma expressiva queda das oportunidades ocupacionais no setor produtivo que, embora preservado, passa a não mais absorver em proporções satisfatórias o aumento da população ativa. Destaca-se, nesse panorama, a restauração da democracia, o protagonismo do movimento sindical (contrastando com o panorama do sindicalismo mundial) e o restabelecimento das negociações coletivas, inclusive com mecanismos de reajuste salarial regulados pelo Estado.

No caso dos anos 1990, tem-se um desemprego derivado da adoção das políticas de ajuste neoliberais. Além de suas proporções terem aumentado em relação aos anos 1980, o desemprego desse último período se caracterizou como um desemprego de longa duração. *A partir dos anos 1990, registra-se, ao contrário do ocorrido até a década de 1980, uma tendência à dissociação entre recuperação da economia brasileira (e, nela, dos índices de produção) e sua repercussão no emprego regular.* Outra diferença importante entre esses períodos é a configuração do movimento sindical. Ao contrário da década de 1980, quando o sindicalismo brasileiro adquiriu condições políticas de instituir, mesmo que somente nas categorias mais bem organizadas, negociações coletivas em que a pauta tinha como eixo central as demandas salariais, a partir dos anos 1990, com as medidas de ajuste neoliberais, reduzem-se a capacidade de pressão e barganha dos sindicatos. Embora não tenham sido completamente abandonadas, essas negociações passaram, cada vez mais, a voltarem-se à questão do emprego, com uma tendência clara à pulverização e descentralização.

O sétimo capítulo (*"apontamentos sobre as tendências ao enfrentamento do desemprego como expressão da 'questão social' no Brasil contemporâneo"*) pretende "um retorno" ao Serviço Social pela via das políticas sociais como formas de enfrentamento da "questão social". Nesse trecho, a partir de uma breve análise da conjuntura, que inclui o período do governo Lula da Silva, indico, ainda que sumariamente, preocupações quanto às formas de enfrentamento ao desemprego como expressão da "questão social" no Brasil. O foco é conferido à crescente equalização entre desemprego, exclusão e pobreza que tem sido operada pela via de políticas sociais de cunho cada vez mais focalizado e assistencial, em detrimento de medidas no campo de políticas de emprego. Longe de negar a conexão evidente entre desemprego e pobreza como expressões da "questão social" trata-se de chamar a atenção para uma certa "assistencialização" da mesma ("questão social"), na medida em que fica reduzida à "exclusão", conceito que "tudo abarca e nada explica",[2] dando suporte à dissociação entre política econômica e política social, porquanto escamoteia as evidentes conexões entre desemprego e política econômica.

Nas considerações finais são esboçados alguns dos desafios à pesquisa sobre a "questão social", pensando na dimensão investigativa do Serviço Social, materializada nas agências de formação profissional, mas também nas inúmeras inserções sócio-ocupacionais. Em seu centro, a necessidade estratégica de aprofundar os processos de particularização em relação às demais expressões da "questão social", bem como a outros níveis de análise da realidade brasileira, como os regionais, estaduais e municipais, tendo em vista, principalmente, retroalimentar o trabalho profissional.

---

2. Uma súmula das críticas formuladas por autores como Castel e Martins ao conceito de exclusão encontra-se em Iamamoto (2007).

Capítulo 1

Elementos para entender a concepção e a gênese da "questão social"

Para alcançar o objetivo a que se destina essa publicação é indispensável tecer algumas considerações a respeito do que se está designando como "questão social". Essa tarefa se fará sob dois ângulos necessariamente associados, mas nem por isso idênticos. Trata-se dos planos histórico e conceitual que se cruzam ao longo dessa breve exposição mostrando, a partir de um determinado ponto de vista, o surgimento da chamada "questão social". Para ser mais clara: este capítulo aborda alguns dos aspectos mais significativos da "questão social" em sua gênese, considerando-se uma determinada concepção sobre o processo de sua produção e reprodução, baseada nos aportes da teoria social de Marx. Embora não seja homogênea a concepção de "questão social" entre os assistentes sociais, boa parte dos autores filiados à tradição marxista considera que ela

> [...] não é senão as expressões do processo de formação e desenvolvimento da classe operária e de seu ingresso no cenário político da sociedade exigindo seu reconhecimento como classe por parte do empresariado e do Estado. É a manifestação, no cotidiano da vida social, da contradição entre o proletariado e a burguesia, a qual passa a exigir outros tipos de intervenção mais além da caridade e da repressão. (Iamamoto; Carvalho, 1995, p. 77)

Iamamoto (2001) e Netto (2001) ressaltam, porém, que a expressão "questão social" é estranha ao universo marxiano embora não interditem, sob nenhuma hipótese, a possibilidade de sua análise nesta ótica. Ao contrário, sabe-se que a autora, desde seus escritos de 1982, notabilizou esse conceito entre os assistentes sociais, conferindo-lhe densidade a partir dos elementos da crítica da economia política contida em *O capital*.[1]

Se a compreensão das determinações inerentes ao debate da "questão social" nessa direção é impensável, portanto, sem os elementos da crítica da economia política marxiana, ela tem seu núcleo essencial fundado pela "lei geral da acumulação capitalista". Isso significa dizer que a gênese da "questão social" é explicada pelo processo de acumulação ou reprodução ampliada do capital. Esse processo remete à incorporação permanente de inovações tecnológicas pelos capitalistas, tendo em vista o aumento da produtividade do trabalho social e a diminuição do tempo de trabalho socialmente necessário à produção de mercadorias. Essa tendência, por sua vez, produz um movimento simultâneo de aumento do capital constante e diminuição do capital variável, que corresponde à força de trabalho.

> Essa redução relativa da parte variável do capital, acelerada com o aumento do capital global, e que é mais rápida do que este aumento, assume, por outro lado, a aparência de um crescimento absoluto da população trabalhadora muito mais rápido que o do capital variável ou dos meios de ocupação dessa população. Mas a verdade é que a acumulação capitalista sempre produz, e na proporção de sua energia e de sua extensão, uma população trabalhadora supérflua relativamente, isto é, que ultrapassa as necessidades médias de expansão do capital, tornando-se, desse modo, excedente. (Marx, 2001, p. 733)

Antes de prosseguir uma advertência, originalmente formulada por Netto e Braz (2006), que é absolutamente pertinente nesse caso: não é simplesmente a incorporação do progresso técnico a geradora da população trabalhadora excedente, ou desempregada, acima referida. Isso poderia levar à errônea interpretação de que a incorporação de novas tecnologias à produção seja necessariamente negativa por substituir o trabalho humano. Veremos adiante como os próprios trabalhadores foram levados, num determinado

---

1. Refiro-me explicitamente aos capítulos que compõem a "primeira parte" do conhecido livro "Relações sociais e Serviço Social no Brasil", já que Iamamoto toma o conceito "questão social" originalmente das obras de Cerqueira Filho (1982), realizando uma ampla re-significação de seus fundamentos.

momento histórico, a acreditar nessa falsa premissa. Na verdade, o progresso técnico é fator de extrema importância exatamente por proporcionar *a diminuição da quantidade de horas de trabalho necessário* por dia. Vejam, no entanto, que não é esse o objetivo do processo capitalista de produção, pois este não se satisfaz com o tempo de trabalho socialmente necessário para produzir as respostas às necessidades humanas, realizando sempre para além deste, a busca da valorização do capital, ou seja, a *obtenção de mais-valia.*

> Comparando o processo de produzir valor com o de produzir mais-valia, veremos que o segundo só difere do primeiro por se prolongar além de certo ponto. O processo de produzir valor simplesmente dura até o ponto em que o valor da força de trabalho pago pelo capital é substituído por um equivalente. Ultrapassando esse ponto, o processo de produzir valor torna-se processo de produzir mais-valia (valor excedente). (Marx, 2001, p. 228)

O desenvolvimento tecnológico se torna determinante do desemprego, portanto, em face de sua utilização no interior das leis de reprodução do capitalismo onde a produção de respostas às necessidades humanas está inteiramente subordinada ao processo de valorização do capital. Ou seja, quem permanece trabalhando é mais explorado na intensidade de horas trabalhadas e torna "dispensáveis" outros tantos trabalhadores. Em outra lógica — que não fosse a do processo de valorização — o progresso tecnológico poderia beneficiar a todos que permaneceriam trabalhando, porém num tempo que tenderia a encurtar, dado o aumento da produtividade por ele proporcionado.

Desse modo, não preocupa aos capitalistas que o tempo de trabalho socialmente necessário seja diminuído em função de que os homens tenham tempo para usufruir de outras dimensões da vida social. Preocupa a eles que a diminuição deste tempo de trabalho socialmente necessário seja, por um lado, uma forma de maximizar a extração de trabalho não pago dos trabalhadores e, por outro, uma forma de produzir o chamado "exército industrial de reserva" como aquele contingente de trabalhadores "excedentes", aptos ao trabalho, mas "condenados à ociosidade socialmente forçada [...] acirrando a concorrência entre os trabalhadores — a oferta e a procura — com evidente interferência na regulação dos salários" (Iamamoto, 2001, p. 14). Assim,

> Cada dia se torna mais claro que as condições de produção em que se move a burguesia não têm caráter unitário, simples, mas dúplice; que *nas mesmas*

condições em que se produz a riqueza, produz-se também a miséria; que nas mesmas condições em que se processa o desenvolvimento das forças produtivas, desenvolve-se também uma força repressiva; que essas condições só geram a riqueza burguesa, isto é a riqueza da classe burguesa, com a destruição continuada de membros que integram essa classe e com a formação de um proletariado cada vez maior. (Marx, 2001, p. 749; grifos meus)

Esses processos se intensificam na mesma medida em que se desenvolve o modo de produção especificamente capitalista, ou seja, aquele que, sob o formato da grande indústria, aprofunda a vigência e capilaridade de suas leis fazendo emergir, no século XIX, o *pauperismo*. Tem-se então o marco histórico do conjunto de fenômenos que, incluindo o pauperismo, mas também se reproduzindo para além dele, se considera aqui como gênese da "questão social". De acordo com Netto (2001, p. 42-43),

se não era inédita a desigualdade entre as várias camadas sociais, se vinha muito de longe a polarização entre os ricos e os pobres, se era antiquíssima a diferente apropriação e fruição dos bens sociais, era radicalmente nova a dinâmica da pobreza que então se generalizava. Pela primeira vez na história registrada, a pobreza crescia na razão direta em que aumentava a capacidade social de produzir riquezas. [...] Se, nas formas de sociedade precedentes à sociedade burguesa, a pobreza estava ligada a um quadro geral de escassez ([...] determinado pelo nível de desenvolvimento das forças produtivas materiais e sociais), agora ela se mostrava conectada a um quadro geral tendente a reduzir com força a situação da escassez. Numa palavra, a pobreza acentuada e generalizada no primeiro terço do século XIX — o pauperismo — aparecia como nova precisamente porque ela se produzia pelas mesmas condições que propiciavam os supostos, no plano imediato, da sua redução, e, no limite, da sua supressão.

É importante destacar aqui duas questões. A primeira delas é que não se está designando como "questão social" a desigualdade e a pobreza indistintamente e sim aquelas que têm sua existência fundada pelo modo de produção capitalista. Isso tem por suposto o reconhecimento de outras "formas de ser" (Marx) desses fenômenos que antecedem o capitalismo. No escravismo e no sistema feudal, existiam diferenciações entre classes, propriedade privada e exploração do trabalho[2] e, portanto, reproduzia-se a desigual-

---

2. "A exploração não é um traço distintivo do regime do capital (sabe-se, de fato, que formas sociais assentadas na exploração precedem largamente a ordem burguesa)" (Netto, 2001, p. 45).

dade. A diferença entre esses modos de produção e o capitalismo está em que, neste último, sua existência é única e **socialmente produzida**, pois *o desenvolvimento das forças produtivas operado nos seus marcos é capaz de reduzir, significativamente, a dependência e determinação de fatores naturais na produção da escassez*. Sobre isso, Marx ([s.d.], p. 25) escreve, em 1848,

> A burguesia, em seu domínio de classe, apenas secular, criou forças produtivas mais numerosas e mais colossais que todas as gerações passadas em conjunto. A subjugação das forças da natureza, as máquinas, a aplicação da química à indústria e à agricultura, a navegação a vapor, as estradas de ferro, o telégrafo elétrico, a exploração de continentes inteiros, a canalização dos rios, populações inteiras brotando na terra como por encanto — que século anterior teria suspeitado que semelhantes forças produtivas estivessem adormecidas no seio do trabalho social?

Dito de outro modo: a pobreza existente antes do capitalismo era determinada socialmente pela divisão entre classes, mas se devia, principalmente, ao baixo desenvolvimento das forças produtivas que deixavam, por exemplo, a produção agrícola inteiramente vulnerável às pragas que acometiam as plantações ou outras catástrofes naturais, produtoras de longos períodos de fome e epidemias nos países do "velho mundo".

Isso não significa dizer, porém, que no século XIX, em pleno desenvolvimento da Revolução Industrial, não ocorressem mais esses fenômenos. Hobsbawm nos fala da "Grande Fome Irlandesa" de 1847, como parte da "Grande Depressão" ocorrida em toda a Europa Ocidental ante o fracasso na colheita de batatas. O autor afirma que

> ninguém sabe, ou jamais saberá precisamente, o custo humano [desta] que foi, de longe, a maior catástrofe humana da história europeia no período que focalizamos [1789-1848]. Estimativas grosseiras permitem supor que perto de 1 milhão de pessoas morreu de fome e que outro tanto emigrou da ilha entre 1846 e 1851. (2005, p. 232)

Sob um ângulo diferente, mas relacionado com o anterior, não é possível ignorar que mesmo com as precárias condições de vida após a Primeira Revolução Industrial as taxas de mortalidade vinham caindo desde o século XVIII. Dados de registro da maternidade de Londres, apresentados por Huberman (1976), indicam que a proporção de mortes entre 1749 e 1758 era de 1 para cada 42 mulheres e caiu para 1 em cada 914 entre 1799-1800. O mesmo ocorreu com a morte de crianças que caiu entre os dois períodos de 1 para cada 15 para 1 em cada 115.

Esses dados se explicam em face da progressiva descoberta de recursos cientificamente produzidos que, ao longo do desenvolvimento capitalista, têm sido essenciais no desvendamento de propriedades/mecanismos de funcionamento da natureza. Seu uso servindo, primeiramente, como força produtiva para ampliar a rentabilidade do capital também introduziu importantes conquistas em todos os setores da vida social, materializando o que Marx e Engels (apud Netto, 1994) vão denominar como "recuo das barreiras naturais".

O segundo destaque a fazer é que além de socialmente produzida, a escassez que gera o pauperismo não expressa sozinha a "questão social". Outra característica que a particulariza como tal no âmbito da sociedade burguesa relaciona-se diretamente aos seus *desdobramentos sociopolíticos*. De acordo com Netto (2001), a escassez que se reproduz nos marcos do capitalismo resulta da forma como estão estabelecidas as relações sociais de produção, podendo ser superada caso sejam superadas as formas de exploração do trabalho que garantem a apropriação privada do que é socialmente produzido.

Assim é que as lutas de classe são inelimimavelmente constitutivas da "questão social". Elas atingem o cerne do processo de sua produção: as relações sociais contraditórias e antagônicas entre capitalistas e trabalhadores que tornam cada vez mais socializado o processo de produção de riqueza e, com a mesma intensidade, privatizado o seu resultado final. Tendo presentes essas premissas teóricas preliminares, avançarei então na direção dos principais aspectos históricos presentes na gênese da "questão social".

1.1 A acumulação primitiva do capital e a "pré-história" da "questão social"

Torna-se sempre difícil demarcar com exatidão a periodicidade dos fenômenos da vida social, cuja processualidade requer cuidados, sempre reiterados, a fim de evitar simplificações esquemáticas. Considerando-se, portanto, tais dificuldades, mas sem abrir mão da necessidade de localizar historicamente a "questão social" é praticamente uma unanimidade na literatura que trata dos fenômenos que lhe são constitutivos — o pauperismo e as lutas do proletariado contra a burguesia — a afirmação dessa gênese por volta de 1830. De acordo com Hobsbawm (2005, p. 162),

> Qualquer que seja o aspecto da vida social que avaliarmos, 1830 determina um ponto crítico [...]. Ele aparece com igual proeminência na história da industrialização e da urbanização, na história das migrações humanas, tanto sociais quanto geográficas, e ainda na história das artes e da ideologia. [...] 1830 determina uma inovação ainda mais radical na política: o aparecimento da classe operária como uma força política autoconsciente e independente na Grã-Betanha e na França. [...] na Grã-Bretanha e na Europa Ocidental em geral, este ano determina o início daquelas décadas de crise no desenvolvimento da nova sociedade que se concluem com a derrota das revoluções de 1848 e com o gigantesco salto econômico depois de 1851.

No entanto é preciso retroagir alguns séculos para localizar, com a gênese do próprio capitalismo, os fatores que levaram a esse processo de pauperização acentuada no século XIX. Refiro-me ao seguinte: tratar do pauperismo e das lutas sociais do século XIX requer uma compreensão mínima do período chamado por Marx de "acumulação primitiva do capital", responsável por criar o "trabalhador livre".[3] Esse processo que configura a "pré-história do capitalismo" (Marx) se inicia na Inglaterra, entre o último terço do século XV e o início do século XVI, consistindo na pura e simples expropriação dos camponeses de suas terras, objetivando transformá-las, majoritariamente, em pastagens para ovelhas.

> Como o preço da lã subira (a lã era a principal exportação da Inglaterra) muitos senhores viram uma oportunidade de ganhar mais dinheiro da terra transformando-a de terra cultivada em pasto de ovelhas. [...] Enquanto isso significava mais dinheiro, significava também a perda do emprego e do meio de vida dos lavradores que haviam ocupado a terra que passava a ser cercada. Para cuidar

---

3. Obviamente que uma exposição mais circunstanciada do movimento histórico que levou, por sua vez, à fase da acumulação primitiva está inteiramente fora dos propósitos do presente texto. É importante saber, no entanto, que está vinculado ao processamento da transição entre feudalismo e capitalismo, tendo múltiplas causalidades relacionadas à dinâmica mercantil, à produção de excedentes e à emergência de uma nova classe social, cujos valores questionam crescentemente a "imobilidade" das castas. Sobre o tema podem ser consultados, além do próprio Marx (2001), Huberman (1976) e Hobsbawm (2005).

de ovelhas, é necessário um número de pessoas menor do que para cuidar de uma fazenda — e os que sobravam ficavam desempregados. (Huberman, 1976, p. 114)

Os conhecidos "cercamentos" das terras se fizeram objetivando gerar uma oferta de trabalho adequada às necessidades do capital que, para dar lucro, precisa, necessariamente, explorar a força de trabalho. Ante os níveis de desemprego atuais chega a ser difícil imaginar que algum dia a oferta de força de trabalho tenha sido um problema para os capitalistas. No entanto devemos lembrar que, nesse momento, o acesso à terra por parte dos camponeses supria suas necessidades de modo que era preciso apartá-los desses meios de produção para que estivessem dispostos a trabalhar em troca de um salário.

Os cercamentos enfrentaram, inicialmente, algum nível de oposição por parte dos governantes que promulgavam, em vão, legislações com várias condicionantes, tentando coibir o excesso dessas práticas. Algumas das principais razões que levavam à existência desse tipo de legislação devem ser atribuídas não a preocupações dos monarcas com justiça social e sim à queda na arrecadação de impostos dos camponeses pela Coroa e ao "risco social" eminente com a ocorrência de incêndios e motins promovidos por grupos de desempregados (Huberman, 1976).

Some-se a isso as medidas de desapropriação dos bens da Igreja Católica por ocasião da Reforma Protestante que também teve efeito sob os camponeses na medida em que "o direito legalmente explícito dos lavradores empobrecidos a uma parte dos dízimos da Igreja foi confiscado tacitamente" (Marx, 2001, p. 835). Esse processo se estende ao longo do século XVIII quando se pode afirmar que desaparecem os últimos traços do regime comunal de propriedade e a política dos cercamentos ganha, definitivamente, o Parlamento como aliado. É importante ter em vista as relações que este apoio parlamentar tem com a ocorrência das revoluções políticas inglesa (1640) e Francesa (1789), responsáveis por reestruturar o Estado em termos liberais conforme aspirações da burguesia que se tornara, a partir disso, classe dominante.

Huberman (1976) apresenta uma analogia entre essas revoluções e a situação de um pinto dentro do ovo quando chega o momento em que, estando maior que o espaço disponível, precisa romper a casca ou morre.

Tal era a situação da burguesia diante das inúmeras restrições que existiam sob suas atividades econômicas em razão da estrutura social imobilista (vinculada ao nascimento) do sistema feudal e seus respectivos privilégios usufruídos pelas castas mais altas na estrutura do poder político. "A burguesia desejava que seu poder político correspondesse ao poder econômico que já tinha. Era dona de propriedades — agora queria os privilégios" (Huberman, 1976, p. 160).

Voltando aos cercamentos, o trânsito ao século XIX, em suas duas primeiras décadas, marca o seu apogeu com a "limpeza" que, segundo Marx, (2001, p. 842) consistiu em

[...] varrer [das propriedades] os seres humanos. Conforme vimos anteriormente, ao descrever as condições modernas em que não há mais camponeses independentes para enxotar, a limpeza prossegue para demolir as choupanas, de modo que os trabalhadores agrícolas não encontram mais na terra que lavram o espaço para sua própria habitação. Mas a "limpeza das propriedades", no seu verdadeiro sentido, vamos encontrar mesmo na [...] Escócia serrana. A operação lá se destaca pelo caráter sistemático, pela magnitude da escala em que se executa de um só golpe (na Irlanda, houve proprietários que demoliram várias aldeias ao mesmo tempo; na Escócia, houve casos de áreas do tamanho de ducados alemães).

Do ponto de vista produtivo, enquanto se realizava o movimento de "libertação" dos trabalhadores em relação aos meios de produção, o capitalismo desenvolveu-se sob duas formas históricas. A primeira delas foi a cooperação com "atuação simultânea de grande número de trabalhadores, no mesmo local, ou, se se quiser, no mesmo campo de atividade, para produzir a mesma espécie de mercadoria sob o comando do mesmo capitalista" (Marx, 2001, p. 375). Esse processo criou uma força coletiva de trabalho aumentando a produtividade, embora subjetivamente o trabalhador ainda tivesse domínio do processo produtivo, mas não mais do produto.

A segunda forma histórica do capitalismo no período da acumulação primitiva foi a manufatura (entre meados do século XVI e o último terço do século XVIII) consistindo numa forma de cooperação que decompõe as diversas operações de origem artesanal. A manufatura está, portanto, baseada na divisão do trabalho, mas sua base técnica não registra modificações em relação à primeira forma histórica capitalista, uma vez que complexa ou simples, a operação continua manual, artesanal, dependendo, portanto da força, da habilidade, rapidez e segurança do trabalhador individual, ao manejar seu instrumento. O ofício continua sendo a base. Essa estreita base técnica exclui realmente a análise científica do processo de produção, pois cada processo parcial percorrido pelo produto tem de ser realizável como trabalho parcial profissional de um artesão. (Marx, 2001, p. 393)

Entretanto, neste momento, dada apenas a subsunção formal do trabalho ao capital (Marx, 2001), a transformação do imenso contingente de lavradores expropriados em trabalhadores assalariados não foi um processo "automático". Entre outras razões, por traços da cultura que determinam ritmos e disciplinas bastante diferentes entre o trabalho agrícola e o das manufaturas nascentes. Assim sendo, as "escolhas" que se colocavam no horizonte desses sujeitos incluíam, além do assalariamento, a mendicância, a "vadiagem" ou mesmo a ladroagem, largamente utilizadas como formas de resistência às novas relações sociais emergentes. Quanto a isso, desde o século XV foram sendo promulgadas leis, não casualmente chamadas por Marx (2001) de "sanguinárias", que coibiam tais fenômenos, impelindo os desempregados ao trabalho assalariado com a utilização de instrumentos de tortura como punições àqueles que resistissem às necessidades do capital.

Outro conjunto de leis foi necessário nesse momento para, de modo coercitivo, dar início à intensa exploração do trabalho a que esses assalariados foram submetidos. Tratam-se das leis que mantinham baixos os salários e estendiam a jornada de trabalho, originando a mais-valia absoluta como importante condição para a chamada acumulação primitiva e também para a fase manufatureira do capital, de um modo geral. São exemplos dessa legislação os estatutos dos aprendizes e dos trabalhadores que puniam a quem pagasse salários acima da tarifa legal estabelecida, além de medidas que proibiam a organização política dos trabalhadores (Marx, 2001). Outro exemplo dessa legislação foi a que se promulgou como assistência pública, nos moldes da lei dos pobres (1834), cujo recrutamento ao trabalho forçado implicava na perda dos direitos civis e econômicos.

Dessa breve exposição acerca dos antecedentes ou, se quisermos plagiar Marx, da "pré-história" da "questão social", é fundamental reter o seguinte: nada no processo que a originou pode ser classificado como "natural". Todos os fenômenos que compareçem em sua gênese e reprodução têm causalidades sociais, embora tenham sido aparentemente naturalizados no curso dos acontecimentos.

1.2 O modo de produção especificamente capitalista e a gênese da "questão social"

O capitalismo chega ao século XIX com sua forma histórica baseada na grande indústria que opera o trânsito da subsunção formal à subsunção real do trabalho ao capital.

Ao progredir a produção capitalista, desenvolve-se uma classe trabalhadora que por educação, tradição e costume, aceita as exigências daquele modo de produção como leis naturais evidentes. A organização do processo de produção capitalista, em seu pleno desenvolvimento, quebra toda a resistência; a produção contínua de uma superpopulação relativa mantém a lei da oferta e da procura de trabalho e, portanto, o salário em harmonia com as necessidades de expansão do capital e a coação surda das relações econômicas consolida o domínio do capitalista sobre o trabalhador. Ainda se empregará a violência direta, à margem das leis econômicas, mas doravante apenas em caráter excepcional. (Marx, 2001, p. 851)

O tear e a máquina a vapor constituem a base técnica da Primeira Revolução Industrial, que se estende até meados do século XIX. Para Hobsbawm (2005), entre 1815 e 1840, a maior expressão dessa revolução no berço do capitalismo mundial, a Inglaterra, ficou praticamente restrita à indústria têxtil, pois embora presente em outros ramos produtivos seu impacto foi, do ponto de vista comparativo, bastante reduzido. Várias razões justificam esse fato, sendo as mais importantes o volume bem maior de trabalhadores empregado na indústria têxtil e o peso econômico desta na economia inglesa.

Já nesse período é visível o processo acentuado de pauperização da classe trabalhadora na Inglaterra e fora dela. Veja-se, por exemplo, a descrição que se segue e traz dados da realidade norte-americana (apud Huberman, 1976, p. 127)

Casas superlotadas, sujas e em mau estado, roupas esfarrapadas e reclamações frequentes sobre a comida insatisfatória, tanto na qualidade como na quantidade caracterizam os lares pesquisados.

Crianças de menos de 16 anos trabalhavam em 96 das 129 famílias estudadas. Metade delas tinha menos de 12 anos. Trinta e quatro tinham 8 anos e menos, e doze tinham menos de cinco anos.

Era comum o emprego de mulheres e crianças nas fábricas. No caso inglês, mais da metade dos trabalhadores dos engenhos de algodão entre 1834 e 1847 era de mulheres e crianças também do sexo feminino. Para ilustrar as circunstâncias em que isso comumente ocorria, transcrevo o depoimento chocante de uma criança de 11 anos que consta do relatório de uma Comissão do Parlamento Inglês em 1833 (apud Huberman, 1976, p. 191-192).

> Sempre nos batiam se adormecíamos. O capataz costumava pegar uma corda da grossura do meu polegar, dobrá-la e dar-lhe nós [...] Eu costumava ir para a fábrica um pouco antes das 6, por vezes às 5, e trabalhar até 9 da noite. Trabalhei toda a noite certa vez, nós escolhíamos isso. Queríamos ter algum dinheiro para gastar. Havíamos trabalhado desde as 6 da manhã do dia anterior. Continuamos trabalhando até as 9 da noite seguinte. [...] Meu irmão faz o turno comigo. Ele tem 7 anos.

Essa questão tinha uma explicação: além de oferecerem menor resistência à disciplina própria dos novos processos de trabalho, mulheres e crianças eram úteis também às necessidades crescentes de superexploração da força de trabalho como forma de superar as pequenas crises que resultavam na queda da taxa de lucro. Segundo Hobsbawm, a partir de 1815, as vantagens de produtividade começam a diminuir com a sua universalização, dada a lógica concorrencial predominante entre os inúmeros capitais nesse momento histórico, provocando constantes quedas de preço. Para conter essa queda na taxa de lucros era preciso reduzir os custos.

> E de todos os custos, os salários [...] eram os mais comprimíveis. Eles podiam ser comprimidos pela simples diminuição, pela substituição de trabalhadores qualificados, mais caros [predominantemente do sexo masculino por mulheres e crianças], e pela competição da máquina com a mão de obra. (Hobsbawm, 2005, p. 68)

Desse modo, em face das crescentes necessidades de valorização do capital não apenas a mão de obra infantil e feminina, mas todos os trabalhadores eram submetidos a extensas jornadas de trabalho. O maquinário era um investimento importante, mas apresentava uma tendência à rápida obsolescência devido à velocidade das novas invenções, além do que ele apenas transfere valor quando é operado pelo trabalhador. Por isso, a premissa dos capitalistas era fazer as máquinas funcionarem diuturnamente, impondo uma jornada média de 16 horas aos operários, em diferentes turnos de trabalho. Associava-se a essas condições de trabalho a intensidade e o ritmo cada vez mais ditado pelas máquinas, sob rígida supervisão dos capatazes, conforme já afirmado antes. "Os fiandeiros de uma fábrica próxima de Manchester, [por exemplo,] trabalhavam 14 horas por dia numa temperatura de 26 °C a 29 °C, sem terem permissão de mandar buscar água para beber" (Huberman, 1976, p. 190). Muito curta era, em consequência, a vida desses trabalhadores que tinham sua energia vital rapidamente "consumida" pelas fábricas através das extensas jornadas de trabalho.

> A experiência mostra geralmente ao capitalista que existe uma população excedente em relação às necessidades momentâneas do capital de expandir o valor. Essa superpopulação, entretanto, se compõe de gerações humanas atrofiadas, de vida curta, revezando-se rapidamente, por assim dizer, prematuramente colhidas. (Marx, 2001, p. 310-311)

Esse paradoxo deve ser sublinhado exatamente pelo despropósito que significa ter altas taxas de mortalidade por exaustão de trabalho quando as condições materiais do progresso científico colocam, pela primeira vez na história da humanidade, a possibilidade de diminuir o tempo de trabalho socialmente necessário e, ao mesmo tempo, aumentar o volume da produção.

A concentração da produção, reunindo os trabalhadores na linha de montagem das fábricas e intensificando a divisão social do trabalho, leva à concentração da população operária que, residindo nos seus arredores, vai incrementar o processo de urbanização. Era flagrante a ausência de investimentos em infraestrutura urbana, o desprezo pelas condições de vida operária, significativos níveis de morbidade, mortalidade da população infantil e adulta, habitações em locais insalubres, doenças, fome, baixos salários.

> As cidades e as áreas industriais cresciam rapidamente, sem planejamento ou supervisão, e os serviços mais elementares da vida da cidade fracassavam na tentativa de manter o mesmo passo: a limpeza das ruas, o fornecimento de água, os serviços sanitários, para não mencionarmos as condições habitacionais da classe trabalhadora [...] cortiços onde se misturavam o frio e a imundice, ou os extensos complexos de aldeias industriais de pequena escala. [...] O desenvolvimento urbano foi um gigantesco processo de segregação de classes, que empurrava os novos trabalhadores pobres para as grandes concentrações de miséria alijadas dos centros de governo e dos negócios, e das novas áreas residenciais da burguesia. A consequência mais patente dessa deterioração urbana

foi o reaparecimento das grandes epidemias de doenças contagiosas (principalmente transmitidas pela água), notadamente a *cólera*. [...] Só depois de 1848 quando as novas epidemias nascidas nos cortiços começaram a matar também os ricos, e as massas desesperadas que aí cresciam tinham assustado os poderosos com a revolução social, foram tomadas providências para um aperfeiçoamento e uma reconstrução urbana sistemática. (Hobsbawm, 2005, p. 282-284)

Para completar um breve quadro das mais significativas expressões da "questão social" no período de sua gênese, não se pode deixar de mencionar que a precariedade dessas condições de moradia e trabalho repercutia amplamente nos valores estruturantes de sua sociabilidade, o que preocupava aos filantropos, mas também ao movimento operário. São exemplos disso as altas taxas de natalidade, associadas a diversas formas de promiscuidade sexual, incluindo-se aí a prostituição, o alcoolismo — segundo Hobsbawm (2005, p. 282) "a maneira mais rápida de sair de Manchester" — e os inúmeros renascimentos religiosos de fundamento místico ou estimulados pelo temor do "apocalipse". Em todas essas manifestações registram-se formas de resistência associadas à tentativa de aprender a conviver, individual e subjetivamente, com esse extremo nível de barbarização da vida social.

Ao assinalar esse fenômeno como uma necessidade do capital, Martinelli (1995) sublinha a contradição de que é portador, proporcionando as condições para o surgimento da solidariedade entre os trabalhadores:[4] "vivendo nas mesmas localidades e sofrendo as mesmas agruras da vida operária, os trabalhadores começam a superar a heterogeneidade e aos poucos vão se definindo e assumindo estratégias que configuram a sua forma de protesto, a sua recusa a serem destruídos pela máquina, devorados pelo capitalismo" (p. 36-37).

Registra-se, nessa direção, a ocorrência de inúmeros protestos de diferentes segmentos da classe trabalhadora que foram gestando um dos genuínos "produtos" da terceira década do século XIX: a *consciência de classe*, que culminaria no movimento revolucionário de 1848. Embora não se possa generalizar ou uniformizar os níveis desse fenômeno entre os países da Europa Ocidental é um fato que as mudanças nas formas de resistência dos trabalhadores expressa, em boa medida, o trânsito da chamada por Marx

---

4. Também Hobsbawm atesta que "os proletários não se mantinham unidos pelo simples fato de serem pobres e estarem num mesmo lugar, mas pelo fato de que trabalhar junto e em grande número, colaborando uns com os outros numa mesma tarefa e apoiando-se mutuamente, constituía sua própria vida" (2005, p. 295).

(1976) de "classe em si" a "classe para si". Isso significa a passagem do que eram as primeiras percepções do proletariado, reconhecendo-se como tal em sua condição econômica, ao reconhecimento da necessidade política do seu protagonismo, como classe, no enfrentamento daquelas condições.

Tomando-se esses parâmetros como referência, eram evidentes as diferenças entre a classe trabalhadora de países como França e Inglaterra — onde as forças produtivas especificamente capitalistas e o processo de urbanização estavam mais difundidos — e os demais países que não necessariamente apresentavam esses indicadores até 1848. Hobsbawm (2005) nos lembra que por volta de 1840 a maioria dos habitantes da terra permanecia sendo de camponeses, embora a Inglaterra tenha registrado, no censo de 1851, que a agricultura já não era a principal ocupação e que a população rural estava prestes a ser superada pela urbana.

As revoluções burguesas haviam, no entanto, deixado uma lição. Era evidente que em vez da "liberdade" prometida ao povo que lutou pela causa da burguesia, apenas esta havia verdadeiramente "lucrado" e, após conquistar o que queria, essa classe consolidou novas estruturas de dominação às quais submeteu a maioria da população. Mais importante que isso, no entanto, foi que *tais revoluções evidenciaram o caráter histórico das relações sociais.* Graças a elas, "sabia-se agora que a revolução social era possível, que as nações existiam independentemente dos Estados, os povos independentemente de seus governantes, e até mesmo que os pobres existiam independentemente das classes governantes" (Hobsbawm, 2005, p. 133).

1.3 A dinâmica política inerente à "questão social"

As primeiras formas de oposição organizada dos trabalhadores à exploração capitalista se deram bem antes de 1830. Foram muitas manifestações espontâneas que podem ser mencionadas como parte do processo de resistência e luta social nas novas condições que se estavam gestando. Eram frequentes, até então, os motins e protestos desesperados, a rebelião sem liderança e a utilização de violência entre os próprios trabalhadores, como foi o caso de inúmeras agressões a imigrantes que eram vistos como inimigos por disputarem os postos de trabalho disponíveis (Hobsbawm, 2005). Sempre duramente reprimidas, essas manifestações representavam, para as classes dominantes, apenas desordem e ameaças episódicas, pois não chegavam a colocar o sistema social em questão.

Entre essas formas de luta que antecedem a gênese da "questão social", merece destaque o movimento ludita de destruição das máquinas. Embora mereça registro em praticamente todos os textos que tratam desse período por demonstrar algum grau de organização mais coletiva, esse movimento da primeira década do século XIX ainda não atesta a consciência de classe "para si" já que era incapaz de mirar o alvo correto, ou seja, de captar que atingindo as máquinas não atingiam seu verdadeiro opositor: o capitalista. Este último, tendo a seu lado o parlamento, instituiu penalidades que poderiam chegar à pena de morte aos participantes desse tipo de protesto.

Ao passo em que se intensificavam as condições de exploração, foram emergindo e/ou se fortalecendo outras formas de organização e difusão das lutas operárias, como os sindicatos, manifestações públicas, a imprensa operária e as greves gerais. Huberman (1976, p. 202) assinala que

> com a Revolução Industrial o sindicalismo deu passos tremendos. Isso tinha que ocorrer porque a Revolução Industrial trouxe consigo a concentração dos trabalhadores nas cidades, a melhoria dos transportes e comunicações, essencial a uma organização nacional, e as condições que fizeram tão necessário o movimento trabalhista. A organização da classe trabalhadora cresceu com o capitalismo, que produziu a classe, o sentimento de classe e o meio físico de cooperação e comunicação.

A luta sindical de caráter classista foi combinada com a defesa da democracia política nas instâncias legislativas através do movimento, ocorrido na Inglaterra, em favor da "Carta do Povo". O "cartismo", nome pelo qual ficou conhecido este movimento, ocorreu entre 1839 e 1847, realizando inúmeras manifestações de massa — entre as quais uma das mais importantes foi a greve geral de 1842 — e o recolhimento de mais de três milhões de assinaturas de apoio à Carta do Povo.

> [...] tal carta, de natureza nitidamente política, estabelecia os seis grandes objetivos buscados pela classe trabalhadora.
>
> 1. Sufrágio universal para todos os homens adultos, sãos de espírito e não condenados por crime;
>
> 2. Renovação anual do Parlamento;
>
> 3. Fixação de uma remuneração parlamentar, a fim de que os candidatos sem recursos possam igualmente exercer um mandato;

4. Eleições por escrutínio secreto, a fim de evitar a corrupção e a intimidação pela burguesia;

5. Circunscrições eleitorais iguais, a fim de assegurar representações equitativas;

6. Abolição da disposição, agora já meramente nominal, que reserva a elegibilidade exclusivamente aos proprietários de terras no valor de pelo menos 300 libras esterlinas, de modo que cada eleitor seja, a partir de agora, elegível. (Martinelli, 1995, p. 48)

Importantes conquistas foram obtidas por meio desse movimento que, além dos pontos referidos, também defendeu e obteve a regulamentação da jornada de trabalho de 10 horas, embora não tenha conseguido fazer aprovar a renovação anual dos parlamentos. Em função da possibilidade não só de votarem, mas também de serem eleitos, Hobsbawm (2005) nos fala da ocupação crescente, por parte dos militantes sindicais, de mandatos nos conselhos municipais de alguns distritos ingleses. Sob todos os ângulos, portanto, era visível o avanço do movimento dos trabalhadores.

O quadro que emerge da "grande depressão", a partir de meados dos anos 1840, acentua o clima de insatisfação da grande maioria da população que passava pelas privações decorrentes da baixa produtividade agrícola: a fome veio acompanhada do aumento do custo de vida em decorrência da alta nos preços dos alimentos e também do desemprego.

A situação dos trabalhadores pobres, e especialmente do proletariado industrial que formava seu núcleo, era tal que a rebelião era não somente possível, mas virtualmente compulsória. Nada foi mais inevitável na primeira metade do século XIX do que o aparecimento dos movimentos trabalhista e socialista, assim como a intranquilidade revolucionária das massas. A revolução de 1848 foi sua consequência direta. (Hobsbawm, 2005, p. 285)

Os acontecimentos dos seis primeiros meses de 1848 tiveram lugar na França e foram precedidos pela fundação da "Liga dos Comunistas", em 1847. Tratava-se de uma associação internacional de trabalhadores cujo programa, redigido por Marx e Engels — o *Manifesto do Partido Comunista* — expressava, além de uma lúcida análise dos acontecimentos sociopolíticos nos principais centros do capitalismo, também uma clara direção ao movimento que se materializou em 1848.

"O acontecimento de maior envergadura na história das guerras civis na Europa", de acordo com Marx ([s.d.], p. 209), foi ocasionado pela revolta organizada dos trabalhadores contra a "República Social", que haviam ajudado a fundar, numa aliança com setores republicanos da burguesia em oposição à sua facção monárquica. Diferentemente do que ocorrera em 1789 ao perceber, em três meses, a movimentação burguesa esvaziando o conteúdo revolucionário da República, os trabalhadores se manifestaram numa tentativa de dissolver a Assembleia Constituinte e retomar os rumos do projeto de reformas políticas originalmente propostas. A tentativa foi massacrada, mas não chegou a desmobilizar os trabalhadores que não queriam ver a história se repetir sem lutar pelos objetivos que, naquele momento, apontavam claramente para outro projeto de sociedade. Sucederam-se então os três dias de guerra civil a que Marx se referiu, entre 23 e 26 de junho de 1848, lamentavelmente sendo finalizados com o desmonte geral do movimento.

> A república burguesa triunfou. A seu lado alinhavam-se a aristocracia financeira, a burguesia industrial, a classe média, a pequena burguesia, o exército, o *lumpemproletariado* organizado em Guarda Móvel,[5] os intelectuais de prestígio, o clero e a população rural. Do lado do proletariado de Paris não havia senão ele próprio. Mais de três mil insurretos foram massacrados depois da vitória e quinze mil foram deportados sem julgamento. (Marx, [s.d.], p. 209; grifos originais do autor)

Junho de 1848, portanto, é um divisor de águas na constituição da "questão social". Primeiramente porque expõe, em sua radicalidade, o antagonismo entre os projetos das duas classes fundamentais do capitalismo. Mostra, com clareza, que a gênese de todos os problemas dos trabalhadores residia na propriedade privada "abolida para nove décimos" da população (Marx, [s.d.], p. 33), impossibilitando qualquer tipo de aliança com a burguesia, interessada em conservá-la.[6]

---

5. Sobre a participação contrarrevolucionária do lumpemproletariado na guerra contra os trabalhadores, Marx escreve o seguinte trecho ilustrativo: "O Governo Provisório formou com esse fim 24 batalhões de Guardas Móveis, de mil homens em cada um, integrados por jovens de 15 a 20 anos. Pertenciam, na sua maior parte, ao *lumpemproletariado*, que em todas as grandes cidades constitui massa bem diferente do proletariado industrial. Esta camada é um centro de recrutamento de gatunos e delinquentes de toda espécie, que vivem dos despojos da sociedade, pessoas sem profissão fixa, vagabundos [...] O Governo Provisório pagava-lhes um franco e cinquenta cêntimos por dia, isto é, comprava-os. Dava-lhes um uniforme especial, isto é, diferenciava-os exteriormente da blusa dos operários" (Marx, [s.d.], p. 124-125).

6. Esse "giro" conservador da burguesia, que foi originalmente revolucionária, é analisado sob a ótica do pensamento social por Coutinho (2010). O autor atribui, a partir de fundamentos luckacsianos

Pensando mais diretamente nos objetivos desse capítulo é essencial sublinhar que, através das lutas de 1848, de fato explicita-se, em todas as suas nuances, a "questão social" como resultante dos mecanismos de "exploração do trabalho pelo capital". Refiro-me não somente ao intenso processo de pauperização absoluta e relativa dos trabalhadores, à existência da abundante "superpopulação relativa", mas, sobretudo, à problematização desse quadro do ponto de vista político, tendo em vista seus fundamentos e apontando a necessidade de sua superação sob outra forma de organização produtiva. Por isso Netto (2001) chama a atenção para os "desdobramentos sociopolíticos" desse período ao delinear os principais aspectos da "questão social".

Após 1848, houve uma espécie de "refluxo" da movimentação operária que contribuiu para uma fase de expansão capitalista até 1870. A aparente tranquilidade foi rompida pela Comuna de Paris (1870) quando os trabalhadores controlam o poder político daquela cidade durante dois meses, proclamando o primeiro governo proletário da história. Ao reconhecer que esta manifestação praticamente "fecha um ciclo do movimento trabalhista europeu", importante por mostrar sua força revolucionária, Martinelli (1995) também pondera que seu caráter foi mais determinado pelo espontaneísmo que por uma linha programática definida, fato que contribuiu para sua efemeridade.

Não obstante as derrotas sofridas, considera-se indiscutível que as formas de protesto dos trabalhadores vão ampliando sua percepção como classe, na medida em que as reivindicações políticas se somam às econômicas, delineando um horizonte de superação da sociedade burguesa. Nesse momento, fica claro que o confronto principal não era entre "pobres" e "ricos", e, sim, entre trabalhadores, operários e patrões, capitalistas; era contra a exploração do trabalho pelo capital.

> Este era o "espectro do comunismo" que aterrorizava a Europa, o temor do "proletariado", que não só afetava os industriais de Lancashire ou do norte da França, mas também os funcionários públicos da Alemanha rural, os padres de Roma e os professores em toda parte do mundo. E com justiça, pois a revolução que eclodiu nos primeiros meses de 1848 não foi uma revolução social simples-

---

e marxianos, à Revolução de 1848 a gênese da "miséria da razão", significando a redução significativa do alcance da razão em se tratando da análise sobre a dinâmica da sociedade. A luta conservadora travada nesses domínios é, sem dúvida, parte significativa da luta social mais amplamente dirigida contra o teor revolucionário do proletariado organizado.

mente no sentido de que envolveu e mobilizou todas as classes. Foi, no sentido literal, o insurgimento dos trabalhadores pobres nas cidades — especialmente nas capitais — da Europa Ocidental e Central. [...] Quando a poeira assentou sobre suas ruínas, os trabalhadores — na França, de fato trabalhadores socialistas — eram vistos de pé sobre elas, exigindo não só pão e emprego, mas também uma nova sociedade e um novo Estado. (Hobsbawm, 2005, p. 420)

A crise de superprodução, desencadeada por volta de 1870 que se estende até 1930, contraditoriamente, vai levar à nova fase de expansão do capital, conhecida como Capitalismo Monopolista, superando a fase concorrencial, hegemônica até então. As estratégias buscadas para a superação dessa crise consistiram, basicamente, além da exportação de capitais para países como os Estados Unidos e a Alemanha, o investimento na indústria bélica em face das disputas por hegemonia mundial absorvidas pelos Estados em guerra e o investimento no capital bancário, que redimensiona significativamente o peso do capital financeiro.

Em todo o período dessa crise, como também ao longo dos "30 anos de Ouro" (Hobsbawm) que a sucederam, marcados por altas taxas de crescimento, a "questão social" continuou sendo produzida e reproduzida. Em meio a esse período, temos duas grandes guerras mundiais, a segunda Revolução Industrial e a Revolução Soviética de 1917 que, sendo fenômenos de grande impacto sociopolítico e econômico, singularizam essa quadra histórica em termos das variáveis que venho considerando para abordar a "questão social".

Logicamente que sem abrir mão do mecanismo básico de produção da "questão social", as determinações presentes nesses momentos do capitalismo mundial não são exatamente as mesmas que compareceram na sua gênese, durante o século XIX. Tampouco se pode analisá-las adequadamente abstraindo as particularidades nacionais que foram se gestando, não obstante o caráter internacional, ou mesmo "globalizado" das relações de produção capitalista. Com essas últimas afirmativas, gostaria de introduzir a mudança de foco necessária para avançar nos objetivos do presente texto.

Penso que para uma adequada compreensão da "questão social" na perspectiva teórico-metodológica aqui adotada, é preciso ter em conta as particularidades de cada formação social e, em seu interior, das formas de constituição do capitalismo. Conforme adverte Netto (2001)

> **o problema teórico consiste em determinar concretamente a relação entre as expressões emergentes e as modalidades imperantes de exploração.**

Esta determinação, se não pode desconsiderar a forma contemporânea da "lei geral da acumulação capitalista", precisa levar em conta a complexa totalidade dos sistemas de mediações em que ela se realiza. Sistemas nos quais, mesmo dado o caráter universal e mundializado daquela "lei geral", objetivam-se particularidades culturais, geopolíticas e nacionais que, igualmente, requerem determinação concreta. [...] Em poucas palavras: **a caracterização da "questão social", em suas manifestações já conhecidas e em suas expressões novas, tem de considerar as particularidades histórico-culturais e nacionais.** (Netto, 2001, p. 48-49; destaques em negrito meus)

Para uma introdução ao tema, buscando situá-lo histórica e teoricamente, me foi suficiente tangenciar as características gerais da Europa Ocidental, considerando-se, principalmente, os dois principais centros capitalistas do século XIX, a Inglaterra e a França. Entretanto, dado o volume de diferenças que se gesta no período subsequente (1870-1930) e se aprofunda no desenvolvimento histórico seguinte com a consolidação de uma "divisão internacional do trabalho", seria bastante frágil qualquer análise da "questão social" genericamente efetuada, nos termos em que a realizei até aqui.

Assim sendo, penso que uma contribuição mais significativa reside em voltar os esforços para entender a "questão social" no Brasil buscando mapear suas particularidades, determinadas pela constituição do capitalismo brasileiro. Objetiva-se, após a identificação dessas particularidades, compreender as expressões contemporâneas da "questão social" como parcialmente tributárias de características históricas da nossa formação social.

Isso obviamente não nos eximirá de abordar o movimento mundial do capitalismo que, como o leitor verá a seguir, permeia o texto em sua totalidade. Assim é que terei ocasião de voltar a aspectos já mencionados nesse capítulo com maior ou menor nível de detalhamento, mas sempre tentando relacioná-los como mediações necessárias ao estudo de nossas particulares relações com os países cêntricos do capitalismo.

Neste momento, cabe observar ainda que, diante das múltiplas expressões da "questão social" passíveis de estudo, será conferida prioridade à relação emprego/desemprego. Duas ordens de fatores justificam essa prioridade. Primeiramente, a impossibilidade de investigar todas as expressões da "questão social" nos limites deste trabalho, sob pena de permanecer na generalidade supraidentificada. Em segundo lugar, tendo que eleger uma das expressões da "questão social" para essa abordagem, me pareceu um tanto imperioso priorizar o desemprego em vista da centralidade que as formas de exploração do trabalho pelo capital desempenham enquanto determinantes da "questão social". Além disso, ele é a resultante mais direta da "superpopulação excedente" em relação às necessidades de valorização do capital, nos termos da "lei geral da acumulação capitalista".

Assim é que a busca de fatores que particularizam o desemprego no Brasil levou-me à discussão sobre as características do regime de trabalho no país e sua associação com o padrão de desenvolvimento capitalista aqui implementado. Em síntese, o percurso que adotarei a seguir pretende oferecer as bases para um processo de particularização da realidade brasileira necessário, no meu entender, à compreensão das expressões da "questão social" no país.

Sugestões bibliográficas

Leia os livros:

Sobre o debate conceitual da "questão social" existem diferentes abordagens e boa parte das polêmicas que pode ser encontrada na bibliografia do Serviço Social a respeito faz referências a elas. Tratam-se dos textos de: CASTEL, R. *As metamorfoses da questão social*: uma crônica do salário. Petrópolis: Vozes, 1998, e de ROSANVALLON, Pierre. *A nova questão social*. Brasília: Ed. Instituto Teotônio Vilela, 1998. As polêmicas do Serviço Social com essas posições estão bem sumariadas no texto de: PASTORINI, Alejandra. *A categoria "questão social" em debate*. São Paulo: Cortez, 2004; e no conjunto de textos das revistas *Temporalis*, Brasília: ABEPSS, n. 3, 2001, e *Ser Social*, Brasília: UnB, 2000. Além disso, as clássicas abordagens de: NETTO, José Paulo. *Capitalismo monopolista e serviço social*. São Paulo: Cortez, 1992 e IAMAMOTO, Marilda; CARVALHO, Raul de. *Relações sociais e serviço social no Brasil*. São Paulo: Cortez, 1995 são indispensáveis a uma familiarização com as premissas da "questão social" como fator fundante da profissão.

Para o tratamento teórico dos fundamentos da concepção marxiana exposta aqui é indispensável a leitura do Livro I de *O capital*. Rio de Janeiro: Civilização Brasileira, 2001, especialmente os capítulos IV, V e

XXIII. Além disso, José Paulo Netto e Marcelo Braz oferecem, a partir da matriz marxiana, importantes contributos para o entendimento desses mesmos fundamentos em *Economia política*: uma introdução. São Paulo: Cortez, 2006.

A abordagem histórica de aspectos presentes na gênese da "questão social" também pode ser lida especialmente nos capítulos VIII (Jornada de trabalho) e XXIV (Acumulação Primitiva) do Livro I de *O capital*. Ainda da autoria de Marx, recomendo a leitura de *As lutas de classe na França 1848-1850*. São Paulo: Alfa-Ômega, [s.d.], e do *Dezoito Brumário de Luís Bonaparte*. São Paulo: Alfa-Ômega, [s.d.], para uma análise sobre a Revolução de 1848. Outras abordagens históricas mais amplas que contribuem para entender esse período são as realizadas por Hobsbawm em: *A era das revoluções 1789-1848*. São Paulo: Paz e Terra, 2005, e Léo Huberman em: *História da riqueza dos homens*. Rio de Janeiro: Zahar, 1976. No campo do Serviço Social Maria Lúcia Martinelli possui um excelente texto a respeito do período que vai da acumulação primitiva ao final da década de 1970 do século XIX nos dois primeiros capítulos do livro *Serviço social*: identidade e alienação. São Paulo: Cortez, 1995. Para entender as respostas da burguesia às lutas sociais e seu trânsito de classe revolucionária a classe dominante indico: MARX, K. *O Manifesto do Partido Comunista*. São Paulo: Cortez, 1998; LUKÁCS, G. *El asalto a la razón*: la trayectoria del irracionalismo desde Schilling hasta Hitler. México/Buenos Aires: Fondo de Cultura Económica, 1959. COUTINHO, Carlos Nelson. *O estruturalismo e a miséria da razão*. São Paulo: Expressão Popular, 2010.

Sugestões culturais

Assista aos filmes:

Deans. Stijn Corninx. EUA, 1992.

La Commune. Paris, 1871. Peter Watkins. França, 2000.

Danton, o processo da Revolução. Direção: Andrzej Wajda, França/Polônia, 1982.

Capítulo 2

Modo de produção, formação social e alguns marcos históricos sobre o Brasil

O presente capítulo cumpre uma função bastante precisa no conjunto dos supostos necessários à particularização da "questão social" no Brasil. Trata-se de oferecer ao leitor as bases para a compreensão dessas particularidades em duas direções. Primeiramente apresento as diferenças conceituais entre as categorias "modo de produção" e "formação social" com a intenção de mostrar a insuficiência da análise da "questão social" efetuada sem a articulação de mediações nestes dois níveis diferenciados de análise. Dito de outro modo: é este percurso que permite, no seguimento da reflexão proposta, adensar a perspectiva conceitual da "questão social" como resultante das relações entre capital e trabalho, sem, no entanto, restringi-la a tais mediações, de caráter essencialmente universal.

Como consequência dessa abordagem, evidencio a necessidade de ter presentes as características da formação social como "concreto pensado", e sistematizo, de modo panorâmico, alguns dos marcos historiográficos fundamentais da constituição do modo de produção capitalista na formação social brasileira. Esse processo completa o seu longo e tardio ciclo no período que vai do Brasil Colônia à ditadura militar e, por isso, este é o lapso temporal retomado no presente capítulo. Cabe advertir que, embora a elaboração que segue seja essencialmente historiográfica, não se pretende, de modo algum, abordar a inteira complexidade de suas variáveis. Essa tarefa não seria possível, dados os propósitos do presente texto e as óbvias razões de espaço a considerar neste caso. Ela pretende apenas ser útil para relembrar características e informações básicas ao leitor para o qual se dirige a presente publicação e que podem facilitar a interlocução com a sequência do livro.

2.1 Modo de produção capitalista e formações sociais particulares

Embora correndo o risco de enfatizar aspectos um tanto óbvios, penso que adentrar no debate proposto exige, ao menos de modo introdutório, a problematização de categorias que lhe são essenciais, quais sejam, as de "modo de produção" e as de "formação social".

Na vasta bibliografia que trata direta ou indiretamente dessas categorias a partir da matriz marxiana ou da tradição marxista comparecem os mais diferentes níveis de apropriação. No caso da tradição marxista, esse debate é frequentemente marcado por simplificações e reduções de várias ordens, sendo possível observar que os esquemas de base "marxista-leninista" nele comparecem fortemente, indicando uma leitura mecânico/evolutiva dos modos de produção que minimiza várias mediações, inclusive o papel dos sujeitos políticos organizados neste tipo de transformação social.

Aspecto por demais vulgarizado desse debate é a tão teorizada transição do capitalismo ao comunismo: neste caso, é como se o comunismo fosse necessária e inadiavelmente o modo de produção que sucederá o capitalismo. Na arquitetura desse tipo de elaboração, aparecem as contradições entre "forças produtivas e relações de produção" quase como um imperativo a ser percorrido, indistintamente, por todas as formações sociais na "linha evolutiva" dos modos de produção. Este é um exemplo típico de um problema analisado por Lukács (1979) e muito comum nessas tendências da tradição marxista: a atribuição improcedente de uma teleologia ao processo histórico. Isso significa dizer que nessas concepções está presente uma espécie de expectativa a respeito de um "rumo pré-determinado" que teria a história da humanidade, nesse caso, necessariamente a superação do capitalismo pelo socialismo. Numa comparação com o que ocorre com a teleologia como prévia-ideação que os homens são levados a operar antes de executar o trabalho e outras formas de práxis, alguns marxistas dessa linha de pensamento enxergam uma "prévia-ideação" no processo histórico. Neste caso, de acordo com Lukács (1979, p. 81),

> [...] trata-se, sobretudo, do seguinte: direta ou indiretamente, atribui-se caráter teleológico a complexos evolutivos que, em termos ontológicos, não têm tal caráter. Essas posições teleológicas inteiramente imaginárias, inexistentes [...] são elevadas a princípios fundamentais, a partir dos quais se julga a existência ou não de um desenvolvimento e se examina como é feita sua essência ontológica. [...] Bastará sublinhar que negamos aqui toda forma generalizada de teleologia, não apenas na natureza inorgânica e orgânica, mas também na sociedade; e limitamos sua validade aos atos singulares do agir humano-social, cuja forma mais explícita e cujo modelo é o trabalho.

Outra interpretação recorrente é a de tipo "economicista" em que se explica a constituição das formações sociais, transpondo-se, para este nível do real, indicadores lógico-gnosiológicos referentes aos modos de produção. Coutinho (1996, p. 15) fornece um exemplo ilustrativo quando, ao discutir a teoria marxista do Estado, afirma o seguinte:

> Um pesquisador marxista pode, deliberadamente, se situar no nível abstrato constituído pelo "modo de produção" e dele derivar, não apenas a teoria do Estado (definido abstratamente como o aparelho de dominação da classe economicamente dominante), mas a própria estrutura de classes (indicada como uma contraposição bipolar abstrata entre duas classes fundamentais do modo de produção em pauta). Creio que nenhum marxista negaria o fato de que essa abordagem abstrata e preliminar, situada no nível das leis mais gerais do modo de produção, é um momento necessário da investigação histórico-materialista do Estado; nem todos, porém, reconhecem que ela é insuficiente para a apreensão das múltiplas determinações que caracterizam o fenômeno estatal em suas manifestações concretas. Poderíamos recordar que quando esta insuficiência não é reconhecida — ou seja, quando os resultados da dedução abstrata são projetados sem mediações em níveis mais concretos da realidade social — o momento parcial (ainda que necessário) se coagula em fetiche e leva à deformação e ao erro.

Em ambas as interpretações, o que interessa sublinhar é que "modo de produção" tende a aparecer como um conceito teórico: uma representação esquemática, ideal, das diversas formas de organização da vida material e social, bem como das bases estruturais de sua transformação. É preciso dizer que, na gênese de tais interpretações, encontra-se uma concepção reducionista acerca das contribuições marxianas no debate sobre o desenvolvimento da história social que ficam, no linguajar "científico", enquadradas a formulações do campo da economia. Nas palavras de Lukács:

> Não é de surpreender, portanto, que [...] a opinião pública científica julgue a economia de Marx como uma simples ciência particular, mas uma ciência particular que, na prática da "exata" divisão do trabalho, termina por revelar-se metodologicamente inferior ao modo "axiologicamente neutro" de apresentar as coisas, ou seja, ao modo burguês. Não muito tempo após a morte de Marx, já se encontra sob o influxo dessas correntes também a esmagadora maioria dos seus seguidores declarados. (1979, p. 30)

Mais precisamente, é a partir desse tipo de vulgarização da concepção marxiana da história que se podem realizar debates como o da (mal) chamada "crise de paradigmas", que pretendeu nos anos 1990 forjar uma "crise do marxismo" a partir da crise do "socialismo real".

A oposição a este tipo de concepção vem ganhando força, especialmente no interior de determinadas tendências no Serviço Social, pautada numa perspectiva ontológico-social de compreensão do marxismo. Nesta acepção, as categorias são tomadas em sua dupla dimensão (Pontes, 1995; Netto; Braz, 2006). A *dimensão ontológica* as caracteriza como "formas de ser, determinações da existência", conforme deve ser concebido todo e qualquer objeto constitutivo do mundo social que existe independente do conhecimento que se tenha sobre ele. A segunda dimensão das categorias é a *teórica*, ou *"reflexiva"*. Esta responde pela reprodução, no nível do intelecto, do movimento do real, que pode ser considerado como o movimento das suas categorias ontologicamente constitutivas. Nunca é demais ressaltar, nesse raciocínio, a primazia ontológica da realidade sobre o pensamento, ou seja, da dimensão ontológica sobre a reflexiva, pois o conhecimento teórico existe em decorrência de uma substância real sobre a qual a razão se debruça.

A partir desses marcos, compreende-se aqui "modo de produção" como categoria que é muito mais que um "modelo" ou "instrumento de análise" e de interpretação de uma determinada realidade social. Antes de sua existência como categoria reflexiva, corresponde a uma realidade ontológico-social, cujas relações com a práxis são inelimináveis. Assim o estabelece o próprio Marx em *A ideologia alemã*:

Pode-se distinguir os homens dos animais pela consciência, pela religião ou por tudo que se queira. Mas eles próprios começam a se diferenciar dos animais tão logo começam a *produzir* seus meios de vida, passo este que é condicionado por sua organização corporal. Produzindo seus meios de vida, os homens produzem, indiretamente, sua própria vida material.

O modo pelo qual os homens produzem seus meios de vida depende, antes de tudo, da natureza dos meios de vida já encontrados e que têm de reproduzir. Não se deve considerar tal modo de produção de um único ponto de vista a saber: a reprodução da existência física dos indivíduos. Trata-se, muito mais, de uma determinada forma de atividade dos indivíduos, determinada forma de manifestar sua vida, determinado *modo de vida* dos mesmos. (1996, p. 27; grifos originais do autor)

O pressuposto aqui é o da *unidade entre aspectos econômicos e extra-econômicos,* nitidamente assinalada quando se deduz que na categoria modo de produção manifestam-se mediações não só das instâncias de organização da vida material, mas também da sociabilidade contemplando, simultaneamente, um determinado modo de organizar os aspectos político-jurídicos, morais, ideológicos, culturais etc. É o que Marx chamou, na citação anterior, de *modo de vida*. Essa unidade, reconhecida por meio da práxis (e, por consequência, do trabalho) como categoria social fundante do processo de "humanização do homem", é algo radicalmente diferente das esquematizações do marxismo-leninismo porque distante dos modelos formais típicos desse raciocínio. Uma concepção ontológico-social da categoria "modo de produção" tem, nas mediações próprias de sua gênese, a incessante tarefa humana de responder às necessidades, criando, por sua vez, outras tantas necessidades e respostas. Esse processo, que transforma continuamente as potencialidades humanas, além das forças produtivas/relações de produção é, portanto, repleto de mediações histórico-concretas que devem estar no centro da constituição das categorias. Logo, para entender não só os modos de produção, mas suas "encarnações reais", há que recorrer a uma outra categoria que, embora não esteja originalmente formulada em Marx do ponto de vista reflexivo, o está do ponto de vista ontológico: a de "formação social".

O fato portanto é o seguinte: indivíduos determinados, que como produtores atuam de um modo também determinado, estabelecem entre si relações sociais e políticas determinadas. É preciso que, em cada caso particular, a observação empírica coloque necessariamente em relevo — empiricamente e sem qualquer especulação ou mistificação — a conexão entre a estrutura social e política e a produção. (Marx, 1996, p. 35)

Entendo que, nessa passagem, Marx está chamando atenção para a dimensão histórico-concreta do modo de produção e, portanto, tratando ontologicamente a categoria de "formação social". Ou seja, o que está em questão, nesse momento, são as mediações que impossibilitam a existência da categoria "modo de produção" num "estado puro".

> [...] a análise histórica demonstra que, nas sociedades que sucederam à comunidade primitiva, havendo sempre um modo de produção *dominante*, ele subordina formas remanescentes de modos já substituídos, formas que se apresentam como vestígios mais ou menos fortes do passado — podendo mesmo, em certos casos, ocorrer a combinação de formas de mais de um modo de produção numa sociedade determinada. Por isso, emprega-se a expressão *formação econômico-social* (ou, simplesmente, *formação social*) para designar a estrutura econômico-social específica de uma sociedade determinada, em que um modo de produção dominante pode coexistir com formas precedentes (e mesmo, com formas que prenunciam elementos a se desenvolverem posteriormente). (Netto; Braz, 2006, p. 62-63; grifos originais dos autores)

É pelo processo de abstração, ou seja, da análise propriamente dita, que se torna possível captar as mediações em tela, indicando as determinações que circunscrevem o modo de produção nas diferentes sociedades, consideradas historicamente, o que, por sua vez, estabelece a unidade existente entre essas duas categorias. Respondendo por diferentes níveis de constituição dos processos histórico-sociais, as categorias "modo de produção" e "formação social" requerem, imperativamente, a mediação uma da outra para uma adequada compreensão das relações sociais.

Essas breves considerações pretenderam indicar — no mesmo espírito do exemplo antes citado de Coutinho (1996) ao discutir a teoria marxista do Estado — a insuficiência do tratamento da "questão social" a partir somente da categoria "modo de produção". Ou seja, não é o bastante apenas remeter a "questão social" às relações de exploração do trabalho pelo capital. Isso porque estas categorias (trabalho, capital), sendo universais e abstratas — posto que pertencem ao conjunto de mediações do "modo de produção" — não são capazes de elucidar, sozinhas, as demais características da "questão social".

Isso significa dizer da necessidade de retomar a postura metodológica indicada por Lênin (1920, apud Netto, 2009a) que recomenda a "análise concreta de situações concretas".

No caso do presente trabalho, somente a análise das tendências inerentes à constituição do capitalismo brasileiro é capaz de mostrar as mediações constitutivas de sua particularidade por meio de suas relações com a universalidade. Esse movimento é que tende a tornar concretas as análises, evidenciando-lhes as inúmeras determinações e contradições.

Ter em conta a possibilidade de que uma formação social possa apresentar combinações dos diferentes modos de produção, com um deles tendendo a caracterizar-se como dominante, é uma premissa fundamental para a compreensão do caso brasileiro. Sabe-se, por exemplo, que "como *modo de produção*, o escravismo é típico do Mundo Antigo. A escravatura instaurada nas Américas, no processo de colonização que se seguiu à expansão marítima será subordinada a formas sociais do modo de produção capitalista" (Netto; Braz, 2006, p. 66), o que será devidamente destacado a seguir.

Assim sendo, mais que apresentar definições acerca das categorias "modo de produção" e "formação social" objetivei, com essa breve passagem, tornar suficientemente explícita a indispensável conjugação de tais categorias quando se trata de conhecer os diversos aspectos da vida social, entre os quais se encontra a "questão social". Com a mesma preocupação passo a apresentar algumas informações relevantes sobre o processo de constituição do capitalismo na formação social brasileira que julgo indispensáveis para que as particularidades desse modo de produção no caso brasileiro — a serem assinaladas no capítulo que segue — possam ser melhor compreendidas.

2.2 Breve retomada de marcos históricos da constituição do capitalismo na formação social brasileira

2.2.1 Brasil colônia (1500-1822)

A origem da formação social brasileira tem sua gênese na condição de Colônia de Portugal por ocasião do período conhecido como "expansão marítima". Cabe lembrar que vários fatores levaram os países do "velho mundo" a essa empreitada. Dentre estes, Fausto (1997) destaca a necessidade de enfrentamento de uma crise econômica na Europa Ocidental, que em meio a guerras, escassez de alimentos e epidemias, colocava como única alternativa a "expansão da base geográfica e da população a ser explorada" (p. 21). Portugal possuía uma localização geográfica estratégica, além de uma "experiência acumulada ao longo dos séculos XIII e XIV, no comércio de longa distância" (Idem, p. 21) e estes fatores, somados aos interesses econômicos de diversas classes e grupos sociais, fizeram com que os lusos se lançassem às "Grandes Navegações".

Prado Júnior (2004) enfatiza, na abordagem da Colônia, as atividades econômicas e as correspondentes políticas implementadas por Portugal para regulá-las e, neste sentido, uma característica marcante é o fato da *colonização ter se realizado buscando atender aos interesses comerciais da metrópole, voltados para o mercado externo europeu*. Nesses mercados, o capitalismo já se encontra em transição de sua fase de cooperação para a manufatura, que vai de meados do século XVI ao último terço do século XVIII. Isso significa dizer que *o Brasil foi sempre visto pela metrópole como um fornecedor de artigos de exportação, na forma de matéria-prima*, uma vez que o desenvolvimento, mesmo incipiente, das manufaturas foi castrado no século XVIII, tanto por medo da concorrência que poderia representar para uma economia atrasada e então em decadência como a portuguesa, quanto pela possibilidade de autonomia política.

Para entender melhor as características do período, penso ser útil lembrar a periodização sugerida por Fausto (1997, p. 41) onde

> o primeiro [momento] vai da chegada de Cabral à instalação do Governo Geral, em 1549; o segundo é um longo lapso de tempo entre a instalação do Governo Geral e as últimas décadas do século XVIII; o terceiro vai dessa época à Independência, em 1822. [...] O primeiro período se caracteriza pelo reconhecimento e posse da nova terra e um escasso comércio. Com a criação do Governo Geral inicia-se a montagem da colonização que irá se consolidar ao longo de mais de dois séculos, com marchas e contramarchas. As últimas décadas do século XVIII são uma referência para indicar um conjunto de transformações na ordem mundial e nas colônias, que dão origem à crise do sistema colonial e aos movimentos pela independência.

Desse modo, no primeiro período citado, o povoamento da Colônia não estava no horizonte das preocupações portuguesas, a não ser quando passou a tornar-se compulsório por fatores imprevistos. Até 1530, a exploração do pau-brasil deu conta de satisfazer os interesses extracionistas. Após isso, o que havia dessa madeira no litoral esgotou-se, obrigando a metrópole a pensar em algo para além de feitorias comerciais, tanto para explorar recursos, que não estavam ao alcance da mão à primeira vista, quanto para defender e ampliar as fronteiras do território, então em disputa com os espanhóis e depois os holandeses e franceses. Havia também a necessidade de criar as bases para abastecimento e manutenção das feitorias criadas e de fiscalizar a costa para coibir o contrabando, frequentemente praticado por vários países que se recusavam a reconhecer a exclusividade de comércio entre a Colônia e sua metrópole portuguesa, como foi o caso inicialmente da França e depois da Inglaterra, entre outros. Esses foram os fatores básicos que levaram à passagem para o segundo momento, o de instalação do Governo Geral (1549) e a uma política de ocupação do território.

Desde o início de suas reflexões, Prado Júnior (2004) aborda as diferenças entre um tipo de colonização como esta — onde o que importava era a exploração comercial extensiva das potencialidades do território — e a realizada por emigrantes ingleses ao norte da América que objetivou a construção de um novo mundo, cuja semelhança com as sociedades europeias iam para além de afinidades climáticas e fosse, para eles, mais seguro (tanto econômica quanto religiosamente) que suas sociedades de origem.

No Brasil, a começar pela repelência em relação ao clima, os colonos portugueses vieram para ser dirigentes, empresários comerciais, mas não trabalhadores. Os estímulos envolvidos em seu interesse de migrar para um lugar tão adverso foram as possibilidades de produzir, nestas condições tão diferenciadas das europeias, gêneros alimentícios e especiarias de que a Europa não dispunha. Ainda diante de tão promissor negócio, acompanhado de regalias políticas oferecidas pela Coroa, poucos portugueses se dispuseram a vir inicialmente para ocupar o nosso território, inclusive porque a escassez populacional na Europa durante este período — devida a pestes — desfalcou os braços de trabalho disponíveis.

A escassez de força de trabalho, portanto, é que move Portugal na direção do revigoramento da escravidão na era moderna, uma vez que exploravam a costa da África e passaram a comercializar negros. Além de solucionar o problema da mão de obra, esse foi um dos mais rentosos negócios lusitanos num período que cobre cerca de três séculos. Essa informação é fundamental para que se possa compreender que a escravidão no Brasil, portanto, nada tem a ver com o modo de produção escravista: esse tipo de força de trabalho foi utilizada já no contexto do capitalismo de natureza comercial.

As principais atividades econômicas desenvolvidas ao logo do processo de povoamento do vasto território brasileiro apresentam duas características a serem destacadas: uma significativa diversidade regional e uma política de ocupação dos territórios que tinha ligação direta com a atividade mais lucrativa no momento (Prado Júnior, 2004). Assim foi inicialmente com a costa nordestina, destacando-se Bahia e Pernambuco, pelo clima favorável à plantação de cana-de-açúcar e escoamento da produção pela proximidade dos portos. O auge da economia açucareira colonial foi no século XVII, quando por uma série de fatores — entre os quais Furtado (1969) destaca a concorrência da produção açucareira nas Antilhas, organizada pelos holandeses, recém-expulsos do Brasil — entra em decadência, recuperando-se, esporadicamente, a partir de crises no mercado externo.

No século XVIII, o foco produtivo passa a Minas Gerais pela descoberta das jazidas auríferas e de diamantes, desenvolvendo, também em seu entorno, as cidades do Rio de Janeiro — que passa a capital nesse período — e São Paulo, então capitania de São Vicente. Furtado (1969) discute as consequências da atividade mineradora para o retardo do desenvolvimento das manufaturas no Brasil. De acordo com ele,

> a primeira condição para que o Brasil tivesse algum desenvolvimento manufatureiro, na segunda metade do século XVIII, teria de ser o próprio desenvolvimento manufatureiro de Portugal. Ora, cabe ao ouro do Brasil uma boa parte da responsabilidade pelo atraso relativo que, no processo de desenvolvimento econômico da Europa, teve Portugal naquele século. Em realidade, se o ouro criou condições favoráveis ao desenvolvimento endógeno da colônia, não é menos verdade que dificultou o aproveitamento dessas condições ao entorpecer o desenvolvimento manufatureiro da Metrópole. (p. 87)

Com o exaurimento das minas, a agricultura volta a ocupar a cena produtiva com o açúcar, o tabaco e o algodão, embora do ponto de vista político o nordeste não tenha jamais recuperado a importância que teve na primeira fase da colonização em face da diversificação das atividades produtivas no centro-sul. Além da agricultura, que também se expande nesta região, falamos das favoráveis condições climáticas de desenvolvimento da pecuária, especialmente em Minas, Mato Grosso e Rio Grande do Sul e de seus derivados (como leite, queijo e couro). Outras regiões, até os dias de hoje de baixa densidade populacional, como o norte do país, têm as causas disso no desinteresse econômico das potencialidades regionais no período, restritas à caça, pesca e extração de madeiras, bem como em sua localização geográfica que dificultou a exploração e o escoamento (restrito às vias fluviais).

A abordagem dessa relação entre ocupação do território e exploração econômica de suas potencialidades reforça a tese de uma colonização predatória cujas atividades entravam em colapso por falta de investimentos e melhoramentos técnicos — um contrassenso sem chances de competir num mundo que descobre cada vez mais formas de controle da natureza pela ciência. A mentalidade estreita de metrópole que visava somente extrair vantagens de uma natureza abundante, "arranhando a costa como caranguejos", no dizer de um cronista da época, (apud Prado Júnior, 2004) *legou também outras características à nossa formação social, como as grandes propriedades territoriais agrárias*, fruto da agricultura de monocultura extensiva estimulada devido aos interesses comerciais; *a questão indígena* jamais solucionada desde a catastrófica exploração dessa mão de obra nativa que exterminou milhares desse povo e a traços da sua cultura; *o papel secundário da agricultura de subsistência*, que, estando fora do raio dos negócios lucrativos, fica relegada e provoca o disparate da fome e da subnutrição num país com a extensão territorial de terras agricultáveis como o nosso; *o descaso com a educação*, uma vez que um parco sistema de ensino concentrava-se apenas nas maiores cidades e foi criado após 1776; e a *corrupção* denotando, desde sempre, nenhuma fronteira entre interesses públicos e privados por parte da administração da Coroa portuguesa e dos colonos que aqui se instalaram.

Furtado (1969) assinala que na segunda metade do século XVII, a situação de Portugal como potência colonial será mantida à custa de acordos econômicos com a Inglaterra, alienando parte de sua soberania comercial com o Brasil, sua principal Colônia. Essa situação decorreu das débeis circunstâncias em que se encontrava o país após a reconquista de sua independência em relação à Espanha, mas revela, sobretudo, o *prenúncio da nova divisão internacional do trabalho capitalista, em que Inglaterra e França iriam disputar hegemonia pelos mercados coloniais em decadência.* A partir desse momento, acentuando-se ao longo do século XVIII, transita-se para o último dos períodos do Brasil

Colônia apontados por Fausto (1997): aquele que culmina com a independência do país em relação à Metrópole.

Indicativo importante nessa direção foi a abertura dos portos, o que significou, para além de uma atitude pragmática (uma vez que o território português estava invadido por Napoleão) o reconhecimento da supremacia econômica da Inglaterra capitalista e o fim do "exclusivo colonial" como regra comercial; assim como a elevação do *status* político do Brasil a Reino Unido de Portugal e Algarves.

Assim é que o fim do período colonial brasileiro se deve, principalmente, à configuração do contexto econômico mundial que já não comportava o colonialismo naqueles moldes. Era a transição do capitalismo comercial para o industrial, que colocava na ordem do dia a remoção das barreiras ao livre acesso aos mercados mundiais para escoar sua crescente produção, revolucionada por descobertas técnico-científicas. Tanto que, para Prado Júnior (2004), o fim da era colonial é marcado pela vinda da família real para o Brasil, em 1808, possibilitando uma autonomia econômica e política que não tinha possibilidades de retrocesso. Ademais, Portugal estava em franca decadência diante da impossibilidade de adaptar suas forças produtivas — dominadas pela supremacia da atividade comercial — à nova fase do capitalismo.

Este período, que antecede formalmente a independência, é de grande importância para o Brasil, que retoma a expansão de suas forças produtivas na mesma medida em que Portugal declina: "[revoga-se] a lei que proíbe as manufaturas, [...] constroem-se estradas, [...] melhoram-se os portos, [...] promove-se a imigração de colonos europeus, tenta-se aperfeiçoar a mineração do ouro" (Prado Júnior, 2004, p. 131), entre outras medidas. Já nesse período, a produção de café começa a tornar-se um importante fator econômico, beneficiando-se também dessas melhorias na infraestrutura, especialmente de transportes.

2.2.2 Período monárquico (1822-1889)

Podemos subdividir o período da monarquia brasileira em dois momentos: o de sua instituição, que vai de 1822 a 1850, e o de sua consolidação, que se inicia em 1850 e vai até a proclamação da República, em 1889. O período que cobre os anos de 1822-1850 é caracterizado por Prado Júnior

(2004), e também por Fausto (1997), como bastante conturbado, tanto econômica quanto politicamente.

Comecemos por onde as coisas pareceram mais tranquilas: o reconhecimento internacional da independência. Esse foi mediado pela Inglaterra, como grande interessada na consolidação do novo mercado, e a quem o Brasil recorre, pela primeira vez, para contrair um empréstimo destinado a indenizar a Coroa portuguesa pela perda da Colônia, ponto originário da nossa impagável dívida externa. Esta foi uma das condições impostas por Portugal para reconhecer a independência. Contraditoriamente, apesar de mediadora do reconhecimento da independência brasileira, a Inglaterra tardou a fazê-lo formalmente por divergências relativas à extinção do tráfico de negros, como veremos a seguir.

Apesar da tranquilidade nesse aspecto, Fausto (1997) sublinha o fato de a independência não ter sido um momento pacífico da história nacional, uma vez que as forças que o defendiam enfrentaram conflitos militares, especialmente com as tropas portuguesas presentes no país desde a vinda da família real, assim como movimentos de resistência autonomistas, como ocorrido no Pará, que defendiam a união com Portugal. Nada pacífico também é considerar que as elites políticas que ascendem ao poder com a independência tinham uma homogeneidade e um projeto claro para nação. Pelo contrário, como bem o demonstra a criação dos dois primeiros partidos em 1830 — o conservador e o liberal — as forças políticas eram movidas por interesses econômicos e vaidades pessoais que continuam dando fôlego à indiferenciação entre público e privado na política brasileira. Em relação às classes sociais, Furtado (1969, p. 103) afirma que

> não existindo na colônia uma classe comerciante de importância — o grande comércio era monopólio da Metrópole — resultava que a **única classe com expressão era a dos grandes senhores agrícolas**. Qualquer que fosse a forma como se processasse a independência, seria essa classe a que ocuparia o poder, como na verdade ocorreu, particularmente a partir de 1831. (Destaques em negrito meus)

Apesar das visíveis continuidades que fizeram esta mudança ocorrer sem grandes abalos, alerta o mesmo autor que isso não pode levar a supor que nada mudara, uma vez que teríamos passado da dependência portuguesa à inglesa, uma das polêmicas da historiografia crítica. Segundo Furtado, a independência muda substantivamente a forma da inserção do Brasil no sistema econômico mundial. E já que estamos falando de economia, nesse aspecto a instabilidade era geral na única monarquia das Américas. Dois fatores destacam-se nesse panorama.

O primeiro deles foi uma **crise resultante dos *déficits* na balança comercial**, tendo em vista que a importação de bens industrializados superava, e muito, a exportação dos nossos produtos. O incipiente desenvolvimento das manufaturas não tinha condições de concorrer com os produtos importados, tanto no mercado interno quanto no externo, para onde enviávamos produtos agrícolas. Neste particular, Prado Júnior (2004) ressalta que continuávamos subsumidos,

> embora por efeito de outras circunstâncias, ao sistema econômico colonial [...]. Em lugar das restrições do regime de colônia, operava agora a liberdade comercial no sentido de resguardar e assegurar uma organização econômica disposta unicamente para **produzir alguns poucos gêneros destinados à exportação**. (p. 134-135; destaques em negrito meus)

Esse era o nosso papel na divisão internacional do trabalho. Até a metade do século XIX, o café assume, progressivamente, a importância de principal produto de exportação do país, e sua expansão se constitui, de acordo com Furtado, a partir do reaproveitamento dos recursos investidos na mineração que entrara em decadência. Seus custos, posto que baseados no trabalho escravo, eram mais baixos que os da empresa açucareira.

O segundo fator do panorama econômico a destacar foi a *pressão inglesa pela abolição do tráfico de escravos*, que se fazia por meio diplomático, mas também pela força, quando foram decretadas leis que autorizavam a inspeção em alto-mar de navios suspeitos de tráfico, inclusive em mares brasileiros. Deve-se ressaltar que, no Brasil, a aceitação dessa medida seria quase equivalente à abolição da escravatura, posto que a reposição de escravos acontecia, maciçamente, pela via do tráfico, dadas as precárias condições de sobrevivência e reprodução dos africanos como escravos. Esse era um problema econômico para os dois lados da questão. Para o Brasil, por ter ancoradas no trabalho escravo todas as suas atividades produtivas, à exceção da criação de gado, e pequenas produções de algodão. Para a Inglaterra, porque a manutenção do trabalho escravo retardava a expansão do mercado consumidor internacional, baseada na universalização do trabalho assalariado.

Não foi outra que não esta a razão pela qual a Inglaterra se empenhou, no dizer do Prado Júnior (2004), "como paladino internacional" na luta contra o tráfico negreiro.

Tal questão só foi solucionada em 1850 quando, depois de muitos desgastes (que envolveram até ameaças de guerra por parte dos ingleses), mas não sem precauções, o Brasil determinou o fim do tráfico e fê-lo cumprir com fiscalização de modo que em três anos este estava definitivamente encerrado. A partir deste momento, "não obstante a permanente expansão do setor de subsistência, a inadequada oferta de mão de obra constitui o problema central da economia brasileira" (Furtado, 1969, p. 144).

Do ponto de vista político, a situação também não era menos complexa. O período envolve a promulgação da primeira constituição, em 1824, outorgada pelo monarca "de cima para baixo" em razão de desavenças quanto à limitação de seu poder; a abdicação de D. Pedro I, provocada por descontentamentos de várias ordens que iam do desequilíbrio financeiro do país a atritos com o exército, insatisfeito com o comando dos portugueses em seus principais postos; o tumultuado período regencial, quando Pedro II ainda era considerado menor para assumir o governo e "o centro do debate político foi dominado pelos temas da centralização ou descentralização do poder, do grau de autonomia das províncias e da organização das forças armadas", (Fausto, 1997, p. 161), e a ocorrência, pelo menos até 1848, de revoltas separatistas[1] por todo o país, que ameaçavam sua unidade territorial e política. Segundo Furtado (1969, p. 106), "a inflação acarretou um empobrecimento [das populações urbanas] [...], o que explica o caráter principalmente urbano das revoltas da época e o acirramento do ódio contra os portugueses, os quais sendo comerciantes eram responsabilizados pelos males que acabrunhavam o povo".

O Segundo Reinado se inicia em 1840, antecipando a maioridade de Pedro II. No início ainda sem uma base social de apoio, o Segundo Reinado vai obter estabilidade para a monarquia brasileira por volta de 1850, quando se alternam no Conselho de Estado — órgão assessor do Poder Moderador, exercido pelo monarca — representantes dos dois partidos (Liberal e Conservador), que segundo Fausto (1997), não tinham grandes divergências

---

1. Entre estas, destacamos as que tiveram origem no nordeste — principalmente em Pernambuco — como a Confederação do Equador, a Guerra dos Cabanos, a Balaiada, a Sabinada, a Revolução Praieira.

ideológicas, especialmente não tinham divergências nas práticas políticas pelo reiterado uso de violências, favores e todo tipo de clientelismo "na busca de vantagens ou de migalhas do poder" (p. 181).

Este período é marcado, economicamente, pela expansão da cultura do café e sua transformação no pilar de sustentação da política econômica do Império, que continuará marcada pela agroexportação. Do ponto de vista político, Prado Júnior (2004) ressalta a luta abolicionista e o irreversível processo de consolidação da região, que hoje constitui o sudeste, como polo das decisões políticas em face de sua correspondente importância econômica. Vamos a estes marcos separadamente.

Já se disse que após a decadência da mineração no século XVIII, o Brasil retoma a agricultura como atividade econômica fundamental. Ainda nesta retomada o açúcar, o algodão e o tabaco — cultivados de maneira mais concentrada no nordeste do país — desempenham um protagonismo significativo, apesar da região ir perdendo importância política com a transferência da capital para o Rio de Janeiro. Esta decadência se acentua no século XIX tendo em vista a conjuntura internacional.

O desenvolvimento do capitalismo industrial e sua revolução técnico-científica era uma realidade que o Brasil nem sonhara em acompanhar, posto que permanecia vigorando aqui o mais rudimentar processo produtivo, o que impactou significativamente todos os setores mencionados. Em relação especificamente ao açúcar, além desse fator das forças produtivas, o seu principal mercado consumidor (os países europeus e os EUA) tornou-se produtor, por meio do cultivo da beterraba. Devemos mencionar ainda a extinção do tráfico de escravos, a partir de 1850 — golpeando a principal fonte de mão de obra — e o esgotamento das terras exploradas extensivamente há séculos e nas quais, mesmo que se tentasse encontrar um cultivo substituto, seria difícil obter a mesma qualidade produtiva.

Contrastando com este decadente cenário, temos a região, chamada por Prado Júnior (2004), de centro-sul, onde, a começar pelo vigor das terras, ainda pouco exploradas, passando pelo clima — que favoreceu a atração de imigrantes para substituir a mão de obra escrava (por ser menos quente) — até o contexto internacional que propiciou um mercado consumidor em expansão para ele, o café se afirma progressivamente, a partir ainda do início do século XVIII, como uma alternativa agrícola viável. Seu plantio, iniciado na bacia do Paraíba (Rio de Janeiro), tem um ciclo de auge quando, a partir de 1800, a região do interior paulista (de Campinas a Ribeirão Preto), favorecida pelas condições climáticas e qualidade do solo, torna-se o centro produtor fundamental. Acompanha este movimento um deslocamento do eixo de escoamento da produção que até então se dava pelo Rio de Janeiro e passa ao Porto de Santos, fazendo da cidade de São Paulo um novo polo atrativo, daí por diante cada vez mais procurado.

Uma tal mudança econômica e política deixou também suas *marcas na estrutura de classes do país que tem, nos fazendeiros do café, a última das três grandes aristocracias do país*, no dizer de Prado Júnior (2004) (as demais foram os senhores de engenho e os grandes mineradores). Fausto (1997) prefere acentuar o caráter de burguesia dessa classe de produtores de café, especialmente os da região de São Paulo, por apresentarem sinais de uma mentalidade compatível com o capitalismo, inclusive do ponto de vista de seus investimentos econômicos. Quanto a essa mentalidade capitalista, Furtado (1969, p. 162 e 171) acrescenta, com reservas, que

> os aumentos de produtividade da economia cafeeira refletiam principalmente as melhoras ocasionais de preços, ocorridas, via de regra, nas altas cíclicas, sendo mínimas as melhorias de produtividade física logradas diretamente no processo produtivo. [...] A consequência prática dessa situação era que o empresário estava sempre interessado em aplicar seu novo capital na expansão das plantações, não se formando nenhum incentivo à melhoria dos métodos de cultivo.

Essa mentalidade terá importantes consequências, anos depois, uma vez que estará na raiz das crises de superprodução e da alternativa encontrada para minimizá-la: a política de valorização do café. De qualquer maneira, era claro o deslocamento do eixo de poder para a região cafeeira e, não por acaso, houve tantas revoltas regionalistas, especialmente no nordeste, que expressavam descontentamentos e bandeiras quase sempre relacionadas à perda de importância política da região.

Observa-se uma relativa concentração de capitais, acumulados por meio da agricultura, entre as décadas de 1870-1880, segundo Prado Júnior (2004). Esta afirmação é também corroborada por Fausto (1997), que a sinaliza através dos investimentos crescentes em vias de transporte (especialmente o ferroviário, que implicava ademais, em manufaturas de beneficiamento do ferro), bancos, comércio e, fundamentalmente, no início da criação de um mercado de trabalho assalariado.

Em decorrência disso houve um relativo crescimento das manufaturas facilitado com o fim do tráfico escravo e a elevada disponibilidade de mão de obra barata nos centros urbanos, o que revela outro traço da composição de classes sociais no período. Nas palavras de Prado Júnior (2004, p. 198)

> a população marginal, sem ocupação fixa e meio regular de vida, era numerosa, fruto de um sistema econômico dominado pela lavoura trabalhada por escravos. A população livre, mas pobre, não encontra lugar algum naquele sistema que se reduzia ao binômio "senhor e escravo". Quem não fosse escravo e não pudesse ser senhor, era um elemento desajustado, que não se podia entrosar normalmente no organismo econômico e social do país. Isto que já vinha dos tempos remotos da colônia, resultava em contingentes relativamente grandes de indivíduos mais ou menos desocupados, de vida incerta e aleatória, e que davam nos casos extremos nestes estados patológicos da vida social: a vadiagem criminosa e a prostituição. [...] E será esta a origem do proletariado industrial brasileiro, o que explicará, no futuro, muito de suas características e evolução.

Não se deve, entretanto, superdimensionar a importância da manufatura no conjunto das características econômicas do Brasil do período, uma vez que tanto as forças produtivas quanto as relações de produção conspiravam contra ela. De um lado, o trabalho escravo, ainda predominante, não permitia a criação de um mercado amplo e em expansão; de outro, havia o atraso nas condições técnicas de produção. Fausto (1997) indica que a economia brasileira de exportação tinha, no café, o seu principal produto, seguido, muito de longe, pelo açúcar e, mais próximo a esse último, pela borracha — que vinha se afirmando de maneira extrativa, principalmente na região norte, como atividade econômica ascendente pela demanda europeia na fabricação de diversos produtos industrializados a partir dessa matéria-prima, inclusive pneus para os automóveis.

Apesar de uma melhora considerável nas finanças do Império em face da exportação do café, o país não obteve estabilidade financeira neste período. Contribuem para isso os custos da guerra contra o Paraguai (1865-1870), da qual sairemos vencedores, mas totalmente debilitados orçamentariamente; o crescimento do volume da dívida externa, tanto através de novos empréstimos quanto dos juros e amortizações deles derivados; a questão do trabalho, que envolve da decadência da escravidão e suas consequências econômico-sociais. Vejamos este último aspecto um pouco mais detidamente.

A escassez de braços para a lavoura do café — que, provisoriamente, se fez comprando os escravos da decadente região nordeste — foi se agravando até que se afirmasse como alternativa viável a substituição dessa mão de obra pela de imigrantes assalariados. Digo isso posto que, inicialmente, a convivência entre escravos e imigrantes (inicialmente alemães e portugueses) não foi produtiva pelas condições a esses últimos oferecidas pela tacanha classe de fazendeiros. Ambos eram tratados praticamente da mesma forma, o que causou problemas e indisposições junto aos imigrantes, na situação de trabalhadores livres. Por tudo isso, a necessidade de uniformizar o regime de trabalho assalariado se impôs para dar conta da produtividade crescente das lavouras de café, tornando a escravidão algo contraproducente do ponto de vista econômico. Assinale-se, ainda sobre isso, a ilustrativa observação de Fausto (1997, p. 221):

> a abolição da escravatura não eliminou o problema do negro. A opção pelo trabalhador imigrante, nas áreas mais dinâmicas da economia, e as escassas oportunidades abertas ao ex-escravo, em outras áreas, resultaram em uma profunda desigualdade social da população negra. Fruto em parte do preconceito, essa desigualdade acabou por reforçar o próprio preconceito contra o negro. Sobretudo nas regiões de forte imigração, ele foi considerado um ser inferior, perigoso, vadio e propenso ao crime; mas útil quando subserviente.

1889 assinala o fim da monarquia e a proclamação da República no Brasil. É certo que a luta abolicionista e sua repercussão na política econômica tiveram seu papel no desgaste do regime monárquico. Fausto (1997), entretanto, não considera que este tenha sido o fator principal na corrosão da base social de apoio do Império e sim os atritos com o exército e com a burguesia do café paulista. Assim, o republicanismo, que já tinha adeptos no Brasil desde fins do século XVII, ganha terreno como ideologia de forma de governo entre os mais diversos setores: da burguesia do café paulista aos militares que o apoiavam (ao republicanismo) inspirados pela ideia de um Executivo forte, que modernizasse o país, passando pela Igreja, que também pretendia maior autonomia diante do Estado. Assim sendo, apesar do levante militar liderado por Deodoro da Fonseca, a República não veio como um movimento de raízes populares e sim como uma solução a descontentamentos de setores importantes para a economia e a política no país.

Fausto (1997) destaca ainda que a escassa integração territorial do Brasil — não obstante sua unidade tenha sido conservada e os investimentos no setor de transporte a tenham impactado — é um fator que marca profundamente a República, fundamentalmente pela inexpressiva presença do poder central nas regiões mais distantes do centro econômico do país.

2.2.3 A República Velha (1889-1930)

A República tem início no Brasil proclamando, na sua Constituição (1891), uma estrutura de divisão dos poderes comandada pelo presidencialismo, mas que previa, em tese, um equilíbrio entre eles. Importante também é a atitude laica de separação entre Estado e Igreja que, entre outras medidas, transfere para o Estado atribuições historicamente assumidas pela igreja, assim como confere liberdade de culto religioso com vistas a favorecer culturalmente a adaptação dos imigrantes.

Em seus primeiros anos, principalmente, a República traria ainda alguns distúrbios de ordem financeira (provocados pela especulação e a superprodução do café). Os de ordem política caracterizaram mais o período final da chamada República Velha, com os acordos e desacordos entre as oligarquias regionais de São Paulo, Minas Gerais e Rio Grande do Sul — que se revezaram no governo central — e os militares, principalmente do Exército, insatisfeitos em relação a progressões na carreira, mas também com a condução federalista da República.

Do ponto de vista econômico, é um período importante para a consolidação do capitalismo no Brasil, pois sucede a abolição do trabalho escravo, instituindo, efetivamente, o trabalho assalariado como regime de trabalho no país. Ao analisar esse processo, Draibe (1985, p. 11) chama a atenção para a clássica definição das "etapas percorridas pela constituição do capitalismo no Brasil, [...] a partir da introdução do trabalho assalariado: a economia exportadora capitalista, a industrialização restringida e, finalmente, a industrialização pesada". Durante a República velha, pode-se afirmar a predominância da economia exportadora, que se constituiu numa fase de transição, na medida em que era dominada pelo capital mercantil, embora nela convivessem distintas relações e formas de organização da produção.

Esse período é marcado pelo auge do modelo econômico agroexportador com base no café e também pela sua decadência, com o *crack* da bolsa de Nova York, em 1929. Prado Júnior (2004) ressalta ainda, como uma das principais características, o crescimento substantivo dos investimentos de capital financeiro internacional no país em todos os setores que apresentassem rentabilidade. Nesse sentido, os efeitos do imperialismo já se fazem sentir, uma vez que *o equilíbrio obtido na balança comercial do país se fazia contando com esse capital, característica que, guardadas as diferenças de contexto, vem marcando a vulnerável política econômica brasileira até os dias atuais.* Fausto (1997) alerta para o fato de que o eixo de tais fontes credoras desloca-se, progressivamente, nesse período, da Inglaterra para os Estados Unidos.

O domínio estrangeiro nas decisões políticas do país durante a República Velha é perceptível quando analisamos a chamada "política de valorização" do café como "saída" implementada, inicialmente, pelo governo central e, depois de 1924, pelos Estados produtores, especialmente São Paulo, para aliviar as crises de superprodução do café (cf. Item 2.2.2). Prado Júnior (2004) acentua o improviso como marca desta política, fato que também nos diz algo sobre a cultura predominante na condução das decisões econômico-políticas na história do país. A "política de valorização" consistia, em poucas palavras, na elevação artificial do preço do café, através da compra de grandes quantidades que tinham o seu ingresso racionado no mercado, fazendo parecer que havia escassez do produto quando, na verdade, acumulavam-se imensos estoques que, a partir de 1925, foram sendo sistematicamente destruídos.

Na opinião de Furtado (1969), o plano de defesa elaborado pelos cafeicultores fora bem concebido, mas deixava, entretanto, um lado do problema em aberto. Mantendo-se firmes os preços, era evidente que os lucros se mantinham elevados. E também era óbvio que os negócios do café continuariam atrativos para os capitais que nele se formavam. Em outras palavras: os investimentos nesse setor se manteriam em nível elevado, produzindo uma oferta cada vez maior do produto. Dessa forma, a redução artificial da oferta engendrava a expansão dessa mesma oferta e criava um problema maior para o futuro. Para esse autor, "teria sido necessário que se oferecessem ao empresário outras oportunidades, igualmente lucrativas, de aplicação dos recursos que estavam afluindo continuamente a suas mãos em forma de lucros" (p. 190-191).

Essa medida foi financiada pelo capital financeiro internacional que passa, com isso, ao domínio completo da atividade mais rentável do país. Já havia lucros com os investimentos anteriores na produção, em melhorias técnicas de seu beneficiamento e, até mesmo, com os saques no exterior, na fase da exportação, uma vez que os bancos brasileiros não operavam internacionalmente. Com a política de valorização, passa esse capital a controlar a atividade como um todo. Este é um dos motivos pelos quais a atividade produtora de café é profundamente impactada com a crise de 1929: naquele contexto torna-se "[...] totalmente impossível obter crédito no exterior para financiar a retenção de novos estoques" (Furtado, 1969, p. 196), cuja produção máxima seria alcançada em 1933.

Tanto Prado Júnior (2004) quanto Fausto (1997) afirmam que se os custos da dependência econômica em relação ao capital financeiro internacional são altos, inegáveis também são os benefícios que esses investimentos trouxeram em se tratando da infraestrutura necessária como base para o desenvolvimento de tais atividades. Ambos falam da marcante presença desse capital no financiamento de ferrovias, portos, navegação e de algo fundamental para o desenvolvimento industrial: a geração de eletricidade.

Outras atividades econômicas que devem ser consideradas, muito embora em posição bastante diferente do café, são a extração de borracha, feita nos mesmos moldes da exploração extensiva até a sua decadência, por volta de 1912, provocada pela concorrência oriental de base sustentável; e a atividade industrial que, se beneficiando também de capital internacional, cresceu consideravelmente com as novas condições relativas à infraestrutura e crescimento do mercado externo durante a Primeira Guerra Mundial. O açúcar continuou sendo produzido no nordeste, mas agora para o mercado interno e tendo sua produção cada vez mais transformada pelo panorama das usinas que, em princípio, compravam a cana dos antigos engenhos e depois passaram a produzi-la e a comprar os terrenos daqueles. Ainda no nordeste, o cacau também contribui para uma pequena revitalização da importância econômica do sul baiano através do mercado europeu consumidor de chocolate.

Assim fica caracterizado que a integração do Brasil ao capitalismo internacional consolida-se, nessa fase, reafirmando o seu *caráter agroexportador* que é mesmo *reforçado pela nova ordem econômica mundial*: "cria-se uma nova divisão internacional do trabalho, adequada aos principais centros da indústria moderna, transformando uma parte do planeta em áreas de produção predominantemente agrícola, destinada a outra parte primordialmente industrial" (Marx, 2001, p. 514). Esta posição vai, ao mesmo tempo, desencadear as contradições que o forçarão a mover-se em busca de um alargamento das suas bases produtivas diante da crise mundial que se instala em 1929. Isso porque é óbvio o refluxo da demanda pelos nossos produtos primários durante o período da crise, ao mesmo tempo em que, também em face da crise, eram dificultadas as importações de manufaturados. A partir de então, passa a ser significativo o crescimento da produção tanto agrícola quanto industrial para o mercado interno.

Em se tratando da consolidação da posição brasileira no mercado mundial como um país agroexportador, é preciso lembrar que a grande propriedade agrícola e as relações de trabalho que se consolidam em seu interior, pautadas na extrema exploração da força de trabalho, asseguravam baixos custos para a produção dos artigos exportáveis. Em decorrência disso, aumentam os conflitos, especialmente urbanos, entre capital e trabalho no país e é bastante conhecida a análise segundo a qual o tratamento oferecido pelos governos da República Velha a tais conflitos, como manifestações da "questão social", era baseado na máxima: "caso de polícia". Santos (1987) apesar de reconhecer a ação repressiva desse período em relação à questão social, destaca uma certa permissividade na aprovação de legislações, desde que não alcançassem as relações de trabalho no campo. Voltarei a tratar desses temas mais adiante (Cap. 4).

Em meio a essas primeiras medidas de regulação social, muitos manifestantes estrangeiros foram expulsos do país e cassou-se, a partir de então, o direito de expressão, criminalizando qualquer ato que atentasse "contra a organização da sociedade". Nesse espectro é preciso ainda mencionar a *fundação do Partido Comunista, em 1922*, que se autointitulava representante do proletariado e nascia de uma cisão do anarcossindicalismo. Este será o primeiro partido nacional do Brasil, posto que o predomínio do regionalismo, estimulado pelo federalismo, dificultava a nacionalização dos interesses, organizados até então em partidos, ligas e grêmios políticos de âmbito regional (Cerqueira Filho, 1982).

Como se pode facilmente deduzir, as bases sociais de apoio a uma República de teor oligárquico, como era o caso da República brasileira no início do século XX, estavam ruindo com o crescente processo de urbanização que diversificava os estratos sociais e também a produção econômica, impulsionada especialmente durante e após a primeira guerra mundial. Por ocasião da sucessão de Washington Luís (1929), que era paulista e insistia na indicação de outro paulista (Júlio Prestes) para sucedê-lo, o arranjo "café com leite", responsável pelo tenso equilíbrio nas sucessões de presidentes mineiros e paulistas, sucumbiu a uma forte aliança formada pelo ascendente estado do Rio Grande do Sul e por Minas Gerais, com apoio do recém-fundado Partido Democrata paulista. A candidatura dessa aliança, que consistiria numa oposição a Júlio Prestes e aos interesses que ele representava, capitaneada por Getúlio Vargas, perdeu as eleições, que são, no Brasil da época, um episódio à parte, posto que fraudadas e permeadas pelas mais variadas formas de violência. No entanto, antes que o candidato eleito fosse empossado, articulou-se um movimento que além dos setores mencionados, compositores da aliança, ganha adesão dos tenentes e de alguns setores populares. Esse movimento entra para a história do Brasil como "Revolução de 1930" e depõe o ainda presidente Washington Luís, dando posse a Getúlio Vargas.

Weffort (1978) assinala que estes fatos traduzem o aproveitamento do panorama de crise econômica do café para expressar a insatisfação crescente de setores da burguesia agrária em aliança com a classe média, personificada nos tenentes, mas não só. Havia também profissionais liberais, funcionários públicos e toda uma gama populacional, cuja ascensão social estava ligada aos empregos criados com o processo de urbanização decorrente da economia agroexportadora e do crescimento da burocracia estatal. Tal insatisfação já vinha dando sinais de aparecimento nos movimentos militares de 1922, 1924 e 1926 e reivindicavam uma ampliação democrática das decisões políticas de cunho elitista das oligarquias cafeeiras.

Ocorre que nenhum dos extratos que compuseram essa aliança tinha condições de propor um projeto econômico substitutivo da economia cafeeira que, apesar da crise, continuou sendo, durante alguns decênios, o esteio da economia nacional. Sua posição de dependência em relação às oportunidades econômicas ligadas ao café fez com que nenhum dos setores da aliança pudesse ter hegemonia econômica, isso inclui a burguesia industrial. A bandeira de ampliação democrática do Estado vai atrair para esta aliança de oposição à "república oligárquica" as classes populares que, depois de 1930, se tornam a única força social capaz de oferecer legitimidade ao Estado, mas também incapazes de hegemonizá-lo. Assim, sem nenhuma classe exercendo hegemonia sobre si, o Estado se "autonomiza", no dizer de Draibe (1985), conforme veremos a seguir.

2.2.4 O Primeiro Governo Vargas (1930-1945)

Esse período é considerado muito relevante para a história econômica do Brasil, uma vez que consolida o processo de substituição de importações de produtos manufaturados pelos da indústria nacional, dando início à segunda fase da constituição do capitalismo brasileiro, a da *industrialização restringida*, iniciada por volta de 1933 até 1955. Nesse momento,

> [...] a dinâmica da acumulação passa a se assentar na expansão industrial, [...] existe um movimento endógeno de acumulação em que se reproduzem, conjuntamente, a força de trabalho e parte crescente do capital constante industriais; mas a industrialização se encontra *restringida* porque as bases técnicas e financeiras da acumulação são insuficientes para que se implantem, num só golpe, o núcleo fundamental da indústria de bens de produção, que permitiria à capacidade produtiva crescer adiante da demanda, autodeterminando o processo de desenvolvimento industrial. (Cardoso de Mello, 1994, p. 110; grifo do original)

Concorre para isso uma série de fatores relacionados à crise capitalista mundial, desencadeada em 1929, que vai se prolongar até a Segunda Guerra Mundial, mas também uma deliberada política nacionalista que dará início ao desenvolvimento de setores importantes da indústria de base. Esta acaba por ser financiada ao custo de empréstimos externos que apareciam como a única alternativa para levantar as imensas somas de capital necessárias à aquisição de uma tecnologia internacionalmente monopolizada (Draibe, 1985).

A política industrialista de Getúlio Vargas não deve, entretanto, fazer imaginar que este rompeu subitamente com os interesses da burguesia agrária, posto que a política de valorização do café continuou sendo implementada até 1944. Furtado (1969, p. 200) assinala que a política de valorização do café, muito embora tenha sido um mecanismo de proteção voltado para a burguesia agrária exportadora, teve consequências sob os demais setores da economia:

ao garantir preços mínimos de compra, remuneradores para a grande maioria dos produtores, estava-se na realidade mantendo o nível de emprego na economia exportadora e, indiretamente, nos setores produtores ligados ao mercado interno [...] reduziam-se proporcionalmente os efeitos do multiplicador de desemprego sobre os demais setores da economia.

O mesmo autor explica que a manutenção, até 1953, de uma política cambial que desvalorizava a moeda brasileira, associada a essa política de valorização do café, foi um dos fatores que impulsionaram a indústria de bens de capital e a política de substituição de importações. Isso porque desestimulava a importação (já que a sensação era de que as mercadorias em dólar estavam mais caras diante da queda no valor da nossa moeda) dando força para o consumo de bens e produtos nacionais.

Do ponto de vista político, a centralização do poder é a grande marca de Getúlio, que implementa um "governo forte" e inaugura um discurso nacionalista, tendo em vista transferir para si as bases de poder arraigadas nos regionalismos, de que São Paulo é o exemplo mais típico. A centralização já dá mostras, a partir do governo provisório (1930-1934) e se acentua ainda mais com seu segundo golpe — em 1937, conhecido como "Estado Novo" — a pretexto da manutenção da "segurança nacional" que estaria ameaçada pelo levante comunista de 1935. Lembre-se que, por mais forjados que possam ter sido os argumentos que pretenderam justificar este segundo golpe, o cenário político brasileiro até 1935 deu mostras de uma radicalização, segundo Skidmore (1975), tanto à esquerda (com a Aliança Nacional Libertadora e o PCB), quanto à direita (com a Ação Integralista Brasileira). Estes episódios forneceram munição suficiente para sucessivos estados de sítio, com apoio do Legislativo, e culminou no golpe que instaura uma ditadura às vésperas da eleição, que deveria ocorrer em 1938.

Skidmore (1975) apresenta a tese de que a passagem de Getúlio pelo Estado brasileiro teve três fases: 1930-37; 1937-42; e a partir de 1943 prepara-se a terceira fase que explica, segundo ele, o motivo do seu retorno ao poder apenas cinco anos depois de deposto. A estratégia, nesta terceira fase, residiria no conjunto de medidas que aprofundou a intervenção do Estado na economia através da política trabalhista e do investimento direto na industrialização, com claras diretrizes nacionalistas. Tal estratégia capitalizou, na direção do Estado, a crise de hegemonia das forças que promoveram a "Revolução de 1930" no sentido de introduzir, no amplo leque de "compromissos" que as unia, uma nova força social "passível de submeter-se à sua manipulação exclusiva: [as classes populares]. O Estado encontrará, assim, condições de abrir-se a todos os tipos de pressões sem se subordinar, exclusivamente, aos objetivos imediatos de qualquer delas" (Skidmore, 1975, p. 51).

Pensando a partir do conceito de "revolução burguesa", segundo o qual esse processo implica uma série de transformações econômicas e políticas tendo em vista a universalização dos interesses burgueses ao conjunto da sociedade, *Draibe vai salientar a formação do Estado capitalista como um agente econômico central*. É neste aspecto que Getúlio contribui decisivamente com a centralização antes mencionada. Weffort (1978, p. 36) tende a concordar com esse raciocínio para o período 1930-1945, salientando que o populismo que começa a formar-se com as medidas de legislação social e do trabalho, "revela claramente a ausência total de perspectivas para o conjunto da sociedade [espelhada] na exaltação de uma pessoa [que] aparece como a imagem desejada para o Estado".

As forças políticas que apoiavam Getúlio Vargas variaram ao longo do período, mas incluem os tenentes, desde a primeira hora; a Igreja católica, que tem retomados alguns privilégios na Constituição de 1934; os democratas e republicanos paulistas, depois do "levante constitucionalista", que além de ter sido importante para que Getúlio de fato convocasse uma assembleia constituinte, protestava contra a nomeação de governadores interventores militares e não paulistas; e a burguesia industrial, que percebeu a importância do protecionismo estatal para o crescimento de suas atividades. Cabe aqui um parêntese quanto ao apoio da burguesia industrial: como já dito, ela não adere instantaneamente ao novo governo e a causa dessa resistência se encontra na política trabalhista da qual falarei a seguir.

A complexidade de forças políticas e interesses a administrar no interior deste Estado centralizado e intervencionista, somada à incapacidade hegemônica das classes em questão funda, de acordo com Draibe (1985), *uma "autonomia do Estado"* que tinha seu sentido, grau de liberdade e limite determinados pela luta política refletindo-se na estrutura burocrático-administrativa deste. Nas palavras da autora:

> a autonomia do Estado [...] adquiriu expressão material na medida em que cresceu, através de seus órgãos, sua capacidade regulatória e intervencionista. Por

outro lado, o mecanismo político de reprodução da autonomia do Estado manifesta-se exatamente na sua capacidade de atendimento — através de suas políticas — de interesses múltiplos, heterogêneos, ao "reequilibrar", dentro de suas estruturas, interesses tendencialmente desequilibrados. (Draibe, 1985, p. 43)

Esta autonomia seria, portanto, responsável por fazer do Estado o agente econômico por excelência na medida em que é no âmbito de seu papel dirigente que se conforma uma unidade entre os diferentes interesses, traduzida nos projetos econômicos e sociais propostos como "políticas do Estado" e "para toda a nação". Dão mostras disso, segundo a autora, a fórmula da "empresa pública" e de "economia mista", que nucleou os investimentos iniciais básicos da indústria de base. Voltarei a isso no próximo capítulo.

1930 marca também a mudança de orientação quanto às respostas estatais para a "questão social". Muito embora situe as primeiras medidas de legislação sobre o trabalho na República Velha, o período que vai até 1945 é considerado como um marco em relação ao volume e perfil diferenciado que esta legislação vai assumir como resposta à "questão social". Na constituição de 1934, o Estado tanto preservaria os direitos sociais quanto regularia os contratos de trabalho (com a carteira de trabalho), as profissões e os sindicatos, através do Ministério do Trabalho e essas características ficariam conhecidas, juntamente com o "controle ideológico" do governo sobre os sindicatos, como corporativismo sindical. As ações posteriores na área de previdência social modificaram alguns aspectos administrativos, mas cristalizaram a estrutura desigual já mencionada na prestação dos benefícios, segundo a contribuição das categorias profissionais já existente na estrutura das Caixas de Aposentadoria e Pensão (CAPs).

Fausto (1997) declara que Getúlio, ao promulgar a legislação que o faria entrar para a história como o "pai dos pobres" o faz no interior do "espírito centralizador", já referido. Tanto porque capitaliza para o seu prestígio pessoal essas medidas, divulgadas pela Imprensa Oficial como outorgas, dando início ao populismo de massas no Brasil quanto porque a sua implementação é centralizada pelo Ministério do Trabalho que controla, de perto, os sindicatos cuja ligação com ele passa a ser compulsória.

Além da política trabalhista, a política educacional também é ressaltada por Fausto (1997) como uma importante característica desse período:

investiu-se nos três níveis de ensino, mas a grande novidade foi a estruturação do nível secundário, antes praticamente inexistente, a não ser como preparação para o ensino superior, e que passa agora a contar com uma política profissionalizante, como forma de qualificar a mão de obra das indústrias em expansão.

A queda de Getúlio se deu mais por questões da política externa que de uma instabilidade na sua base de apoio no país (Fausto, 1997; Skidmore, 1975; Vianna, 1978). A entrada na guerra ao lado dos aliados (1942) punha de manifesto uma contradição que aguçou as oposições: a incongruente posição de um país que luta internacionalmente ao lado das democracias, mas vive sob ditadura. A partir desse quadro, a legitimidade do governo dava sinais de enfraquecimento, inclusive com expressões do ponto de vista econômico, visualizáveis na inflação crescente do período. Esta foi consequência da alta dos preços da oferta de bens e serviços, baseada na produção interna que, muito embora funcionasse com plena utilização de sua capacidade produtiva, não dava conta da procura do mercado consumidor que havia aumentado com a acumulação de reservas do período da crise. A classe média urbana e os assalariados sofrem as maiores consequências nesta alteração da redistribuição de renda que beneficia os empresários, conforme Furtado (1969). Foram tomadas, assim, as medidas que convocavam as eleições para o Executivo federal, os estaduais e para o Legislativo.

Apesar dos visíveis sinais de perda de sustentação do regime, inclusive na cúpula militar, Getúlio faz uma última tentativa de se manter no poder com o movimento "queremista", que teve apoio das massas populares, através da burocracia sindical, e do PCB. Mas antes que o movimento pela "redemocratização com Vargas" obtivesse sucesso, a pressão política capitaneada, mais uma vez, pelos militares forçou a renúncia.

O processo de redemocratização que sucede a queda do Estado Novo traz novamente o traço de uma transformação "pelo alto", de acordo com Vianna (1978). Sobre isso, voltarei também a tratar no próximo capítulo, mas, por hora, vale a pena transcrever uma observação de Fausto (1997, p. 389): "essas e outras circunstâncias fizeram com que a transição para o regime democrático representasse não uma ruptura com o passado, mas uma mudança de rumos, mantendo-se muitas continuidades". Skidmore (1975) também assinala a presença dos militares, tanto na ascensão quanto na queda de Getúlio, assim como em outro momento crítico, a proclamação da

República, como algo que devemos observar para entender "o papel de ár-bitros finais na política interna do Brasil" que os militares demonstram ocupar em nossa formação social.

2.2.5 Período republicano democrático (1945-1964)

Fausto (1997) designa esse período como "democrático" — pois tem início com a posse de Dutra, eleito pelo voto direto em 1945, e é regido pela Constituição aprovada em 1946. É um período bastante heterogêneo, no qual ocorrem fatos marcantes para a história nacional, tanto do ponto de vista político, quanto econômico e das lutas sociais. Draibe (1985), analisando o período da Assembleia Constituinte de 1945/46 ressalta dois aspectos dos debates travados: o do planejamento econômico e do controle do Executivo pelo Legislativo. Ambos remetem ao controle social e político do Estado, cuja hipertrofia, herdada dos anos anteriores, estava na base dos diagnósticos e propostas de incorporação de interesses à sua estrutura. Isso evidencia a preocupação permanente das classes dominantes em disputa pela hegemonia de seus interesses na direção da "privatização" do Estado. Deve-se ressaltar que a polêmica não residia na intervenção do Estado propriamente dita, mas dizia respeito ao grau de intervenção e às formas de controle sob esta.

Neste período, mais exatamente entre os anos de 1956 e 1961, completa-se a constituição do capitalismo no Brasil, atingindo a sua terceira fase: a de *industrialização pesada* o que, segundo Fernandes (2006), completa, por sua vez, a revolução burguesa no Brasil. Para ele,

> esse é um processo de constituição simultânea das estruturas sociais e políticas da dominação e do poder burguês. Nesse momento, constituem-se concomi-tantemente as bases materiais sobre as quais repousa o poder da burguesia, assim como as estruturas políticas — o Estado — através das quais a dominação e o poder burguês se expressarão e se exercitarão como um poder unificado, como interesses especificamente de classe [que], podem ser universalizados, impostos por mediação do Estado a toda comunidade nacional e tratados como se fossem os interesses da Nação como um todo. (Fernandes, 2006, p. 14)

Entretanto, pensando-se nas medidas de política social, Santos (1987) coloca esse período como inexpressivo, consistindo numa espécie de "vazio" entre dois períodos extremamente significativos desse ponto de vista: 1930-43 e 1966-71. Assinala ainda que foram pobres as repostas do poder público ao quadro de intensas mobilizações rurais e urbanas, oscilando entre um comportamento ora conciliatório ora repressivo.

Começando pelo panorama político, foi um período de muitas sucessões presidenciais, marcado por instabilidade nas bases de apoio desses chefes políticos, que correspondiam à diversificação de interesses e forças sociais em jogo. Skidmore (1975) considera que a característica que esteve como divisora de águas entre essas forças foi o *"getulismo"*, marcando o território entre os "de dentro" e os "de fora" — referência a interesses de grupos mais próximos de posturas nacionalistas ou não — especialmente no caso dos partidos políticos. Eram "getulistas" o PSD e o PTB, partidos criados por Vargas, de base ruralista e trabalhista urbana, respectivamente; eram "anti-getulistas" a UDN, o PCB (com exceção de algumas alianças pontuais feitas ao longo sua estratégia política de uma "esquerda cautelosa") e o então minúsculo PCdoB, além de outros partidos ainda menores. O "getulismo" também dividia as forças armadas.

Outras forças políticas a serem consideradas são as facções da burguesia industrial; os grandes proprietários fundiários; uma classe média urbana em formação, cuja importância eleitoral era central devido ao seu grau de escolaridade em contraposição à massa de analfabetos, excluída desse direito; o movimento sindical que volta a organizar-se autonomamente em estruturas paralelas às oficiais, especialmente a partir dos anos 1950 e, ao mesmo tempo, penetrá-las; e, por fim, um crescente movimento social que englobava as ligas camponesas, os estudantes e organizações católicas de esquerda. Isso sem contar que a "guerra fria", no panorama internacional, também pressionava por um posicionamento do qual dependia a "saúde", sempre precária, de nossa economia.

Podemos considerar que administrar esses diversificados interesses, num quadro onde a democracia era uma instituição recém-instalada, levou a uma sucessiva utilização de expedientes a ela pouco familiares, mas com uma longa tradição em nossa cultura autoritária, como o golpe de 1964 que pôs fim a esse "intervalo democrático" da nossa história.

Do ponto de vista econômico, Skidmore (1975) afirma que a marca deste período é a "impotência" de tais chefes políticos para superar o agravamento da crise que, vindo de longa data, aumenta a inflação e obstrui o crescimento econômico, meta de todos os mandatos. Contribuem para a crise o saldo negativo da balança comercial, os subsídios públicos para a importação de alguns produtos que impactam diretamente o custo de vida (como o trigo), e a crescente dívida externa que consumia boa parte do que se arrecadava no setor público. Olhando em retrospecto, todos os presidentes do período fracassaram ao tentar enfrentar esta questão, especialmente no tocante ao controle da inflação, porque as agências de financiamento condicionavam o apoio, tanto na concessão de novos investimentos quanto em relação ao reescalonamento da dívida externa, a uma política econômica ortodoxa. Para cumpri-la, impunham-se "sacrifícios" a vários setores e classes sociais, que não estavam dispostas a isso, o que tornava tais medidas extremamente impopulares, fragilizando ainda mais a já debilitada base de apoio interna já mencionada. Diante desse quadro, a reação mais frequente dos governantes, preocupados com a sua legitimidade e com as sucessões presidenciais, foi o abandono dessas tentativas, quase sempre justificado pelo tom "nacionalista radical", implicando em rupturas de maior ou menor profundidade com o FMI e os Estados Unidos.

Vamos aos fatos. A eleição de Dutra se deveu, em boa parte, na análise de Fausto (1997), a uma declaração de apoio feita por Getúlio às vésperas da votação, o que demonstra, ao lado de sua eleição como senador, a continuidade de sua influência na política brasileira, que perduraria até o final desse período, conhecido como "populista". Para Weffort (1978, p. 35), "os componentes fundamentais do populismo enquanto poder ideológico podem ser resumidos em três: 1º) 'personalização do poder' [...]. 2º) 'a imagem (meio real meio mítica) da soberania do Estado sobre o conjunto da sociedade' [...]. 3º) 'a necessidade de participação das massas populares urbanas'".

A presença do populismo como ideologia de Estado, garantindo a transição da hegemonia da burguesia cafeeira para a burguesia industrial se revela no nível do discurso das classes dominantes em que a "questão social" continua a ocupar lugar de destaque e no desenho constitucional do país, estabelecido em 1946 (que pouco alterava a face do Estado corporativo, herdado de Getúlio). Fausto (1997) observa que em nada mudou a política trabalhista anterior, à exceção do direito de greve, que foi admitido, mas devido a um dispositivo que o vinculara a uma lei complementar, elaborada por Dutra, continuou duramente reprimido na prática, já que quase todos os setores eram considerados essenciais, e sua greve, decretada ilegal. Enquanto isso, as condições de vida da maioria da população se deterioravam visivelmente, especialmente nos centros urbanos, a exemplo dos dados a seguir citados por Vieira (1995, p. 61):

> Nesse mesmo ano de 1950 revelou-se haver no Brasil perto de 10 milhões de domicílios particulares (37% nas cidades e 63% fora delas), dos quais nada menos que 7 milhões eram construídos com madeira, pau a pique ou algo semelhante. Não existiam mínimas condições de conforto e higiene, pois apenas 16% do total de domicílios ocupados no país possuía, naquela ocasião, água encanada; 25% deles tinha iluminação elétrica e 33% era dotado de aparelho sanitário, achando-se somente 6% dos aparelhos ligados à rede coletora geral. [...] Com o crescimento das principais cidades brasileiras, cada vez mais se configurava a triste opção para o trabalhador urbano: morar em favelas sob os morros, mas no centro, bem próximo ao seu emprego; ou então despender diariamente quatro a cinco horas, indo para a sua ocupação e voltando para o subúrbio, onde ele residia de modo nem sempre diferente do favelado.

Quando Vargas retorna à presidência, em 1951, as bandeiras que o elegeram, da defesa da industrialização e de uma ampliação da legislação trabalhista, ainda possuíam ampla receptividade entre os mais diversos setores. O plano de desenvolvimento econômico apresentado no início do governo considerava que a solução dos graves pontos de estrangulamento nas áreas de energia e transporte, estaria ligada aos investimentos a serem priorizados no setor das indústrias de base. Muito embora exitoso, em 1952 este programa não tinha mais como se sustentar, pois o esgotamento do saldo positivo acumulado na balança comercial reveste-se em *déficit* pelo acelerado grau de importações subsidiadas para equipar a crescente indústria nacional e pelos empréstimos externos. Neste particular, a "fragilidade da burguesia nacional diante das tarefas gigantescas impostas pelo salto industrializante" (Draibe, 1985, p. 200), seria resolvida pelo protagonismo da empresa pública financiada pelos empréstimos externos das instituições de crédito, também públicas (até porque se tratavam de investimentos pouco atrativos para o capital privado internacional), ocasionando fortes impactos sobre a empresa privada nacional. Do *déficit*, caminhamos para o descontrole na emissão de moeda para cobrir os gastos públicos e para a inflação que, daí por diante, será um problema a agravar-se e tornar vulneráveis todos os presidentes até 1964.

A habilidade política de Getúlio, por sua vez, não foi suficiente para garantir, como das outras vezes em que esteve no poder, uma sólida base de apoio porque o quadro de pressões a administrar era agora bem mais complexo. Os Estados Unidos "apertam os cintos" de financiamento público diante da "cruzada anticomunista". Não agradava aos investidores estrangeiros também a direção impressa ao plano de desenvolvimento econômico e social. Nas palavras de Draibe (1985, p. 235), esse plano,

> pretendia materializar o salto para a industrialização, criando novos blocos industriais e constituindo o setor de bens de produção, sob a liderança da empresa pública, minimizando a participação da empresa estrangeira. Essa estratégia, embora capaz de abrir novas fronteiras de expansão ao capital privado nacional, implicava dinamicamente sua subordinação ao setor público e graus elevados de estatização — evidenciando também um conteúdo nacionalista que não deixou de despertar resistência por parte do capital estrangeiro e das agências internacionais de financiamento.

O movimento sindical não estava mais sob o inteiro controle de Getúlio Vargas se organizava de forma mais autônoma: a situação econômica do país, o elevado custo de vida somado à dura política de arrocho salarial nos anos do governo Dutra, mobilizou grandes greves que tiveram que ser encaradas pelo então ministro do Trabalho João Goulart. A sua permanência ocupando tal posto, por sua vez, não agradava nem aos militares, nem aos civis. Aos primeiros, devido aos rumores de sua possível ligação com os comunistas e planos de uma "república sindicalista"; aos segundos, por rumores, que depois se mostraram verdadeiros, de que ele aprovaria um aumento de 100% no salário mínimo.

Getúlio, prevendo uma crise de governabilidade, afastou Goulart do ministério depois desse fato. Além disso, tomou outras medidas para evitar o crescimento da oposição, mas radicalizou, por outro lado, o teor nacionalista e anti-imperialista das medidas econômicas, o que, somado a um fato político que envolveu um assassinato, deu forças para um movimento liderado pelos militares pela sua deposição. Tal assassinato teria sido encomendado para Carlos Lacerda (figura proeminente de oposição, ligado à imprensa) e acabou matando um major da aeronáutica que o acompanhava no momento do episódio. Como em 1930, 1937 e 1945, os militares tiveram decisiva participação na permanência ou não de Getúlio no poder e, dessa vez, antes que o "cerco militar" o forçasse a sair, Getúlio suicidou-se em 1954, deixando uma carta-testamento em que termina afirmando: "Saio da vida para entrar na história". Tal fato provocou uma série de manifestações populares que, segundo Fausto (1997), tiveram o papel de afastar os militares de qualquer pretensão em relação à presidência: esse projeto teria que aguardar dez anos para que uma outra conjuntura de radicalização da "questão social" o tornasse viável (Cerqueira Filho, 1982).

Manteve-se o respeito à Constituição e, após a renúncia de Getúlio, a presidência é assumida pelo seu vice, Café Filho, que garantiu a realização das eleições em 1955. É eleito então Juscelino Kubitschek, representante do getulismo, tendo João Goulart como vice. O governo JK se fez sob a base de uma política econômica nacional-desenvolvimentista que consistiu na combinação de uma forte intervenção estatal em áreas estratégicas (transportes, energia e comunicação), como incentivo direto à industrialização nacional, e atração do capital estrangeiro com concessão de expressivas facilidades fiscais. Assim é que estimulou o desenvolvimento econômico associado do capital nacional ao estrangeiro, com baixo grau de regulação das remessas de lucro para o exterior.

> Um elemento crucial do bem-sucedido esquema de política econômica do governo Kubitschek foi sua capacidade de unir os interesses objetivos do capital nacional à penetração do capital estrangeiro. No desenho dos novos blocos setoriais de investimento, coordenados pela empresa estrangeira, oferecia-se ao capital nacional uma nova fronteira de acumulação a taxas de lucro elevadas. Uma nova perspectiva lhe era de fato aberta — sem ameaças de "estatização" — a de ingressar em novos mercados e linhas de produção, recebendo ainda o suporte creditício do Estado, para saltar as barreiras do volume de capital inicial e da indispensável atualização tecnológica. [...] A concretização desse salto para um patamar mais avançado de desenvolvimento industrial significou, na verdade, a integração da economia nacional e do capital nacional ao esquema de divisão internacional do trabalho do pós-guerra, em plena fase de constituição ao longo dos anos 50. Obviamente, teve curso e tempo próprios, num movimento que era também de rearticulação de novos padrões de concorrência

internacional e alcançou um grau máximo de profundidade possível, [...] graças ao decisivo avanço na construção do setor de bens de produção e do suporte infraestrutural em capital social básico, ambos viabilizados pela ação direta do Estado. (Draibe, 1985, p. 243)

Dessa forma, o governo JK obteve êxito na sua política econômica, marcando o que Skidmore (1975) denominou como uma nova fase da política de substituição de importações, voltada agora para uma relativa "autossuficiência" do mercado interno em termos de "bens de capital" e produção também de bens de consumo duráveis. Voltarei a isso oportunamente.

No entanto, o período apresentou dificuldades quanto ao saldo da balança comercial, que indicava *déficit* entre importações e exportações, além dos pesados custos de investimento na construção de Brasília. O plano elaborado para intervir nessa situação, que previa um empréstimo americano, precisava de aprovação do FMI, contra o que se levantaram as forças de oposição de esquerda e setores nacionalistas dos militares. JK foi, entre os presidentes do período, o que conseguiu equilibrar-se por mais tempo entre as colidentes forças políticas, mantendo uma base sólida de apoio com posições que evitavam os "extremos" e cortejavam o "centro". No final do seu mandato, preocupado com a sucessão e com suas pretensões de retornar ao poder em 1965 (não era permitida a reeleição), JK rompe com o FMI e abandona o plano de estabilização da economia.

Nas eleições de 1960, Jânio Quadros sai vencedor com João Goulart, mais uma vez na vice-presidência. O novo presidente foi uma figura ligada a um inexpressivo partido, que teve uma rápida ascensão política a partir do governo de São Paulo, garantida pelo personalismo e um carismático discurso de combate à corrupção. Nas palavras de Skidmore (1975, p. 231) Jânio "entrou no cenário político como um corpo estranho [...], visto como capaz de transcender as linhas estabelecidas do conflito", qual seja, entre "getulistas e "antigetulistas".

Em poucos meses de governo — já que renuncia em 1961 — mostrou-se inábil para conduzir uma política que conciliasse os interesses de esquerda e de direita, num quadro polarizado pela revolução cubana (1959), "ateando mais lenha" na guerra fria. Ademais, diante da difícil situação econômica herdada de JK, não teve tempo de implementar nenhuma mudança de rumos, hesitando na implementação de uma política econômica ortodoxa e seus altos custos políticos. Cardoso (1978), entretanto, analisa o discurso desenvolvimentista do curto período de Quadros na presidência como sendo marcado por um tom crítico em relação à concepção precedente de desenvolvimento. Por ter sido eleito como um candidato de oposição, demarcava Quadros uma ênfase nacionalista em relação à soberania. Para ele, esta não poderia ser uma realidade sem autodeterminação, o que implicava independência na política externa (possibilidade de comercialização com todos os países, independente de sua filiação ideológica) e regulação na colaboração do capital estrangeiro que fosse investido no país. Falava também da necessidade de uma aliança dos países subdesenvolvidos, secundarizando o entendimento de que o mundo se dividia entre capitalistas e socialistas. Na sua concepção, essa divisão era entre países desenvolvidos e subdesenvolvidos, muito embora demarcasse claramente o alinhamento do Brasil com o capitalismo.

Nesse sentido, pretendia Jânio uma "reforma institucional" que consistiria numa série de adequações legais às necessidades que julgava imperativas para o país. Essa reforma passava por todo o escopo institucional do Estado, marcando, inclusive, o setor agrário (desapropriação de latifúndios improdutivos) e a política trabalhista (ele defendia a autonomia sindical), de saúde e de educação.

Diante da ausência de condições histórico-concretas para implementar seus projetos, Jânio Quadros renuncia, sem maiores explicações. Fausto (1997) indica que, sem uma base de apoio, provavelmente a renúncia teria sido uma "jogada" para tentar aumentar seus poderes, livrando-se do Legislativo, no caso de um pedido de reconsideração por parte das forças que temiam a entrega do governo a João Goulart (Jango). Os esperados pedidos de reconsideração não ocorreram e Goulart assume a presidência. Este fato, porém, não foi tranquilo, pois os militares o viam como um representante dos comunistas e tentaram impedir que a saída constitucional prevalecesse, sendo impedidos por um setor dos militares do sul, liderados por Brizola, cunhado de Jango que, em apoio a ele, ameaçou bloquear a entrada de Porto Alegre, afundando navios. O Congresso garantiu então a posse com uma "manobra" que decretou o parlamentarismo como regime de governo, objetivando a diminuição dos poderes presidenciais.

João Goulart governou durante cerca de dois anos e meio e seu mandato caracterizou-se como o período mais progressista da história do país na medida em que estava comprometido com uma série de medidas denominadas "reformas de base". Sobre as "reformas de base", Skidmore (1975) levanta uma polêmica acerca dos seus propósitos, pois parecem não ter sido apenas voltados para o combate às desigualdades sociais. Teriam elas também um efeito econômico — especialmente a reforma agrária, na medida em que proporcionaria uma expansão da economia financeira no setor rural — e um efeito eleitoral, uma vez que, entre elas, constava a extensão do voto aos analfabetos e setores inferiores das forças armadas que mudaria substantivamente o quadro eleitoral existente.

Outras medidas incluídas nas reformas de base eram a regulação das remessas de lucro para o exterior e a extensão do monopólio do petróleo. Conforme Fausto (1997), muito embora ficasse fácil identificar que tais medidas não visavam a implantação do socialismo — como o acusaram as forças que o interromperam para instalar a ditadura militar em 1964 — o simples fato de pretenderem mexer na estrutura distributiva de renda para atenuar as desigualdades, impediram sua concretização. Ademais, o período é marcado por uma intensificação das lutas sociais que já vinham de períodos anteriores, comandadas por estudantes, movimentos católicos de esquerda e pelas ligas camponesas.

Com poderes limitados pelo parlamentarismo até janeiro de 1963, quando uma consulta popular aprovou o retorno do presidencialismo, as reformas não conseguiam maioria no Congresso, ao mesmo tempo em que o "plano trienal", uma tentativa de intervir na crise econômica, não obteve o apoio necessário para a sua implementação. As negociações com os Estados Unidos para o investimento necessário nesse plano econômico esbarraram na "fama esquerdista" do governo de Jango, enquanto que os setores nacionalistas radicais no Brasil criticavam o plano pela sua dependência em relação ao capital estrangeiro.

Quando em janeiro de 1964, aconselhado pelos aliados mais próximos, Goulart inicia uma série de comícios tendo em vista anunciar as reformas de base por meio de decretos, caminha para pôr fim ao seu governo. Isso porque a radicalização do seu discurso acaba por provocar o apoio das classes médias urbanas à alternativa do golpe militar — sinalizado com a "Marcha da Família com Deus pela liberdade". Com suporte na "doutrina de Segurança Nacional", os militares instauram a ditadura, sob o pretexto de "purificar a democracia" de seus elementos subversivos.

2.2.6 Ditadura militar (1964-1985)

O golpe militar de 1964 tem sido debatido sob diversas perspectivas. Uma delas levanta a possibilidade de ter sido financiado e articulado pelos EUA. Skidmore (1975) descarta como pouco plausível essa possibilidade, apostando que ele seria resultante das lutas entre as forças políticas que pressionavam pelo controle do Estado desde 1945. Considera, entretanto, que alguns fatos dão base a esta hipótese, como a inegável preocupação que os EUA apresentavam com uma possível "guinada esquerdista" no Brasil, ao mesmo tempo em que foi também um fato a rapidez do reconhecimento norte-americano em relação ao novo governo instaurado após o golpe. Coincidentemente, "o governo brasileiro começou, depois de 1º de abril de 1964, a desfrutar de uma cooperação muito mais ampla dos Estados Unidos no campo da assistência econômica e financeira. Ao mesmo tempo, o governo Castelo Branco adotou uma política externa inequivocamente pró-Estados Unidos" (Skidmore, 1975, p. 397).

Financiado ou não pelos Estados Unidos, importa salientar duas questões que o golpe põe de manifesto: 1) o exército se afirma, definitivamente, como árbitro da política nacional intervindo, mais uma vez, nas disputas políticas em torno do Estado; 2) à diferença das outras vezes em que interviu, desta feita os militares pareciam unidos contra o populismo e dispostos a exercer, eles mesmos, o poder. Prova disso foi a sua atitude nos embates com o Congresso logo nos dias que se seguiram ao golpe, exigindo uma legislação que possibilitasse ao executivo uma "limpeza ideológica" no país, através da cassação de mandatos e demissão de funcionários públicos. Mediante a recusa do Congresso, foi publicado o primeiro Ato Institucional (AI).

> O ato institucional estipulava que a eleição de um novo presidente e de um vice-presidente devia ter lugar dentro de dois dias após a sua publicação. Cancelava também especificamente a cláusula constitucional de inelegibilidade, tornando assim candidatáveis à eleição os oficiais militares da ativa. Esta alteração visava possibilitar a pronta eleição do General Castelo Branco, coordenador da conspiração militar, que tinha a preferência esmagadora dos revolucionários, militares e civis. (Skidmore, 1975, p. 374)

Muito embora este período seja reconhecidamente de exceção, Fausto (1997) chama atenção para o fato de que o regime nunca assumiu seu caráter autoritário, justificando as medidas arbitrárias como o fechamento do Congresso, durante determinados períodos, como temporárias e necessárias para assegurar a "segurança nacional". A repressão atingiu, de imediato, os setores que vinham se destacando por posições nacionalistas e de esquerda no período anterior, a exemplo dos estudantes, das universidades, das ligas camponesas e dos sindicatos com esse perfil. Vieira (1995) lembra que nesse período os partidos não se constituíam, de fato, em instituições que balizassem a alternância de generais no poder e até mesmo o populismo — entendido como mobilização controlada das massas populares — deixou de existir. Estabeleceu-se de pronto um Serviço Nacional de Informações (SNI), para investigar "atos subversivos". Esse órgão adquiriu tamanha autonomia em face do Executivo, que se notabilizou pelas perseguições, torturas e desaparecimentos, mesmo quando a orientação do Executivo passou a ser de "abertura do regime".

Outras características da ditadura brasileira, ressaltadas por Abranches (1985, p. 12) são o considerável inchaço da burocracia estatal, acompanhado pela "atrofia das instituições propriamente políticas, sobretudo as de representação" e o agravamento das desigualdades regionais, diante não só do caráter industrial-urbano do desenvolvimento promovido, como também da concentração de crédito e subsídios para a grande empresa agrícola de exportação, concentrando ainda mais a renda nas áreas rurais.

É conhecida na historiografia a divisão dos militares durante a ditadura entre os que tinham o objetivo de fazer do regime uma "democracia restringida" e os chamados "linha dura", cuja postura era mais fechada em torno das liberdades políticas e civis. O governo Castelo Branco pertencia ao primeiro grupo, muito embora, do ponto de vista da política econômica, tenha adotado medidas ortodoxas para o combate à inflação, realizando o que havia sido adiado até o momento por falta de condições políticas. Já se disse que essas medidas eram extremamente impopulares, posto que traziam consigo o aumento do custo de vida e a contenção dos salários, e que durante o regime democrático nenhum dos governos se propôs a assumir seus custos políticos. Já durante a ditadura, tais custos podiam ser neutralizados mediante a ação repressiva do Estado, conforme afirma Fausto (1997).

Castelo Branco assume, assim, a perspectiva de satisfazer as autoridades financeiras internacionais com a adoção dessas medidas, tendo em vista recuperar a capacidade creditícia do país e promover o desenvolvimento. É importante ressaltar que a evolução do capitalismo internacional, nesse período, é marcada pelo crescimento dos monopólios que, conforme lembra Prado Júnior (2004, p. 347), não deixariam o nosso país à margem de sua ofensiva: o "capitalismo internacional mobilizado pelos grupos financeiros e monopólios, [...] encontraria aqui larga e generosa acolhida graças à orientação política entre nós adotada". Sendo assim, a política econômica ortodoxa foi parte importante do chamado "milagre econômico", ocorrido durante a ditadura militar no Brasil e, consequentemente, responde por parte dos fatores que fizeram avançar a "industrialização pesada" em sua segunda fase, argumentos que retomarei oportunamente.

Do ponto de vista político, a manutenção das eleições estaduais realizadas em 1965 aumentou a pressão da "linha dura" sob Castelo Branco, pois nem mesmo as cassações viabilizadas impediram alguns resultados inquietantes para o regime, mantido o antigo quadro pluripartidário. Diante dos acontecimentos, foram promulgados os AI ns. 2 e 3. Eles ratificavam,

> as regras para a política no Brasil. Todos os partidos políticos deviam ser dissolvidos. A eleição presidencial de 1966, bem como as eleições para governador, seriam indiretas [e nominais] (pelo Congresso para Presidente e pelas legislaturas estaduais para governadores), e o presidente readquiria o direito de cassar, à sua discrição, os direitos políticos de brasileiros considerados como ameaça à segurança do governo. (Skidmore, 1975, p. 378)

Depois disso, o quadro partidário brasileiro fica restrito a apenas dois grupos: a Arena, que reunia os governistas, e o MDB, que se caracterizou como oposição. Seguiu-se a isso o AI n. 4, reconvocando o Congresso, que havia sido fechado em outubro de 1966, para aprovar uma nova Constituição, em 1967, cujo objetivo foi o de "sacramentar" a centralização de poderes no Executivo e os mecanismos de sucessão.

Ainda em 1967, Costa e Silva toma posse e vai implementar um governo mais próximo do perfil "linha-dura", especialmente após 1968, quando a oposição dá sinais de fortalecimento — estimulada pelo contexto internacional de grandes mobilizações da juventude que caracterizaram o maio francês e as manifestações contra a guerra do Vietnã. Greves operárias, passeatas nos

"QUESTÃO SOCIAL"

centros urbanos e a luta armada, organizada por grupos de esquerda, levaram o governo a sancionar o AI n. 5, primeiro dos atos institucionais que não tinha validade pré-determinada e que entrou para a história como sendo a medida que franqueou aos militares amplos poderes na realização dos piores arbítrios contra todos os tipos de direitos individuais e coletivos.

> Abriu-se um novo ciclo de cassação de mandatos, perda de direitos políticos e expurgos no funcionalismo, abrangendo muitos professores universitários. Estabeleceu-se na prática a censura dos meios de comunicação; a tortura passou a fazer parte integrante dos métodos de governo. (Fausto, 1997, p. 480)

Desta feita, a oposição reage e, a partir de 1969, a luta armada se intensifica, mas o AI 5 permanece vigente até 1979. Enquanto isso, entre 1968 e 1969, com a continuidade da política econômica iniciada por Castelo Branco, a economia dá sinais de recuperação, dando início ao "milagre econômico". Também nesse período, promove-se a chamada "reforma universitária" através de decretos-lei.

O governo Costa e Silva é interrompido mediante problemas na saúde do general e é finalizado por uma Junta militar durante dois meses, após os quais são convocadas novas eleições. Em meados de outubro de 1969, Médici assume a presidência e continua a política de repressão do período anterior. Mas não só nisso reside uma linha de continuidade entre o seu governo e o de Costa e Silva. Também continuavam a se recuperar os indicadores econômicos aprofundando, até 1973, o "milagre", que foi o responsável pela "aura de legitimidade" adquirida pelo regime perante a classe média e a burguesia industrial — que crescia associada ao capital estrangeiro.

Já no contexto de decadência do "milagre econômico", em 1974, assume a presidência Ernesto Geisel, cuja ligação com os castelistas era conhecida. Somente a crise econômica poderá explicar a "abertura lenta gradual e segura" que este mandato implementa, apesar dos protestos dos setores de "linha-dura": com o descenço dos índices de crescimento econômico, esvai-se o principal pilar de sustentação do regime, que já não poderia calar setores decisivos como a classe média. Na medida em que se deterioram as conquistas materiais advindas com esse crescimento, esses setores passam à oposição, que começa a dar sinais de rearticulação em 1973. Uma oposição, diga-se de passagem, mais politizada que, juntamente com o movimento operário, vai dar um novo ritmo e conteúdo aos movimentos sociais para além das reivindicações estritamente econômicas (Abranches, 1985). Além disso, Fausto (1997, p. 491) acrescenta o desgaste do confronto com a Igreja Católica e com os "formadores de opinião, perante os quais a negação das liberdades era profundamente sentida".

A política econômica do governo Geisel pretendeu enfrentar a crise do "milagre" com maiores investimentos em setores públicos que pudessem substituir itens de importação e tornassem a economia menos depen_ dente de tais fatores, como o petróleo, por exemplo. Entretanto, o esgotamento da capacidade instalada do nosso parque industrial (Fausto, 1997; Abranches, 1985) forçava a alternativa dos empréstimos que tinham, nesse momento, taxas de juros flexíveis, oscilando com as condições do mercado. Decorre disto o aumento substantivo da crise no balanço de pagamentos que vai agravar-se sobremaneira no governo Figueiredo. O período é marcado ainda pelo "descompasso entre a evolução industrial e urbana e o desempenho da agricultura, em relativo atraso, sobretudo no que diz respeito à produção de alimentos para o consumo doméstico, com graves consequências sociais" (Abranches, 1985, p. 16) devido ao aumento dos preços para ao consumidor e seus impactos na inflação. A modernização da agricultura, segundo Abranches, ocorre de maneira seletiva, especialmente no setor de "exportáveis", que se diversificou para compensar o descenso da sua importância no conjunto da economia nacional, sendo esse um dos fatores que contribuíram para a escassez de alimentos do mercado interno.

Geisel enfrenta uma organização crescente dos sindicatos rurais; dos movimentos organizados pela Igreja no campo, através da comissão Pastoral da Terra; e, fundamentalmente, do "novo" movimento operário, que tinha sua força nas empresas privadas do setor automobilístico, cujas campanhas salariais deram início às grandes greves do ABC paulista em 1978 e 1979, marcos do processo de resistência contra a ditadura militar.

Quando Figueiredo, ex-chefe do SNI, assume a presidência, na linha de continuidade do governo Geisel, fica visível um dos principais traços da nossa "transição democrática": ela seria conduzida, novamente, como em 1945, com o mínimo de rupturas em relação às forças políticas dominantes. 1979 marca o ano da "anistia" aos exilados e completa o ciclo de liberalização do regime. Neste mesmo ano promulgou-se, no Congresso, a nova lei dos partidos, tendo em vista fragmentar a oposição, reunida no MDB, que foi extinto juntamente com a Arena.

Reformulados os partidos, num novo quadro pluripartidário, nascem o PT, o PDT, o PP (que se juntaria, proximamente ao PMDB) e o PDS. O movimento sindical também se beneficia da abertura e diferencia-se em duas centrais sindicais: a CUT e a CGT, esta última como expressão do chamado "sindicalismo de resultados". Some-se a isso o grave surto de desemprego industrial e as pressões sobre o gasto público e os programas sociais decorrentes do agravamento da crise (Abranches, 1985).

Este quadro de intensas movimentações políticas que envolvem as eleições diretas para aos Estados, em 1982, se acirra com a campanha iniciada pelo PT pelas eleições "Diretas Já" também para o Executivo Federal. Inicialmente restrita ao círculo partidário, essa campanha vai ganhando adesões de massa e, em 1984, seus comícios entram para a história como fatos políticos que pressionaram pelo fim do colégio eleitoral na eleição para presidente. Paralelamente a isso, os efeitos da recessão de 1981-83 que fizeram o país recorrer ao FMI levaram a uma inflação de 223% (cf. Cap. 5).

A chamada Emenda "Dante de Oliveira" foi derrotada no Congresso Nacional por 22 votos e a sucessão de Figueiredo ocorre ainda no colégio eleitoral, ou seja, de modo indireto pelo voto do Legislativo. Se enfrentaram Paulo Maluf (como candidato do PDS, ex-Arena) e Tancredo Neves (pelo PMDB), com Sarney como vice — apesar das restrições impostas ao seu nome pelas suas vinculações com os partidos conservadores da UDN, Arena e PDS. Vencida a eleição pela oposição, a chapa que iria realizar a transição democrática é desfalcada com a morte de Tancredo Neves, seu elemento mais ligado às bandeiras da democratização, caindo nas mãos de um conservador: José Sarney. Com esse episódio fica caracterizado o quadro que operou a chamada "transição democrática" e trouxe o país aos rumos que tomou na atualidade.

Ao finalizar esta rápida síntese sobre o desenvolvimento capitalista na formação social brasileira gostaria de demarcar seu caráter limitado, apesar da utilidade didática suposta na sua elaboração. Isso significa dizer que ela opera uma condensação de elementos selecionados em vista da reflexão proposta quando pretendo retomar, analiticamente, algumas de suas informações para avançar na direção da descoberta das particularida-des do capitalismo no Brasil. Nesta seleção foram escolhidos, essencialmen-te, aspectos que dizem respeito à dinâmica econômica e política, conside-radas primordiais à compreensão dos argumentos que se seguem. Já se disse, mas não acho que seja demais repetir, que as particularidades do capitalismo brasileiro são a base para a identificação do que considero como particularidades da "questão social" entre nós, pelo papel determinante que exercem nas relações entre capital e trabalho. Feitas essas advertências, cumpre indicar como imperiosa a complementação desse capítulo com textos citados em seu decorrer e outros que podem auxiliar na consolidação da leitura aqui apresentada. Prossigamos, então, na nossa tarefa que está apenas começando!

Sugestões bibliográficas

Leia os livros:

Para uma melhor compreensão das categorias de "modo de produção"/"formação social" e da lógica dialética entre "universalida-de-singularidade-particularidade", indico o didático texto de: NETTO, José Paulo. *Introdução ao método na teoria social*, que é parte da coletânea *Serviço Social*: direitos e competências profissionais. Brasília: CFESS/Abepss, 2009a. Ainda do mesmo autor, o livro: *O que é marxismo*. 2. reim-pr. da 9. ed. São Paulo: Brasiliense, 2009 para clarificar os desdobramen-tos teóricos e ideopolíticos das distinções entre o marxismo e a obra marxiana.

Em se tratando do capitalismo na formação social brasileira, exten-so é o leque de referências. Do ponto de vista historiográfico mais geral, o livro de: FAUSTO, Boris. *História do Brasil*. 5. ed. São Paulo: Edusp, 1997, é indispensável. Uma abordagem também historiográfica, porém centra-da em preocupações explicitamente relacionadas à dinâmica econômica dos ciclos produtivos e suas consequências para o capitalismo brasileiro é encontrada em: JÚNIOR, Caio Prado. *História econômica do Brasil*. 46. ed. São Paulo: Brasiliense, 2004, e no clássico de: FURTADO, Celso. *Formação econômica do Brasil*. 9. ed. São Paulo: Companhia Editora Nacional, 1969. Para caracterização das classes sociais e das disputas políticas em torno da direção do aparelho de Estado em períodos diferenciados sugiro: WEFFORT, Francisco. *O populismo na política brasileira*. Rio de Janeiro: Paz e Terra, 1978; DRAIBE, Sônia. *Rumos e metamorfoses*: Estado e industrialização no Brasil 1930-1960. Rio de Janeiro: Paz e Terra, 1985; SKIDMORE, Thomas. *Brasil*: de Getúlio a Castelo (1930-1964). Rio de Janeiro: Paz e Terra, 1975. Para uma análise ampla de cunho socioeconômico do período ditatorial ver especialmente: ABRANCHES, Sérgio Henrique. *Os despossuídos*: crescimento e pobreza no país do milagre. Rio de Janeiro: Zahar, 1985.

Sugestões culturais

Assista aos filmes:

Desmundo — Alain Fresnot. Brasil, 2003.

Chico Rei — Walter Lima Jr. Brasil, 1985.

Era Vargas (3 DVDs) — Eduardo Escorel. Brasil, 2011.

Memórias do cárcere — Nelson Pereira dos Santos. Brasil, 1984.

JK: uma trajetória política — Sílvio Tendler. Brasil, 1980.

Jango — Sílvio Tendler. Brasil, 1984.

Capítulo 3

Particularidades do capitalismo na formação social brasileira

Enfrentar a tarefa de identificar as particularidades da "questão social" no Brasil, a partir das particularidades do capitalismo no país, supõe um monumental esforço de pesquisa coletivo — campo aberto para futuras pesquisas que pretendam buscar sua relação com a "questão social". O que me é possível apresentar aqui é um ponto de partida, que, por isso mesmo, está longe de esgotar as necessidades de pesquisa para dar cabo da referida tarefa.

Tomarei como referência, na organização da presente tematização, uma significativa contribuição, elaborada por Netto (1996), para análise de um objeto mediatamente relacionado ao que proponho. Sendo uma das poucas análises que aparecem na produção bibliográfica do Serviço Social brasileiro com essa explícita preocupação,[1] apresenta o autor algumas fecundas hipóteses sobre as particularidades da formação brasileira que adotarei como eixo para propor, em articulação com elas, o que identifico como particularidades da "questão social" no Brasil. Três ordens de fenômenos caracterizam, nessa hipótese, as particularidades históricas da formação do Brasil moderno, estando as mesmas situadas e problematizadas a seguir.

---

1. Outras menções devem ser feitas nesse campo às reflexões de Behring (2003) e de Iamamoto (2001 e 2007) também preocupadas com o mapeamento das particularidades da formação social brasileira.

3.1 O caráter conservador da modernização operada pelo capitalismo brasileiro

> Em primeiro lugar, um traço econômico-social de extraordinárias implicações: o desenvolvimento capitalista operava-se sem desvencilhar-se de formas econômico-sociais que a experiência histórica tinha demonstrado que lhe eram adversas; mais exatamente, o desenvolvimento capitalista redimensionava tais formas (por exemplo, o latifúndio), não as liquidava: refuncionalizava-as e as integrava em sua dinâmica. Na formação social brasileira, um dos traços típicos do desenvolvimento capitalista consistiu precisamente em que se deu *sem realizar* as transformações estruturais que, noutras formações (*v.g.*, as experiências euro-ocidentais), constituíram as suas pré-condições. **No Brasil, o desenvolvimento capitalista não se operou** *contra* **o "atraso", mas mediante a sua contínua** *reposição* **em patamares mais complexos, funcionais e integrados.** (Netto, 1996, p. 18; destaques em negrito meus e grifos do original)

Esse primeiro traço chama a atenção, portanto, para o *caráter conservador da modernização operada pelo capitalismo brasileiro*. A historiografia que trata não só da consolidação do modo de produção capitalista no Brasil, como a que aborda, relacionado a isso, a constituição das nossas classes sociais, está repleta de passagens que fornecem ilustrações desse teor predominantemente conservador, de conciliação com o "atraso". Essas relações são importantes não apenas do ponto de vista da correlação de forças que se afirma como dominante na vida política brasileira. São importantes, fundamentalmente, pelas determinações introduzidas por esse "atraso" nas opções concretas de política econômica que constituíram historicamente o capitalismo brasileiro.

Marco decisivo anterior ao processo de autonomia política (1822), o sistema colonial sem dúvida é, no caso brasileiro, parte substantiva da caracterização do "atraso" mencionado, na medida em que responde por traços decisivos da estruturação das classes sociais, de suas atividades econômicas e universo cultural. Assim sendo, um primeiro passo há que ser dado na recuperação das conexões entre a colonização e os modos de produção articulados em seu interior. Entendo que tais conexões determinam não apenas características essenciais à constituição das classes sociais no Brasil, mas também o padrão produtivo daí herdado: o *latifúndio de monocultura extensiva tendo em vista a exportação*, que permaneceu inalterado e, durante boa parte de nossa história, hegemônico, dando o tom do lugar que o Brasil iria ocupar na divisão internacional do trabalho capitalista (Prado Júnior, 2004).

Não obstante as polêmicas registradas em relação à definição do modo de produção dominante no Brasil Colonial — se era escravista, feudal, capitalista ou um *mix* de relações que tinham existência, em maior ou menor grau, em diferentes regiões do país — parto do princípio de que a empresa colonial se realizou comandada pela lógica do capitalismo comercial. Não há, entretanto, como negar o caráter incipiente de relações sociais capitalistas, mescladas que estavam com formas pré-capitalistas clássicas como o escravismo e a servidão.

> A escravidão e a servidão repostas como necessárias para a produção em larga escala numa fase do desenvolvimento do capitalismo e para a comercialização no mercado internacional têm em comum com a escravidão antiga e a servidão medieval apenas a forma. Estas são necessariamente limitadas na medida em que combinam relações sociais básicas. Porém, o que importa não é quantas são as relações sociais básicas e como se combinam abstratamente, mas como são "inventadas" e "reinventadas" em contextos específicos. (Hobsbawm, 1971, apud Cardoso de Mello, 1994, p. 35)

É fato pacífico, hoje, na literatura a respeito, que a colonização moderna foi um importante instrumento de acumulação primitiva para o capitalismo (cf. Cap. 1) através da incorporação de formas pré-capitalistas de exploração do trabalho adaptadas aos objetivos capitalistas. Tais formas permitiram que houvesse uma espetacular possibilidade de extrair lucros na atividade comercial, tendo em vista o *baixo custo do fator "trabalho" na produção das mercadorias*. De acordo com Cardoso de Mello,

> a colonização moderna integra um processo mais amplo, o de constituição do modo de produção capitalista. [...] **a economia colonial organiza-se, pois, para cumprir uma função: a de instrumento de acumulação primitiva de capital**. [...] A produção colonial deveria ser deste modo, mercantil. Não uma produção mercantil qualquer, porém produção mercantil que, comercializável no mercado mundial, não concorresse com a produção metropolitana. Do contrário, [...] o comércio se tornaria impossível. Produção colonial, em suma, quer dizer produção mercantil complementar, produção de produtos agrícolas coloniais e de metais preciosos. (Cardoso de Mello, 1994, p. 38-39; destaques em negrito meus)

Já se disse que neste momento o capitalismo se encontrava em transição de sua fase de cooperação para a manufatura e que o "atraso" da economia portuguesa para realizar esta transição condicionou, significativamente, o "atraso" brasileiro na mesma direção (cf. Cap. 2).

> Tratava-se, para o grupo mercantil luso, de obter, por compra, por troca ou pela força, mercadorias nas áreas produtoras e vendê-las nas áreas consumidoras, auferindo a diferença de preço entre a operação inicial e a final. Nisso residiu o segredo do sucesso português e nisso residiu o seu fracasso, a sua debilidade fundamental: *a economia lusa não era nacional*. [...]
>
> O comércio de intermediação era, por característica, desligado dos extremos, a produção e o consumo, e nada tinha a ver com a estrutura dos mercados produtor e consumidor. [...] A empresa das navegações e do comércio em escala mundial não previra a eventualidade de ocupar, povoar, produzir. Ela não era produtora, mas apenas mercantil. Se a eventualidade de assumir os encargos da produção era arriscada, ainda no caso de já existir produção na área a ser ocupada — como acontecia no Oriente — apresentava-se muito mais difícil no caso em que não existia produção, tratando-se de iniciá-la. E este era precisamente o caso brasileiro. (Sodré, 1990, p. 36-37)

A solução encontrada para este impasse, ainda na época colonial, as conhecidas sesmarias, instituídas a partir da criação do Governo Geral, formatou uma questão que é central na caracterização do "atraso": *a concentração de propriedades territoriais*, ou, falando mais claramente, *a constituição dos latifúndios*. De acordo com a lógica do monopólio metropolitano, somente alguns poucos investidores reuniam as condições necessárias ao investimento requerido pelos engenhos produtores de açúcar e esse foi, fundamentalmente, o fator que esteve na gênese da concentração fundiária brasileira (Albuquerque, 1981). Obviamente que essa característica se reproduziu de maneiras diversificadas historicamente — as fazendas de café e a modernização capitalista no campo, sob o formato das agroindústrias, são as mais significativas.

No caso das fazendas de café, não é incomum encontrar na literatura o argumento de que a expansão cafeeira teve, na abundância de terras, um de seus fatores mais significativos, quase como se esse fator naturalizasse a existência de grandes propriedades. Para Silva (1985, p. 73) é importante relativizar essa afirmação, já que "não basta a disponibilidade de terras *em geral*, mas a disponibilidade de terras *em particular* para o capital, o que implica a não disponibilidade para os trabalhadores". Isso significa dizer dos processos de expropriação, legitimados em lei, que consideravam "devolutas" as terras cujos ocupantes não tivessem os títulos de propriedade.[2] Significa também que, uma vez legalizada a posse da terra sob relações capitalistas em expansão, tem origem a especulação fundiária na região produtora de café.

> É, portanto, a expansão capitalista que está na base da especulação fundiária. Com efeito, a terra em si não tem valor, ela possui um preço na medida em que representa um meio que permite a apropriação da mais-valia. Em outros termos, **a especulação fundiária não pode ser explicada fora da dominação do capital que dá valor comercial à terra. [...] Se a massa de imigrantes pudesse ter acesso fácil à propriedade da terra, o capital não encontraria a força de trabalho que tanto precisava**. O preço elevado da terra na região do café reflete a apropriação da terra pelo capital. (Silva, 1985, p. 72-73; destaques em negrito meus)

De qualquer forma, a possibilidade de *reprodução histórica do padrão produtivo baseado no latifúndio* possui, a meu ver, uma *dupla determinação*. De um lado, pela *funcionalidade desse padrão produtivo no conjunto das relações capitalistas internacionais* e, de outro, pela *importância política das classes dominantes forjadas a partir da grande propriedade agrária*.

Quanto à primeira determinação, é preciso ressaltar a complementariedade econômica, especialmente após o advento do imperialismo, da manutenção do "desenvolvimento desigual e combinado" para a maximizar a taxa de lucros dos países capitalistas centrais.

> [...] ocorreu um deslocamento econômico das "fronteiras naturais" daquelas sociedades: as nações periféricas, como fonte de matérias-primas essenciais ao desenvolvimento econômico sob o capitalismo monopolista, viram-se, extensa e profundamente, incorporadas à estrutura, ao funcionamento e ao crescimento das economias centrais como um todo. [...] Aquelas passaram a competir fortemente entre si pelo controle da expansão induzida destas economias, gerando o que se poderia descrever, com propriedade, como a segunda partilha do mundo. (Fernandes, 2006, p. 296)

---

2. Sodré (1976, p. 77) também registra esse processo afirmando que "a expansão cafeeira exige a expulsão dos posseiros: [...] os posseiros são atingidos pela grande lavoura, o latifúndio os expele sem pausa. Esses trabalhadores sem terra [...] especialistas no desbravamento de novas áreas, representarão reserva ponderável de mão de obra, aproveitada ocasionalmente".

A dominância do modelo agroexportador resulta da conjugação de uma série de fatores de produção a baixo custo, especialmente a força de trabalho, que possibilitavam a produção de matérias-primas relativamente baratas. Assim, esses produtos podiam ser vendidos, no mercado internacional, por preços satisfatórios para quem os produzia e, também, para quem os comprava — no caso, os países capitalistas centrais que tinham, nesse mecanismo de acesso a matérias-primas, um dos fatores que proporcionavam a elevação das taxas de lucro. Na medida em que essa complementariedade era lucrativa para as classes produtoras de ambas as partes, formava um "complexo integrado" marcado por uma

> [...] aliança social e política a longo prazo entre imperialismo e as oligarquias locais, que congelou as relações pré-capitalistas de produção no campo. Esse fato limitou, de forma decisiva, a extensão do "mercado interno" e assim, novamente tolheu a industrialização cumulativa do país, ou dirigiu para canais não industriais os processos de acumulação primitiva que, apesar de tudo, se manifestaram. (Mandel, 1985, p. 37)

Nessa direção, considero de extrema valia a conceituação do capitalismo brasileiro como *capitalismo retardatário* (Cardoso de Mello, 1994). Ela permite chamar a atenção para a característica gênese do capitalismo brasileiro comum a outros países latino-americanos, onde não basta

> [...] admitir que a industrialização latino-americana é capitalista. É necessário, também, convir que a industrialização capitalista na América Latina é específica e que sua especificidade está duplamente determinada: por seu ponto de partida, as economias exportadoras capitalistas nacionais, e por seu momento, o momento em que o capitalismo monopolista se torna dominante em escala mundial, isto é, em que a economia mundial capitalista já está constituída. É a esta industrialização capitalista que chamamos retardatária. (Cardoso de Mello, 1994, p. 98)

Isso teve as maiores consequências enquanto determinante da força adquirida pelo mito de "país de vocação agrária" e a consolidação da estrutura fundiária concentrada. Na medida em que o estágio de desenvolvimento do capitalismo mundial impunha uma elevação dos graus de monopolização da tecnologia, ficava cada vez mais distante do Brasil a possibilidade de montar um esquema de acumulação capitalista endógeno até os anos de 1950.

Isso porque, mesmo havendo capital acumulado disponível para investimento industrial, houve um "bloqueio da industrialização", nos termos de Cardoso de Mello (1994), que a manteve "restringida".

A explicação disso está no fato de que a constituição de forças produtivas especificamente capitalistas tinha, como pré-requisito para um esquema de acumulação endógeno, a montagem de um setor de bens de produção, assentado em capitais nacionais, com função de alimentar a demanda industrial. É precisamente o setor de bens de produção que proporciona maiores graus de autodeterminação já que pode libertar os países da dependência quanto à importação desse tipo de tecnologia. Esse era justamente o "foco" da rentabilidade dos países de capitalismo maduro nesse momento do imperialismo: a manutenção de áreas para exportação de capitais.[3] Assim sendo, era restrito o leque de "opções" industriais do Brasil dado que

> [...] a tecnologia da indústria pesada, além de extremamente complexa, não estava disponível no mercado, num momento em que toda sorte de restrições se estabelecem num mundo que assiste a uma furiosa concorrência, entre poderosos capitalismos nacionais.
>
> Bem outro era o panorama da indústria de bens de consumo corrente, especialmente da indústria têxtil: tecnologia relativamente simples, mais ou menos estabilizada, de fácil manejo e inteiramente contida nos equipamentos disponíveis no mercado internacional; tamanho da planta mínima e volume do investimento inicial inteiramente acessíveis à economia brasileira de então. (Cardoso de Mello, 1994, p. 103)

Por mais que o desenvolvimento capitalista posteriormente operado no país tenha possibilitado o ingresso na fase da industrialização pesada, o mesmo não implicou qualquer alteração significativa em relação à estrutura fundiária. "Em 1970, apesar do intenso processo de industrialização pelo qual o país havia passado nas duas décadas anteriores, a agricultura era responsável por 74,1% das exportações nacionais" (Braun, 2004, p. 6).

Entretanto, os impactos da industrialização pesada podem ser observados nos processos de modernização da agricultura brasileira incentivados pelos fortes mecanismos creditícios públicos, disponíveis aos grandes pro-

---

3. É importante salientar que "[...] [os] empréstimos públicos [são] uma das primeiras formas de exportação de capitais" (Silva, 1985, p. 33).

prietários. A resultante disso foi a consolidação das chamadas agroindústrias, ou seja, "os produtos agrícolas exportados passam agora por um setor industrial. [...] já não é mais o produto primário apenas, mas sim, produtos com diferentes níveis de processamento da indústria" (Braun, 2004, p. 16-17). A modernização do agronegócio se faz, no entanto, sob a mesma base sociopolítica (a grande propriedade territorial) e com a mesma debilidade da modernização industrial (importando tecnologia e insumos), o que caracteriza, na atualidade, uma espécie de "volta ao passado". De acordo com Pochmann (2006, p. 23),

> [é] cada vez maior a especialização da economia nacional em termos da produção e exportação de bens primários com baixo valor agregado e reduzido conteúdo tecnológico, geralmente intensivo em postos de trabalho mais simples [...]. Nos países desenvolvidos, verifica-se, em contrapartida, a diversificação da produção, com maior valor agregado e elevado conteúdo tecnológico na produção de bens e serviços.
>
> Em síntese, o Brasil registra uma certa volta ao modelo de inserção internacional praticado no século 19, quando se destacou como uma das principais economias produtoras de bens agrícolas, como café, borracha, algodão, pimenta-do-reino, entre outras.

Evidencia-se pois que o desenvolvimento capitalista brasileiro, operado no quadro do capitalismo dos monopólios, continuou limitado por mecanismos protecionistas de acesso à tecnologia por parte dos países cêntricos, o que não permitiu qualquer alteração no lugar ocupado pelo Brasil na divisão internacional do trabalho. Esse quadro deve ainda ser complementado, de acordo com Machado (2002), pela ausência, no Brasil, de um núcleo endógeno de inovação tecnológica. Isso ocorreu porque os benefícios concedidos pelo Estado intervencionista à burguesia nacional não eram acompanhados de exigências mínimas de investimento em Pesquisa e Desenvolvimento (P&D) — que deveriam funcionar como uma espécie de contrapartida, no sentido de consolidar alguns aportes que possibilitassem autonomia tecnológica em médio-longo prazos.

> Ou seja, o ganho de dimensão conseguido pelos produtores domésticos — dado a reserva de mercado — não resultou no desenvolvimento de uma tecnologia própria que transformasse o mercado interno em base ou trampolim para se empreender a conquista de mercados externos. [...]

A racionalidade conservadora e pouco empreendedora do empresariado nacional e a atuação das multinacionais [...] já revelam, portanto, a racionalidade estratégica dos agentes locais, os quais se mostravam pouco propensos a desenvolver processos internos de inovação tecnológica para competir no mercado internacional. No entanto, o formato das políticas industriais governamentais, assentadas num protecionismo indiscriminado, cria um ambiente institucional que não condiciona ou impele à modificação nos padrões de comportamento industriais [...] apenas acentua os traços mais negativos de uma burguesia industrial parasitária e acostumada a sobreviver de benevolentes favorecimentos econômicos. (Machado, 2002, p. 43)

A possibilidade de autonomia tecnológica fica cada vez mais distante, sobretudo após as mudanças na base técnica da produção, chamadas por alguns de "Terceira Revolução Industrial". Conforme analisa Chesnais (1996), os investimentos em P&D tendem a se concentrar nos chamados países da "tríade" (EUA, Japão e União Europeia), gerando o processo de "desconexão forçada". Instaura-se a ampliação da mobilidade do capital, com liberdade total em busca das melhores condições produtivas e especulativas, atrelada a mecanismos nada inclusivos. Essa vem realizando-se, ao contrário, de modo altamente seletivo e implicando a "desconexão", em relação ao sistema, de áreas periféricas, e a centralização dos investimentos produtivos nos países da "tríade" e seus arredores. Ocorre, assim, uma espécie de rearranjo na divisão internacional do trabalho: cabe aos países "desconectados", quando muito, o papel de exportadores de produtos industriais tradicionais já que estão fora da rota de transferência de tecnologia e dos acordos de cooperação tecnológica. Acentuam-se ainda as características desses países como importadores de produtos de alta tecnologia, fazendo de sua intermediação, na ótica da burguesia nacional, um "novo-velho" espaço de valorização de capitais.

A proliferação, nos anos noventa, de negócios voltados à importação parece reviver — sob nova roupagem — a velha tradição colonial das burguesias "compradoras", as quais multiplicam seus negócios em torno da importação de sofisticados produtos. Enfim, nos anos noventa, verifica-se um retrocesso no anterior processo de constituição de uma burguesia industrial nacional, ainda que esta ocupasse posições secundárias nos interstícios do capital industrial internacional. (Machado, 2002, p. 65)

Desse modo é que a manutenção do latifúndio de monocultura para exportação ganha ares de "modernidade", justificados pela sua participação na balança comercial do país. Registrando sempre taxas de participação bastante altas no *superávit* da balança comercial brasileira — uma observação da série histórica desses índices aponta que essa participação varia em torno de 70 a 90% do resultado final — o agronegócio vai se afirmando como a principal atividade produtiva do país, o que, por sua vez, cristaliza-o na posição subalterna historicamente ocupada na divisão internacional do trabalho.

A segunda determinação aludida antes — qual seja *a importância política das classes dominantes forjadas a partir da grande propriedade agrária* — responde pelos incontáveis episódios caracterizados pela dominância dos interesses dos grandes latifundiários junto ao Estado, que retardaram reformas capitalistas clássicas no Brasil. Como já dito, a correlação de forças dominantes na formação social brasileira, em diferentes momentos históricos, se constrói a partir da sua forte presença como direção do aparelho estatal. Esse aparece, muitas vezes, na condição de grande agente capitalista, num protagonismo que pode parecer substitutivo das classes sociais, para os mais desavisados (cf. Cap. 2).

Nesse sentido é que as classes dominantes brasileiras, no interior de suas diferentes frações, desenvolvem intensos processos de luta e acomodação de interesses econômicos, disputando hegemonia no interior do Estado. Já deve estar claro para o leitor tratar-se, nessa passagem, dos episódios brasileiros de Revolução Burguesa. Refiro-me a essa categoria no plural pelas controvérsias envolvidas em sua adoção por dois autores significativos no estudo das particularidades do capitalismo brasileiro.

Para Sodré (1990), esse momento se desdobra, processualmente, em passagens históricas tais como a proclamação da República (com a explícita dominância política da burguesia cafeeira), e o movimento de 1930, especialmente após a instauração do Estado Novo. No seu entendimento, a constituição da Nação possui centralidade entre as tarefas da Revolução Burguesa e, a partir desse marco, problematiza esse processo no caso do capitalismo brasileiro, que teve no imperialismo uma das limitações presentes no cerne de sua particularidade:

> Se a tarefa da burguesia, universal e historicamente, foi a de fazer avançar a questão nacional — o conceito de nação nasce com a revolução burguesa, em termos universais — no Brasil ela se apresentava com uma diferença profunda, que se tornaria específica: **aqui, a opção pelo nacional se operava na fase de**

virulenta expansão imperialista. **Para alcançar sucesso em uma política que fizesse da questão nacional tese destacada havia, pois, que enfrentar o imperialismo em sua expansão mais aguda.** Daí, consequentemente, a necessidade ainda mais forte da busca de apoio popular, com insistência máxima, com todo empenho. Sem esse apoio, não seria possível avançar em uma política de desenvolvimento nacional. (Sodré, 1990, p. 177; destaques em negrito meus)

Nesse sentido é que Sodré vê no nacionalismo varguista um episódio crucial do processo da Revolução Burguesa brasileira. Entende o autor que regulamentar a remessa de lucros para o exterior e outras iniciativas dos Governos de Vargas constituíram fatores importantes para a acumulação interna de capital e, portanto, para que a burguesia nacional se fortalecesse economicamente e criasse, então, a possibilidade de completar o ciclo político da revolução burguesa.

Já para Fernandes (2006), a Revolução Burguesa no Brasil culmina quando do golpe de 1964 e é definida a partir de

um conjunto de transformações econômicas, tecnológicas, sociais, psicoculturais e políticas que só se realizam quando o desenvolvimento capitalista atinge o clímax de sua evolução industrial. [...] A situação brasileira do fim do Império e do começo da República, por exemplo, contém somente os germes desse poder e dessa dominação [burgueses]. O que muitos autores chamam, com extrema impropriedade, de crise do poder oligárquico não é propriamente um "colapso", mas o início de uma transição que inaugurava, ainda sob hegemonia da oligarquia, uma recomposição das estruturas do poder, pela qual se configurariam, historicamente, o poder burguês e a dominação burguesa. Essa recomposição marca o início da modernidade no Brasil, e praticamente separa (com um quarto de século de atraso, quanto às datas de referência que os historiadores gostam de empregar — a Abolição, a Proclamação da República e as inquietações da década de 20) a "era senhorial" (ou antigo regime) da "era burguesa" (ou sociedade de classes). (Fernandes, 2006, p. 239; destaques em negrito meus)

Numa clara alusão aos marcos estabelecidos por autores com a posição próxima à de Sodré, *Fernandes (2006) relaciona, em oposição aos mesmos, o conceito de Revolução Burguesa à constituição do modo de produção especificamente capitalista,* coincidente, portanto, com o momento em que o golpe de 1964 vai aprofundar o processo de industrialização pesada, iniciado nos anos 1950.

Além do diferencial em relação ao marco culminante da revolução burguesa no Brasil, uma das principais diferenças existentes entre Sodré e Fernandes encontra-se na leitura que fazem sobre as tarefas cumpridas pela burguesia brasileira durante esses episódios. Ambos reconhecem o imperialismo como condicionante que travou qualquer possibilidade de autonomia do país e de suas classes dirigentes, mas diferem na avaliação desse enfrentamento pela burguesia brasileira. Para Fernandes não há qualquer vestígio de nacionalismo nos setores da burguesia brasileira que protagonizam a culminância da revolução burguesa, haja vista sua inteira associação ao capital internacional aprofundada após 1964, tendo, na antidemocracia um de seus aspectos cruciais. Já Sodré, conforme mencionado, vê, nas medidas do governo Vargas, iniciativas nacionalistas e isso assume centralidade nas suas análises sobre a burguesia, que tem em Vargas, segundo suas palavras, o "grande dirigente do avanço da burguesia brasileira" (1990, p. 177).

Não obstante suas diferenças em vários ângulos do debate acerca da Revolução Burguesa no Brasil, as elaborações de Fernandes e Sodré ajudam na compreensão de um aspecto crucial que importa notar nesse momento: *os interesses de classe que estão na origem da burguesia brasileira nada têm a ver com os ideais revolucionários, ou mesmo reformistas, da burguesia pensada classicamente*, ou seja, dentro do padrão europeu de transição ao capitalismo. A burguesia brasileira possui um horizonte cultural e econômico ditado pela sua inserção subalterna na dinâmica comercial do capitalismo industrial, já então plenamente consolidado em nível mundial. Assim é que, tanto Fernandes (2006) quanto Sodré (1976 e 1990) enfatizam os componentes oligárquicos, autárquicos e mesmo senhoriais da burguesia brasileira. Esses elementos, próprios da sociedade estamental de privilégios, superada historicamente pelas burguesias europeias, são aqui preservados, caracterizando boa parte do pensamento dominante acerca de suas prerrogativas de classe. Para Sodré (1990, p. 30).

> O processo brasileiro difere inteiramente do europeu, que é o modelo clássico. O capitalismo brasileiro avança devagar, aproveita as brechas para avançar mais rápido, transige sempre com as relações políticas mais atrasadas e as econômicas que as asseguram, manobra, recua, compõe-se. Gera uma burguesia tímida, que prefere transigir a lutar, débil e por isso tímida, que não ousa apoiar-se nas forças populares, senão episodicamente, que sente a pressão do imperialismo, mas receia enfrentá-la, pois receia mais a pressão proletária.

No mesmo sentido, Fernandes (2006, p. 241) adverte:

> [...] cumpre não esquecer que o grosso dessa burguesia vinha de e vivia em um estreito mundo provinciano, em sua essência rural — qualquer que fosse sua localização e o tipo de atividade econômica —, e, quer viesse da cidade ou do campo, sofrera larga socialização e forte atração pela oligarquia (como e enquanto tal, ou seja, antes de fundir-se e perder-se principalmente no setor comercial e financeiro da burguesia). Podia discordar da oligarquia ou mesmo opor-se a ela. Mas fazia-o dentro de um horizonte cultural que era essencialmente o mesmo, polarizado em torno de preocupações particularistas e de um entranhado conservantismo sociocultural e político.

Não por outro motivo, mesmo entendendo a Revolução Burguesa segundo Fernandes (2006), ou seja, associando-a à consolidação da industrialização pesada, sob o período da ditadura militar, o latifúndio permanece intocável, embora visivelmente refuncionalizado, pela reestruturação das relações capitalistas. Esse fato também é reconhecido por Sodré (1990, p. 31) quando afirma que "[...] a heterogeneidade persiste: o Brasil arcaico nos cerca por todos os lados; o latifúndio persiste, abalado, mas sobrevivendo a tudo".

Pese-se, apenas a título de ilustração, o quanto as conquistas advindas da luta de classes no capitalismo, expressas por direitos civis, políticos e sociais, tardaram a alcançar os trabalhadores do campo no Brasil não sendo, em boa parte, universalizadas até pouco tempo atrás. Claro está que isso tem a ver com o elevado grau de influência que os interesses da burguesia agrária possuem no nível das decisões estatais. Atente-se, por exemplo, que este pacto sociopolítico "além de garantir a intocabilidade da estrutura fundiária também garante a rentabilidade do capital agromercantil. Ou seja, verifica-se, para os segmentos agroexportadores, a concessão de uma série de subsídios ou a transferência de recursos a fundo perdido" (Machado, 2002, p. 110).

Nesse sentido é que as tênues fronteiras entre "público" e "privado" se diluem: qualquer ameaça a esses interesses (privados do capital agrário) que possa despontar no horizonte costuma ser rapidamente suprimida pela administração pública. Foi assim na abolição da escravatura quando

> mantida a propriedade da terra na situação em que estava, a extinção da propriedade do escravo ficava consideravelmente amputada em seus efeitos. Essa

anomalia aparente comprova o caráter da solução que interessava à classe dominante, que não lhe abalava os alicerces, os privilégios, a base, que não tocava na essência do modo de produção. (Sodré, 1976, p. 159)

Outro clássico episódio de favorecimento dos latifundiários ocorreu exatamente quando as medidas do governo Goulart avançavam no sentido das reformas de base, com ênfase na reforma agrária (cf. Cap. 2). A partir da instalação da Superintendência para a Reforma Agrária (Supra), segundo Albuquerque (1981), cresce a identificação entre reforma agrária e comunismo, argumento central para justificar o golpe em nome da "segurança nacional". O mesmo autor demonstra, na sequência de sua análise, que

> vitorioso o movimento de 1964, o decreto de instalação da Supra foi revogado e, em 1965, o presidente Castello Branco determinou o levantamento de cadastro, zoneamento do país e planejamentos periódicos nacionais e regionais ao Instituto Brasileiro de Reforma Agrária (Ibra). [...]
>
> O próprio Paeg [Programa de Ação Econômica do Governo, 1964-66] [...] valorizava a produtividade como meta principal, dissociando-a, cuidadosamente, da estrutura fundiária. Como efeito disto, a concentração da propriedade da terra aumentou enormemente, ao lado da proliferação de minifúndios. Os incentivos governamentais favoreceram as empresas fabricantes de equipamentos agrícolas e de tratores, quase todas multinacionais, valorizando as grandes propriedades cuja produção destinava-se fundamentalmente à atividade agroexportadora. (Albuquerque, 1981, p. 484)

Esses interesses reproduzem-se até os dias de hoje, quando estão presentes em expressivas bancadas no Legislativo (a exemplo da bancada ruralista). Apesar do nosso elevadíssimo grau de internacionalização da economia (Teixeira, 1994) dar mostras de que somos um país de relações especificamente capitalistas, a ele não corresponde necessariamente uma internacionalização da "mentalidade burguesa", se assim preferirmos chamar, ou do que Fernandes (2006), recorrendo a Weber, denomina "espírito capitalista".

Tomando esses fatores em consideração é que, apesar das efetivas disputas registradas historicamente entre as diferentes frações da burguesia brasileira (agrária e industrial), essa cisão é bem menos profunda do que parece, até porque não se pode caracterizá-las (as frações de classe) como homogêneas, mesmo internamente.

Fernandes (2006), tratando do processo de formação da burguesia brasileira considera importante ressaltar o papel desempenhado pelo principal agente econômico, o fazendeiro de café — portanto, um elemento ligado à fração agrária da burguesia — em termos do desenvolvimento capitalista. Após a independência, com a nacionalização da economia e também das funções dantes reservadas à Metrópole — como a comercialização — os fazendeiros de café vão integrando, expandindo e diferenciando seus papeis econômicos,[4] o que possibilitou também um diferencial em suas posições sociais, já que não houve transformações na estrutura produtiva, que permaneceu fundada na grande lavoura para exportação, conforme já explicitado. Nessa situação, "seu poder não viria do *status* de senhor senhorial; procederia de sua situação econômica: do capital que dispusesse para expandir horizontalmente a produção agrária" (Fernandes, 2006, p. 150).

Essa diferenciação explica porque Silva (1985), Cardoso de Mello (1994) e Tavares (1998) entendem — ao contrário do que registram boa parte dos estudiosos sobre o tema — que entre o capital cafeeiro e o industrial predomina uma unidade constituída pelo fato de a *economia de exportação cafeeira ser a fonte originária da acumulação do capital que se desdobrou em industrial*. Há, nesse ponto, duas questões a serem exploradas.

Uma diz respeito às relações, quase que espontâneas, entre esses dois setores produtivos dadas pela formação de um mercado interno de bens de consumo não duráveis. Segundo Tavares (1998, p. 124), "[...] só a demanda de alimentos e bens manufaturados de consumo constitui, em princípio, um mercado interno em expansão, e disponível para a aplicação alternativa de capital financeiro, representando efetivamente oportunidades de diversificação do capital mercantil". O que está em questão aqui, portanto, é o seguinte: se as fazendas de café exploravam trabalho assalariado, obviamente que esses sujeitos demandavam, no mercado, os produtos necessários à reprodução de sua força de trabalho — fundamentalmente alimentos e manufaturados de consumo. Esse foi exatamente o ramo da produção industrial que apareceu como uma rentável oportunidade de diversificação

---

4. "[...] era capital produtivo, comercial e bancário; era capital empregado no campo (produção e beneficiamento do café) e na cidade (atividades comerciais, de importação, serviços financeiros e de transportes). Essa diferenciação do capital cafeeiro correspondia a um conjunto de relações de dominação econômica entre os distintos setores mencionados, consubstanciando uma trama social que comportava, simultaneamente, nexos de solidariedade e de oposição" (Draibe, 1985, p. 29).

de investimentos associada ao auge da produção cafeeira. Assim, "a burguesia cafeeira não teria podido deixar de ser a matriz social da burguesia industrial, porque única classe dotada de capacidade de acumulação suficiente para promover o surgimento da indústria" (Cardoso de Mello, 1994, p. 143).

A segunda questão a ser explicitada em relação a esta unidade é a da sua caracterização enquanto capitais comerciais. Já se disse que no final do século XIX, o imperialismo inaugura um novo momento do desenvolvimento capitalista mundial onde a acumulação passa a ter seu foco na exportação de capitais. Nesse contexto, o desenvolvimento das forças produtivas, respondendo pela subsunção real do trabalho ao capital, modifica substancialmente a dinâmica da acumulação que, doravante, domina a esfera da produção. Assim é que a troca de produtos no comércio internacional passa a ser um aspecto subordinado da acumulação. Ocorre que, por conta do desenvolvimento desigual, países como o Brasil permanecem dependendo do capital comercial para sustentar seus processos de acumulação, que estão baseados na exportação de seus produtos para o mercado internacional. É, portanto, o comércio que possibilita a realização do capital cafeeiro e de sua acumulação, e é também ele que determina, por conseguinte, as proporções do mercado interno que origina a indústria brasileira.

> A questão essencial para o entendimento da indústria nascente reside na posição dominante do comércio na economia brasileira da época; em particular, ela reside nas formas específicas da dominação do comércio, que resultam da hegemonia do capital cafeeiro e da subordinação da economia brasileira à economia mundial.
>
> Os burgueses imigrantes enriquecidos no comércio constituem então o núcleo da burguesia industrial nascente. [...] Por outro lado, o estabelecimento de laços familiares entre a burguesia industrial nascente e a grande burguesia cafeeira facilitou uma certa fusão de capitais. (Silva, 1985, p. 97)

Esse caráter de conciliação política, decorrente da unidade econômica entre os capitais das diferentes facções da burguesia, é observável na análise que autores como Fausto (1997) e Vianna (1978) fazem da composição de forças que deu sustentação à chamada "Revolução de 1930". Parte da historiografia brasileira afirma que Getúlio representava os interesses da burguesia industrial na luta pelo poder político contra a burguesia cafeeira. Ambos discordam dessa tese, declarando que os interesses em jogo até o golpe eram inter-econômicos e heterogêneos (cf. Cap. 2).

Essa simbiose é arrematada pela setorialidade que organiza a expansão industrial brasileira, mantendo-a restrita aos bens de consumo e, portanto, dependente dos países de industrialização avançada quanto à importação de bens de produção até as vésperas da década de 1960. *A ausência de um departamento de bens de produção faz com que tanto o capital industrial quanto o agrário caracterizem-se como capitais comerciais, uma vez que a sua reprodução não estava assegurada endogenamente e sim pela inserção, de tipo comercial, na dinâmica do capitalismo monopolista mundial em consolidação.*

Outro exemplo que poderia ser dado sobre como a formação do capitalismo brasileiro se faz "de par" com o "atraso" pode ser atestado na emergência de uma de suas premissas centrais: a formação do mercado de trabalho. Apesar da base moral da escravidão no Brasil já estar em franca decadência após 1850, quando proibido o tráfico de escravos (cf. Cap. 2), o conservadorismo das classes dominantes na monarquia brasileira adiou, enquanto pôde, sua abolição definitiva com manobras como a Lei do Ventre Livre e dos Sexagenários.

> O que fica evidente do conhecimento dessa legislação é a preocupação fundamental da classe dominante na criação do mercado de trabalho. Não há nela nenhuma preocupação com os escravos; o legislador estava preocupado com os senhores e não com os escravos. Libertar sexagenários, realmente, e proclamar tal disposição como benemerência é supor que as pessoas perderam o hábito de raciocinar. [...] A derrocada do escravismo correspondeu a uma necessidade histórica, correspondeu ao avanço das relações capitalistas. (Sodré, 1990, p. 69)

A resistência, portanto, para acabar com regime de trabalho escravo tem a ver, primeiramente, com a forma de extração dos lucros do capital comercial, cuja base era a intensa exploração desse tipo de força de trabalho,[5] possibilitando a acumulação de valores em elevadíssimos patamares nas mãos dos proprietários de escravos (Albuquerque, 1981). Muito embora o lucro propor-

---

5. A intensidade na exploração da força de trabalho será retomada adiante (Cap. 4) como uma das marcas constitutivas também do trabalho assalariado no Brasil, ocasião em que terei oportunidade de problematizar, as relações de determinação existentes entre esses dois momentos históricos.

cionado — que chegava a superar cerca de quarenta vezes os custos de aquisição e manutenção dos escravos (Sodré, 1990) — não se acumulasse inteiramente no país, mesmo após a Independência, este pôde gerar uma classe social, cujo poder político foi incontestavelmente dominante ao nível do aparelho do Estado até as vésperas da abolição, quando se acentuam as disputas com as diferentes frações do capital que se acumulava, internamente, sob outras formas. Negociam-se, assim, as condições da transição do trabalho escravo ao assalariado, conforme assinala Albuquerque (1981, p. 291-292):

> A importância paralela da burguesia urbana e rural aumentou o peso das reivindicações capitalistas para as quais a permanência do trabalho escravo era um obstáculo ao seu desenvolvimento.
>
> A não correspondência das dominâncias econômica, política e ideológica representou-se claramente no processo da abolição. Com efeito, a classe escravista, embora ainda detivesse parcela considerável do controle do aparelho de Estado, não tinha condições econômicas nem interesse em manter a escravidão. [...] a classe escravista tentou, sobretudo através da indenização, conseguir socializar a perda de seus escravos, transformando-a em uma dívida nacional. A seu favor estava a legalidade expressa na Constituição de 1824 que, sem mencionar claramente o escravo, garantia e legitimava a propriedade em geral. Dessa maneira, o capital obtido através da indenização serviria para acelerar o processo de aburguesamento do antigo setor escravista [...].
>
> Para a burguesia capitalista, o problema colocava-se diferentemente. O fim da escravidão significava a liberação da mão de obra retida legalmente nas fazendas e a sua incorporação no mercado de trabalho assalariado. Isso também resultava no aumento do mercado de consumo interno e, principalmente, em termos políticos, no fim da hegemonia da classe escravista.

Obviamente que na explicação dessa conciliação entre "modernização" e "atraso" concorre uma série de fatores que, muito embora tenham fortes componentes endógenos, são necessariamente totalizados pela funcionalidade que esse tipo de configuração econômico-social possibilitou em termos de acumulação no momento de consolidação do capitalismo monopolista, conforme já afirmado: o desenvolvimento desigual e combinado foi parte importante da estratégia dos supelucros gerados no contexto dos monopólios.

Daí se extrai, portanto, que a constituição do capitalismo brasileiro como *capitalismo retardatário* sinaliza, inequivocamente, a ausência de reformas estruturais e a heteronomia, próprias da "modernização conservadora", constituindo-se na primeira das particularidades assinaladas.

3.2 Os processos de "revolução passiva"

Passo agora ao segundo dos fenômenos elencados por Netto (1996, p. 18-19) como particularidade da formação social brasileira que diz respeito a

> uma recorrente exclusão das forças populares dos processos de decisão política: foi próprio da formação social brasileira que os segmentos e franjas mais lúcidos das classes dominantes sempre encontrassem meios e modos de impedir ou travar a incidência das forças comprometidas com as classes subalternas nos processos e centros políticos decisórios. A socialização da política, na vida brasileira, sempre foi um processo inconcluso [...]. Por dispositivos sinuosos ou mecanismos de coerção aberta, tais setores conseguiram que **um fio condutor costurasse a constituição da história brasileira: a exclusão da massa do povo no direcionamento da vida social.** (Destaques em negrito meus)

Traço de incontáveis evidências históricas e atuais, essa particularidade está, obviamente, articulada à anterior, na medida em que a fragilidade dos mecanismos democráticos, mais especificamente, do seu acesso por parte das classes subalternas, responde por boa parte do exitoso processo de "modernização conservadora". Isso significa dizer que, na base da parcialidade das mudanças ocorridas no processo de modernização capitalista brasileiro está uma estratégia recorrente de antecipação das classes dominantes aos movimentos reais ou potenciais das classes subalternas. Essa antecipação, a depender da situação concreta, pode ter um caráter progressista e/ou restaurador, caracterizando o que Gramsci (apud Coutinho, 1999) denominou como "revolução passiva".

Os processos de revolução passiva são estratégicos para enfrentar o que Weffort (1978, p. 17) vai denominar "a tarefa trágica de toda democracia burguesa: a incorporação das massas populares ao processo político". É isso, afinal, que está em questão nos diferentes processos de revolução passiva, que podem ser enumerados na formação social brasileira: o capitalismo instituiu-se por aqui tentando minimizar os "custos democráticos" decorrentes do padrão civilizacional alcançado pela luta de classes, especialmente nas sociedades euro-ocidentais.

Nessa direção é que as frações das classes dominantes operam, quase sempre pela via do Estado e burlando os mecanismos democráticos instituídos, — ou, falando gramscianamente, "pelo alto", — as medidas de atendimento dos interesses subalternos em jogo, controlando o seu grau de abrangência. Daí advém a parcialidade das mudanças ocorridas, uma vez que se fazem pela "prática do transformismo" como modalidade de desenvolvimento histórico que implica a exclusão das massas populares" (Coutinho 1999, p. 203). O transformismo indica uma forte tendência das classes dominantes na sociedade brasileira não só quando se pensa em suas disputas intestinas, onde ocorre a "assimilação pelo bloco no poder das frações rivais [mas, fundamentalmente,] de setores das classes subalternas" (Idem, p. 205).

É importante ressaltar que esse modo de controlar a correlação de forças no sentido de sua manutenção tem dois supostos que frequentemente escapam à atenção dos desavisados. Primeiramente, ao contrário do que possa parecer, o reconhecimento dessa particularidade não significa afirmar a "fragilidade da sociedade civil" na oposição com o Estado. Ou seja, os processos de cooptação e manipulação dos interesses populares que caracterizam as soluções "pelo alto" podem indicar o reconhecimento da força desses setores por parte do Estado em vez de sua "fragilidade". Assim considerada, essa dinâmica reflete uma atitude preventiva em relação a resultados politicamente indesejáveis do antagonismo entre as classes sociais. A força dos setores populares é seu pressuposto exatamente porque se fosse a fragilidade não se justificaria tamanha preocupação por parte das classes dominantes.

Em segundo lugar, o caráter restaurador, transformista, não retira os efeitos progressistas acionados pelas contradições histórico-concretas que tais mudanças operaram. Isso significa dizer que embora a intencionalidade das classes dominantes ao desencadear os processos de "revolução passiva" seja predominantemente conservadora, seus resultados, na realidade histórica, não correspondem unicamente a estas intenções. Muitas vezes desencadeiam, no mesmo movimento, importantes conquistas de cunho reformista que se constituem como pré-requisitos necessários à superação da ordem. Eis a contraditoriedade dos processos de "revolução passiva": restauração e progresso histórico se realizam como dois lados de uma mesma moeda. Inclusive, ter em vista essa dinâmica de progresso-

-restauração, observando a contradição que se encontra em seu cerne, me parece fundamental para pensar as particularidades da "questão social" em nossa formação social.

A propósito dos supostos que acabo de sublinhar, poderia citar vários episódios da vida política brasileira. No entanto, um deles merece especial atenção, pelo potencial reformista que desencadeou: o chamado *populismo*. Na análise de Weffort (1978, p. 62), esse processo aparece enquanto "um modo determinado e concreto de manipulação das classes populares, mas [...] também um modo de expressão de suas insatisfações". A identificação das "massas" com o líder populista é estimulada pelo sentido de lealdade àquele que promove suas condições de ascensão.

> Assim, toda política populista paga um preço pela adesão popular. [...] Ela deve assumir, no plano político, responsabilidades com a democratização do Estado e, no plano econômico, um compromisso com a expansão das possibilidades de consumo. [...] Em outras palavras, ela deve ser capaz pelo menos de garantir a preservação e a intensificação do ritmo do desenvolvimento econômico e social que anteriormente propiciaram o surgimento das classes populares e que agora mantém a vigência das alianças populistas. (Weffort, 1978, p. 163)

Parece-me evidente, portanto, que o processo, ainda que retardatário, da industrialização brasileira, está na base das pressões democráticas que as chamadas pelo autor de "classes populares" exercem sobre o Estado no Brasil de 1945 a 1964, período considerado pela historiografia como o auge do "populismo". De acordo com esse pensamento, tais pressões dizem respeito às possibilidades de ascensão socioeconômica e de consumo, desencadeadas com a migração campo-cidade em face do processo de urbanização e das péssimas condições de vida nas áreas rurais.

Mais uma vez é ilustrativo destacar as diferenças existentes entre o desenvolvimento do capitalismo nos países centrais e no caso brasileiro. Se é universal a tendência que aparece vinculada ao desenvolvimento capitalista, após 1848, de restringir o alcance da democracia à esfera da política, prevenindo que ela resvale para o âmbito da economia (cf. Cap. 1), no caso brasileiro, essa estratégia sequer é possível. Quanto a isso não se pode esquecer como o caráter retardatário do nosso capitalismo é determinante dessa limitação: o estágio em que se encontra o capitalismo mundial, já absolutamente regressivo em suas possibilidades civilizatórias, age como um obstáculo à universalização das premissas da democracia política. Tanto assim que o formato autocrático assumido pela revolução burguesa no Brasil para Fernandes (2006, p. 340) reflete essa impossibilidade de "desencadeamento automático" dos pré-requisitos do modelo democrático-burguês naquele contexto.

> Ao revés, o que se concretiza, embora com intensidade variável, é uma forte dissociação *pragmática* entre desenvolvimento capitalista e democracia. [...] Assim, o que "é bom" para intensificar ou acelerar o desenvolvimento capitalista entra em conflito, nas orientações de valor menos que nos comportamentos concretos das classes possuidoras e burguesas, com qualquer evolução democrática da ordem social. A noção de "democracia burguesa" sofre uma redefinição, [...] pela qual ela se restringe aos membros das classes possuidoras que se qualifiquem, econômica, social e politicamente, para o exercício da dominação burguesa.

O recurso a regimes de exceção é, ao contrário, estimulado como forma "segura" de lidar com os antagonismos de classe. Não é à toa que boa parte da vida republicana no Brasil registra "intervalos democráticos", de pouca substância — conforme considera Albuquerque (1981, p. 609) na passagem que segue —, em meio a vários períodos ditatoriais.

> A vitória de Vargas [em 1950] devia-se essencialmente à permanência das práticas de remanejamento do poder que haviam formalmente afastado as características ditatoriais mais ostensivas do Estado Novo, sem que nessa mudança estivesse implícita uma real democratização. O estatuto constitucional de 1946 continuava a excluir o voto do analfabeto, o que significava a marginalização da maioria populacional brasileira.
>
> A Presidência Dutra não tomara nenhuma iniciativa para mudar o aparato policial, que [...] já se mobilizava contra membros do Partido comunista, setores nacionalistas que pugnavam por uma solução estatal para resolver o problema do petróleo e manifestações de greves operárias, principalmente em São Paulo e Minas Gerais (1948-50).
>
> Também apesar das denúncias feitas pela imprensa, nenhum dos responsáveis pelas violações dos direitos humanos, repetidamente cometidas no Estado Novo, mereceu medidas punitivas. [...] O que se chamou de redemocratização somente alcança importância maior se comparada com o autoritarismo assumido a partir do segundo governo provisório, em 1930, e que, favorecido pela conjun-

tura interna e pelo triunfo de práticas fascistas na Europa, alcançou sua maior autenticidade no Estado Novo.

Mas não é só o "desenvolvimento desigual" do capitalismo retardatário que determina os processos de revolução passiva no Brasil. A esse fator é preciso adicionar o perfil dos valores e práticas das classes dominantes brasileiras, plenamente compatível com as limitações à democracia impostas pelo estágio imperialista do capital.

> [...] como sucederia no Brasil, no México e em outros países da América Latina, o estilo de dominação da burguesia reflete muito mais a situação comum das classes possuidoras e privilegiadas que a presumível ânsia de democratização, de modernização ou de nacionalismo econômico de algum setor burguês mais avançado. Por isso, ele reproduz o "espírito mandonista oligárquico" que outras dimensões potenciais da mentalidade burguesa. (Fernandes, 2006, p. 307)

Nesse sentido é que as recorrentes estratégias do Estado — dominado por essas classes no período correspondente ao populismo — de estabelecer direitos "pelo alto", têm o explícito objetivo de dissociá-los do protagonismo das classes subalternas e suas lutas. Aparecem como "solução antecipada" e chegam mesmo a ser assim definidos no discurso governamental, conforme o demonstra Cerqueira Filho (1982) na análise do discurso oficial sobre a "questão social". O autor afirma que, passando a "caso de política", a mesma tem reconhecidas, simultaneamente, a sua legitimidade e a sua legalidade: passa a ser tratada no interior do aparelho de Estado, tendo em vista a desmobilização/despolitização da classe trabalhadora nos marcos de uma concepção de "integração" e "harmonia" entre as classes sociais.

É preciso dizer que essas posturas demonstram o reconhecimento da força social e política das classes trabalhadoras, apesar do paternalismo subjacente a tal tratamento conferir-lhe o seu inegável tônus "tutelar". Para além do paternalismo e da concepção de "integração social", faz parte ainda desse discurso uma verdadeira "ode" ao espírito "pacífico" do povo brasileiro, responsável por fazer frutificar em nossas terras um governante capaz de antecipar — sem necessidade de lutas, como as ocorridas no "velho mundo" — as medidas voltadas para o bem-estar dos trabalhadores. "O proletariado brasileiro, antes mesmo de pedir o que lhe seria ideal, obteve-o sem o mínimo esforço, sem aquele dispêndio de forças que caracterizam as grandes campanhas sustentadas, anos a fio, pelas organizações do operariado internacional" (*Boletim do Ministério do Trabalho*, n. 32, abr. 1937, apud Cerqueira Filho, 1982, p. 90).

Ou seja, haveria uma "especificidade" do Brasil em relação aos demais países de capitalismo avançado, que consistiria numa "vantagem" para o nosso desenvolvimento: o caráter pacífico do povo brasileiro. Isso estaria na base da concepção segundo a qual não é a organização dos trabalhadores que dá origem aos sindicatos no Brasil, mas os sindicatos, transformados em agremiações cívicas, é que estimulariam o "espírito associativo" das classes: "em nenhum país do mundo, o mais progressista, registrou-se essa anormalidade, se se quiserem, clarividente e pacífica no terreno administrativo: a faculdade espontânea do poder público de facilitar e estimular a sindicalização das classes operárias" (*Boletim do Ministério do Trabalho*, n. 32, abr. 1937 apud Cerqueira Filho, 1982, p. 90).

No âmbito da participação político-eleitoral *strictu sensu* não é preciso me alongar muito para lembrar que, apesar da instituição do sufrágio universal através do regime republicano, boa parte da população esteve, por muito tempo, impedida de votar nos períodos em que se realizaram eleições regulares.

> De acordo com o Código Eleitoral, elaborado em 1890, instituía-se o sufrágio universal masculino e o voto direto a descoberto. Nestas condições, a representatividade política e a participação popular ficavam sensivelmente reduzidas. Os analfabetos, que constituíam 83% da população brasileira, não tinham direito ao voto. Tampouco as mulheres, os clérigos e os soldados. (Albuquerque, 1981, p. 520)

Além do caráter restrito da representatividade eleitoral, é preciso lembrar ainda dos conhecidos processos de manipulação de seus resultados que tiveram vigência facilitada através da dominação de oligarquias rurais. Os famosos coronéis foram personagens centrais na formação do *coronelismo*, fenômeno amplamente referido na cultura política brasileira para designar a dependência política de setores da população rural em relação ao seu poder (Leal, 1975).

Dantas (1987) defende que não se pode tomar o fenômeno do coronelismo de modo homogêneo, senão que pelas suas mutações. Essas estão relacionadas com as possibilidades desenhadas no cenário político mais amplo.

O autor contesta, a partir desse argumento, a tese que associa invariavelmente coronelismo e manipulação de votos. Isso porque durante a vigência deste fenômeno, não só as bases eleitorais, especialmente na zona rural, eram restritas, dado o elevado índice de analfabetos, como porque a política durante a República brasileira se exerceu com intervalos democráticos em meio a longos períodos de exceção, em que obviamente estavam interditadas as votações para cargos eletivos. Assim,

> se num primeiro período o coronelismo se fundamenta no controle das massas e na legitimação da sociedade política, a partir da força de sua milícia particular (1900-1930),[6] num segundo momento, quando sua força coercitiva se torna desgastada, passa a explorar seu prestígio construído através de uma tradição de mando (1930-1945). Somente numa terceira fase o voto passa a ter papel primordial dentro do coronelismo (1945-1964). (Dantas, 1987, p. 16)

Não obstante as mutações salientadas, o que é importante compreender, nesse caso, é como se reproduzem, no Brasil, mecanismos de enfraquecimento da democracia e de seu exercício pelas classes subalternas. A manipulação eleitoral a partir de fontes clientelistas encontra no aprofundamento das desigualdades sociais um forte aliado que transforma o voto numa mercadoria, vendida ou trocada, muitas vezes por bens e serviços básicos. Esses, embora legalmente instituídos como direitos, não são factualmente acessados de modo universal, o que faz disso uma fonte de poder para candidatos que podem comprá-los no mercado ou simplesmente "dar um jeitinho" de consegui-los nas instituições públicas.

Deve-se considerar ainda que a trajetória de constituição do Estado no Brasil fornece evidências de um traço marcante para a redução das possibilidades democráticas: a *hipertrofia do Poder Executivo*, nos termos de Ianni (1986). Essa característica se acentua quanto mais o Estado, depois de 1930, incorpora instâncias de planejamento que "inflam" a estrutura do Executivo com um sem-número de órgãos ocupados pela chamada tecnocracia. Ao realizar um movimento de centralização de informações no âmbito do Poder Executivo, acabam por centralizar as decisões mais importantes em relação

---

6. O mesmo autor esclarece que as milícias particulares, fontes do poder desses chefes políticos, eram integradas por trabalhadores na condição de seus súditos, o que implicava laços de fidelidade e lealdade, prestando serviços em troca de gestos paternalistas.

à política macroeconômica. Isso tem as maiores implicações para definir o alcance do Poder Legislativo, a tal ponto que, no auge do seu processo de planejamento indicativo, a ditadura militar de 1964-84 — a despeito de continuar funcionando sob o regime republicano e regida formalmente por Cartas Constituintes — apenas tolerava a vigência do Congresso Nacional que não arbitrava absolutamente nada nem de essencial, nem de acessório, sobre o país (cf. Cap. 2).

Outro importante indicador da falta de socialização da política no Brasil pode ser enumerado na trajetória de formação dos partidos políticos. Dominados pelos interesses econômicos regionais, que, desde a crise da economia açucareira, vinham se diversificando cada vez mais,

> [os] programas partidários nunca chegaram a se configurar numa perspectiva de âmbito nacional. De fato, das dezenove organizações políticas que atuaram até o movimento de 1930, nenhuma excedeu a disciplina imposta pela defesa de interesses regionais, embora pudessem compor, eventualmente, alianças que dominaram as práticas políticas até aquela data. Naturalmente, a representatividade destes partidos obedecia a uma hierarquia coerente com o peso dos setores oligárquicos que os integravam. (Albuquerque, 1981, p. 511)

Passada essa fase, não se pode esquecer que, mesmo possuindo estruturas nacionais, há uma tendência, na política brasileira, de lateralização dessas estruturas em nome dos indivíduos que as compõem. Falo da intensa dissociação programática entre candidatos e partidos, através da qual os eleitores são levados a personalizar os votos. Frequentemente, inclusive, os candidatos eleitos mudam de partido no meio de seus mandatos, impelidos por vantagens a serem usufruídas dessa ou daquela aliança, como a ocupação de cargos nos primeiros escalões, impossibilitando qualquer identidade ideológica com as programáticas partidárias. Obviamente, esse fato é muito mais uma consequência histórica da fraca cultura democrática do país do que um determinante dela, muitas vezes enfatizado nos meios de comunicação de massa sob a forma da corrupção e outros fenômenos associados.

Considerados os problemas históricos do baixo grau de interferência das classes subalternas nas decisões políticas nacionais, foi significativa a reconstrução democrática recente do país, e nela, a participação de movimentos sociais que intervieram propositivamente na estrutura formal de elaboração das leis, conquistando importantes espaços refletidos na Constituição Federal vigente. Não por acaso, ela tornou-se pouco depois de aprovada, alvo preferencial da contrarreforma neoliberal (Behring, 2003): ela possui, especialmente no que tange à consolidação dos direitos sociais, um potencial democratizante que continua sendo temido pelas classes dominantes. Ou seja, para além do contexto sócio-histórico da crise atual do capitalismo — que aponta, de acordo com vários analistas, na direção de uma franca regressividade civilizacional — há que considerar o peso dessa particularidade histórica e seus impactos antidemocráticos na formação social brasileira. Parafraseando Marx ao falar do atraso do desenvolvimento alemão, "somos atormentados pelos vivos e, também, pelos mortos" (2001, p. 17).

3.3 A centralidade da ação estatal para a constituição do capitalismo brasileiro

Por fim, a terceira particularidade da formação social brasileira a assinalar aparece como

> *topus* social, de convergência destes dois processos, *o específico desempenho do Estado na sociedade brasileira* — trata-se da sua particular relação com as agências da sociedade civil. A característica do Estado brasileiro, muito própria desde 1930, não é que ele se sobreponha a ou impeça o desenvolvimento da *sociedade civil*: antes, consiste em que ele, sua expressão potenciada e condensada (ou, se se quiser, seu *resumo*), **tem conseguido atuar com sucesso como um vetor de desestruturação, seja pela incorporação desfiguradora, seja pela repressão das agências da sociedade** *que expressam os interesses das classes subalternas*. O que é pertinente, no caso brasileiro [...] é um Estado que historicamente serviu de eficiente instrumento contra a emersão, na sociedade civil, de agências portadoras de vontades coletivas e projetos sociais alternativos. (Netto, 1996, p. 19; destaques em negrito meus)

Das particularidades aqui assinaladas, essa aparece mais consensualmente entre os estudiosos da formação social brasileira: o papel político do Estado em meio às lutas de classe. Ao tratar, por exemplo, os processos de "revolução passiva", na seção precedente, se evidenciou que embora o transformismo se exerça em nome dos interesses da burguesia, o ator que efetivamente o protagonizou no caso brasileiro sempre foi o Estado. Não por acaso, a luta entre as diferentes facções da classe dominante ocorreu historicamente pela disputa da sua direção efetiva.

Desse modo e, principalmente, após o período varguista, o Estado no Brasil age, no dizer de Iamamoto e Carvalho (1995), como "o novo coronel". A partir dessa expressão, os autores querem chamar a atenção para o esvaziamento do teor conflitivo envolvido na promulgação dos direitos e serviços socioassistenciais, promulgados como se fossem "concessões" do Estado. Os resultados dessa movimentação intencional do Estado brasileiro podem explicar boa parte da "aparente passividade" da nossa classe trabalhadora que foi historicamente debilitada em sua autonomia organizativa, tendo suas lutas absorvidas pelos canais institucionais, a exemplo do que ocorreu com o corporativismo sindical, que será abordado na sequência deste item.

Entretanto, o papel político do Estado possui outra dimensão. Subjugando os interesses das classes subalternas, deve ser pensado como tributário da dimensão econômica dessa intervenção. Mais precisamente: quero explicitar que *a intervenção do Estado possui, em suas dimensões econômicas e extra-econômicas, uma unidade determinada pelas funções econômicas que é levado a assumir*. Estas quase sempre estão associadas, por um lado, à fragilidade da dominação burguesa no plano econômico e, por outro, à sua precoce dominância política. Veremos como o Estado assume várias despesas e investimentos de infraestrutura para a instalação do capitalismo no Brasil que, por si só, a burguesia nacional não teria como assumir, dadas as altas somas de capital necessárias com baixo e/ou lento retorno sob a forma de lucro. Esses investimentos são, assim, "socializados" para o conjunto da "nação" através do Estado.

> [...] é preciso considerar que a crescente participação do Estado na economia brasileira correspondeu à crescente socialização dos custos de instalação e ampliação da infraestrutura econômica e político-administrativa indispensável ao funcionamento e à diversificação do setor privado, nacional e multinacional. Desde o uso dos impostos pagos pela população, até a política salarial, muitas são as formas por meio das quais o Estado tem socializado uma parte substancial dos investimentos indispensáveis ao funcionamento, diversificação e prosperidade do setor privado. (Ianni, 1986, p. 313)

Um dos aspectos mais singulares da caracterização do Estado no Brasil pode ser observado na forma como o liberalismo se configura, ideologicamente, em seu âmbito. Enquanto nos países centrais, o *liberalismo* surgiu como ideologia burguesa, cumprindo o papel de desvencilhar o Estado dos interesses e privilégios instituídos pela sociedade estamental, *no Brasil surge como ideologia das classes senhoriais, ainda antes da instituição do trabalho livre*, e apresenta-se, na clássica denominação de Schwarz (2008), como um conjunto de "ideias fora do lugar" em relação ao pensamento dominante. Assim é que "o teste da realidade não parecia importante. É como se coerência e generalidade não pesassem muito, ou como se a esfera da cultura ocupasse uma posição alterada, cujos critérios fossem outros" (Schwarz, 2008, p. 15); como se a adoção de tais ideias tivesse a possibilidade de ser apenas "ornamental, prova de modernidade". (Idem, p. 26).

No caso brasileiro, o liberalismo questiona o estatuto colonial, reivindicando a nacionalização da economia e das decisões políticas sem, no entanto, propor modificações significativas na estrutura socioeconômica ou na vida ideológica, na qual, segundo Schwarz (2008), "a chave era diversa" e deve ser tributada à "mediação universal do favor". Do ponto de vista socioeconômico, as incoerências do liberalismo, convivendo com a manutenção de relações entre latifundiários e escravos, é certamente mais evidente. Isso porque *a existência de "liberais escravistas" é totalmente incompatível com os fundamentos de uma doutrina associada ao capitalismo e, portanto, à existência da exploração assalariada do trabalho, da força de trabalho "livre"*.

Do ponto de vista ideológico, essa evidência não é tão visível e transversaliza as relações entre os latifundiários e "homens livres", não escravos. Esta segunda relação não pode ser compreendida sem a recorrência à cumplicidade subjacente do "favor". Desde que instituído o trabalho assalariado, consolidou-se entre trabalhadores e patrões — especialmente no meio rural, mas não só — um certo "pacto" em que a solução dos conflitos passa, muitas vezes, pela negociação individual que resulta na prestação de "favores". Bem escolhidos os interlocutores, os patrões acabam por atingir lideranças cujo poder de mobilização passa a ser utilizado para desmobilizar possíveis confrontos, reforçando o "paternalismo". Importante ressaltar a cumplicidade envolvida nessas relações em que "a nenhuma das partes interessa denunciar a outra, tendo embora a todo instante os elementos necessários para fazê-lo" (Schwarz, 2008, p. 20). Novamente, não posso deixar de chamar a atenção para o impacto desse tipo de cultura política na organização dos trabalhadores brasileiros, estimulando seu processo de "passivização".

"QUESTÃO SOCIAL" 123

Vê-se, portanto, que o nosso liberalismo era um liberalismo "adaptado", ou, como quer Sodré (1990), "transplantado", que conduziu os projetos nacionalistas a soluções de compromisso típicas da modernização conservadora (cf. Item 3.1).

> Os princípios e práticas que se configuravam no liberalismo eram reinterpretados e aplicados por agentes sociais cujos interesses eram suportados por uma estrutura econômica pré-capitalista. Continuaram, portanto, a ser a representação do mundo que reproduzia, legitimava e buscava explicar a desigualdade social com alterações que se desejam tanto quanto possível, meramente formais. (Albuquerque, 1981, p. 240)

O princípio liberal da "mão invisível do mercado" pressupõe uma dominância econômica burguesa de tal modo enraizada socialmente, que dispensa intervenções extraeconômicas para o seu "bom andamento". Esse não era propriamente o caso brasileiro quando se torna independente: "o liberalismo brasileiro era exclusivamente urbano, superficial, de conotação ideológica (antes que prática) e voltado para as relações externas do país" (Ianni, 1986, p. 34).

Esse liberalismo "de conveniência" tem, portanto, no fortalecimento do Estado, a contrapartida que caberia à burguesia protagonizar. Com isso, o espaço público foi sendo historicamente "privatizado", já que os interesses burgueses no Brasil nunca chegaram a se instituir como expressão de "interesses universais". Sobretudo, foi apoiando-se na força que emana do Estado que as classes dominantes forjaram as estruturas especificamente capitalistas, do ponto de vista das relações de produção.

Exemplo emblemático desse momento foi a instituição do Estado corporativo. Especialmente após o golpe de 1937 que, não por acaso, sucedeu à "intentona comunista" de 1935 (cf. Cap. 2), a hegemonia liberal das classes dominantes é forjada no interior do "Estado Novo", sob a forma de um Estado intervencionista e autoritário, adiando o que Vianna (1978) chamou, com base em Gramsci, de "projeto fordista da facção burguesa industrial".

O autor pretende com isso assinalar que, ao contrário do ocorrido nos casos "clássicos" de formação do capitalismo, o liberalismo brasileiro não aparecia como produto da hegemonia do capital industrial. Isso significa dizer que essa hegemonia não teve por base a subsunção real do trabalhador à maquinaria, no sentido de derivar das específicas condições e relações de produção: foi, antes, *construída através do Estado corporativo e seus meios coercitivos de controle ideológico das instâncias de organização dos trabalhadores sob a forma do corporativismo sindical.* Este consistiu no fato de o governo brasileiro ter vinculado "o sindicato ao aparelho estatal, como elemento básico das estruturas de dominação (política) e apropriação (econômica) vigentes na época. Essa era uma das manifestações mais importantes da presença do Estado no sistema econômico do país" (Ianni, 1986, p. 54).

Na base dessa hegemonia, Draibe (1985) aponta a *autonomia do Estado* (cf. Cap. 2). Sem nenhuma classe exercendo hegemonia sobre si, o Estado se "autonomiza" e se torna um agente econômico central: protagoniza politicamente a manutenção da posição subalterna dos interesses das classes trabalhadoras, recorrendo ao "transformismo", mas também se caracteriza como *protagonista do ponto de vista econômico.* Nesta mesma direção, afirma Machado que

> a análise histórica sobre o padrão de dominação social no país permite inferir a **existência de um pacto político ou formação de um estado de compromisso entre os mais diversos segmentos das elites**, desde setores ligados ao complexo agroexportador, até setores modernos representados pelo capital financeiro e industrial. Isto é, o esquema de poder é definido historicamente através da articulação de interesses heterogêneos, já que nenhuma classe social específica reuniria condições de se impor de forma hegemônica sobre os demais segmentos sociais. (Machado, 2002, p. 53; destaques em negrito meus)

Para além das óbvias consequências que a intervenção política do Estado possui no sentido de garantir as condições para o elevadíssimo grau de exploração da força de trabalho[7] — conforme terei ocasião de detalhar no capítulo que segue —, sua participação foi central no processo de constituição de forças produtivas capitalistas em todas as fases: da transição para a *industrialização restringida*, depois para a *industrialização pesada* até consolidação do capitalismo monopolista no Brasil, após-1964.

---

7. Entre 1933 e 1955, nas condições de uma industrialização restringida, "o que se exige do Estado é bem claro: garantir forte proteção contra as importações concorrentes, impedir o fortalecimento do poder de barganha dos trabalhadores, que poderia surgir com um sindicalismo independente, e realizar investimentos em infraestrutura assegurando economias externas baratas ao capital industrial. Quer dizer, um tipo de ação político-econômica inteiramente solidário a um esquema privado de acumulação que repousava em bases técnicas ainda estreitas" (Cardoso de Mello, 1994, p. 114).

O Estado é quem aparece, porém, como substituto da "máquina de crescimento privado nacional", passando a operar crescentemente nos setores pesados da indústria de bens de produção e nas operações de financiamento interno e externo da indústria.

Ao mesmo tempo aparece, contraditoriamente, como promotor dos investimentos estrangeiro e privado nacional, suprindo-os de economias externas baratas; fornecendo-lhes subsídios aparentemente indiscriminados, mas na realidade diferenciados; dando-lhes garantias e até permissividade no endividamento (interno e externo). (Tavares, 1998, p. 147-148)

Ianni (1986) assinala, como marco qualitativo da intervenção estatal na constituição do setor de bens de produção, a construção da Usina de Volta Redonda. Ela se institui como alternativa à "[...] inconveniência da solução adotada até aquele momento: exportar minério para criar capacidade de importar manufaturados. Assim, por exemplo, o país importava trilhos que se produziam no exterior com minério oriundo do Brasil" (p. 41-42). Sodré (1990, p. 103), além disso, ressalta que

a interferência do Estado e o advento do planejamento assinalam a formação do setor estatal da economia, que terá papel eminente na acumulação. Já a legislação sobre a exploração de minérios e uso das fontes de energia — fixadas no Código de Minas e no Código de Águas, de 1934 — estabelecia condições nacionalistas inequívocas e a tendência passaria a ser a de encarar as fontes de energia como dependentes da ação do Estado em sua exploração.

Isso para não falar da marcante intervenção estatal na economia agroexportadora capitalista, que sustentou o latifúndio com medidas protecionistas muito além da conhecida "política de valorização do café" (cf. Cap. 2). No que toca ao momento decisivo da industrialização no Brasil — entre os anos 1950 e 1980 — é indubitável a centralidade da ação estatal, gerando o fenômeno denominado "Estado Desenvolvimentista" (Fiori, 1995; Machado, 2002). O período posterior à Segunda Guerra Mundial marca, no cenário internacional, a dominância do padrão keynesiano de organização do Estado, associado a uma intensificação do combate ao comunismo, especialmente nos países chamados "em desenvolvimento". Assim é que o intervencionismo estatal, que já não era nenhuma novidade no caso brasileiro, passa a ser crescentemente estimulado numa espécie de contraponto capitalista à intervenção centralizada e planificada própria dos Estados socialistas.

[...] os gastos de capital do governo e das empresas públicas [...], em conjunto, eram responsáveis por mais de 50% do investimento total da economia em 1960/61. Esse volume de investimentos públicos, concentrado em energia e transportes, já havia sido indutor principal da instalação dos principais projetos estrangeiros no setor de equipamentos pesados, basicamente na indústria naval e nos equipamentos elétricos pesados. (Tavares, 1998, p. 163)

Várias foram as medidas estatais que privilegiaram, explicitamente, os interesses econômicos da coalizão conservadora entre as várias frações da burguesia associada, subalternamente, ao capital internacional. Isso não autoriza, no entanto, que se deduza daí uma homogeneidade no interior dessa coalizão, pois, a essa altura dos acontecimentos, passa a ser significativa a diferenciação ocorrida não só no interior da burguesia como um todo, mas, fundamentalmente, a que se processou no interior de sua fração industrial. Ianni as considera de acordo com três grupos que nutriam diferentes expectativas em relação à intervenção estatal, a saber:

A pequena burguesia industrial, ligada à produção de bens de consumo tradicionais, era totalmente dependente dos mercados locais ou regionais, geralmente polarizados em torno de centros urbanos médios ou grandes. Em geral, era bastante nacionalista, apoiando toda espécie de protecionismo alfandegário e governamental.

A grande burguesia industrial de origem brasileira estava ligada à produção de bens de consumo mais modernos. Esta burguesia também era favorável a toda espécie de protecionismo e aceitava o intervencionismo estatal. A verdade é que esta era a classe que mais se beneficiara com a industrialização de tipo monopolístico, que estava ocorrendo no país. E, ainda, era a maior beneficiária da inflação de lucros, que ocorria na época. Essa burguesia, entretanto, não era imune a acomodações e alianças com o capital estrangeiro. Da mesma forma, não era imune a vínculos com os setores agropecuários. Dispunha de condições para compreender as vantagens econômico-financeiras e políticas da formação de grupos econômicos, em que se ligavam empresas dos diferentes setores produtivos. Devido a essas características, o nacionalismo dessa burguesia era muito mais tático.

A grande burguesia internacional, por fim, estava vinculada aos setores de serviços; mas também estava ligada à produção de bens de consumo duráveis. E encontrava-se bastante interessada no setor de produção de bens de produção, que estava em vias de instalar-se. (Ianni, 1986, p. 142-143)

Esse padrão de desenvolvimento resultou, especialmente após o golpe militar de 1964, numa estrutura produtiva relativamente próxima dos padrões da Segunda Revolução Industrial, mas plena de contradições, ditadas pelos limites impostos à configuração de um Estado cujo caráter público era, claramente, subordinado a interesses privados das várias frações burguesas. As críticas eventualmente esboçadas por determinados setores burgueses ao "excesso" de intervenção estatal na economia variavam sua intensidade de acordo com as possibilidades de beneficiamento e/ou participação destes setores nas decisões do poder público.

Apesar de um nítido favorecimento do capital internacional durante esse processo — determinado pelo estágio monopolista do imperialismo — são muitos os indícios de protecionismo em relação às frações burguesas nacionais que, apesar da manutenção de um discurso liberal, dependiam da intervenção econômica estatal para a obtenção de ganhos materiais. Entre esses indícios, Machado (2002) chama a atenção para a transferência da responsabilidade, no financiamento da industrialização, para a órbita estatal que precisou fazê-lo contando com uma estreita margem fiscal interna, e apoiada, sobretudo, nos recursos disponibilizados amplamente, naquele contexto, pelo capital internacional. Essa alternativa, constitutiva das estratégias imperialistas de exportação de capitais, foi reforçada pelo "pacto conservador das elites" nacionais que, tendo em vista preservação conciliatória de vários interesses, sempre retardou qualquer tentativa de reforma fiscal. Trata-se, nessa passagem, do elevadíssimo grau de endividamento externo, sob a forma de dívida pública, para financiar os processos privados de acumulação.

> O ponto essencial a ser destacado se refere ao fato de ter se constituído no país um tipo de estrutura em que os encargos da dívida externa eram, em sua maioria, de responsabilidade pública. No entanto, os saldos de exportação eram gerados e apropriados pelo setor privado. [...] Ou seja, o custo do ajuste interno recaiu sobre o setor público, enquanto o setor privado conservou os processos de preservação de seus capitais, os quais podiam ser valorizados financeiramente com a expansão da dívida interna.
>
> A própria crise fiscal-financeira estatal pode ser relacionada à natureza do Estado desenvolvimentista que — por ser sustentado por uma sólida coalizão política conservadora — deveria preservar a órbita de valorização de capitais heterogêneos e desiguais. (Machado, 2002, p. 40-41)

A heterogeneidade dos capitais componentes do "pacto conservador das elites" exigia, portanto, do Estado Desenvolvimentista um comprometimento de expressivos recursos fiscais para permitir também a sobrevivência de outros setores econômicos, além da indústria de bens de consumo duráveis, como os industriais e agrários de baixa produtividade. Nesse mesmo sentido, considera Sodré (1976, p. 347-348 e 531) que

> quando o governo Kubitschek extremou as medidas de proteção ao setor latifundiário, comprando a totalidade das safras, transportando-as e armazenando-as, e pagando um preço que estava em desproporção total com a cotação no exterior, em vez de enfrentar o problema por uma luta com o imperialismo, responsável pela deterioração dos preços, conciliava com ele e descarregava os ônus às costas do povo brasileiro, agora em proporções inauditas. Todos, no Brasil, carregavam o fardo do latifúndio, cada vez mais pesado. [...] A grande agricultura, voltada para a exportação, tornou-se ônus pesadíssimo ao desenvolvimento do país, pela sua estrutura latifundiária, e a pequena agricultura, voltada para o mercado interno, sofre da desigualdade de tratamento, que se espelha escandalosamente na alta de preço dos gêneros alimentícios mais necessários.

A importância da intervenção econômica do Estado pode ser ainda demonstrada quando se observa o seu papel na superação ou agudização das crises cíclicas pelas quais passou a economia brasileira. Segundo Reichstul e Coutinho (1998), as flutuações no investimento do Setor Produtivo Estatal (SPE) estão intimamente relacionadas com as crises ou auges da economia e suas soluções pactuadas entre os diversos setores das classes dominantes.

Ademais desse aspecto de "avalista" do desenvolvimento econômico, o Estado o é também do ponto de vista político (Ianni, 1986). A legislação brasileira sobre os investimentos de capital estrangeiro e remessa de lucros para o exterior previa uma garantia do Estado que extrapolava as condições econômicas, explicitando também sua responsabilidade na manutenção de condições políticas "adequadas" — para o capital, obviamente — o que, aliás, foi o mote da "doutrina da segurança nacional", nos termos de Alves (1987). Em geral, os governos desse período esforçaram-se por criar um ambiente de estabilidade política que não oferecesse qualquer risco aos investimentos externos. Para tanto foi fundamental o "terrorismo de Estado" caracterizado pela brutal repressão ao movimento sindical e a cassação dos direitos civis e políticos da população, de um modo geral, conforme veremos no capítulo seguinte.

A crise desse modelo de desenvolvimento, explicitamente assentado no Estado como agente econômico central, desencadeada no final dos anos 1970 e com processamento ao longo dos anos 1980, reflete, em boa medida, as frágeis bases do protecionismo às frações burguesas nacionais. Por expressar uma extrema dependência do fluxo de exportação de capitais (financeiros e tecnológicos) o modelo desenvolvimentista é altamente impactado com a crise mundial recente do capitalismo e suas alternativas de superação, pautadas pela reestruturação produtiva e financeirização da economia. Na interpretação de Chesnais (1996), isso denota a "crise do modo de desenvolvimento", cuja ideia central era a de que todos os países poderiam percorrer as etapas do desenvolvimento capitalista.

> Durante os anos de 1955-75, um fluxo bastante forte de investimentos diretos nos países do terceiro mundo, acompanhados de outras formas de ajuda, nunca desinteressadas, mas tangíveis, pareceu materializar essa predisposição [...]. As transformações tecnológicas, econômicas e políticas dos últimos anos foram ocasião de um giro radical. [...] As companhias da tríade precisam de mercados e, sobretudo, não precisam de concorrentes industriais de primeira linha: já lhes bastam a Coreia e Taiwan! Foi assim que houve o estancamento do IED [Investimento Externo Direto] para muitos países e que **o tema da administração da pobreza foi assumindo espaço cada vez maior nos relatórios do Banco Mundial, enquanto o tema do desenvolvimento foi colocado em surdina**. (Chesnais, 1996, p. 312-313; destaques em negrito meus)

Assim é que o "pacto conservador das elites" é forçado a abrir mão dos mecanismos protecionistas do Estado Desenvolvimentista e adotar a agenda neoliberal. Esta última se impõe, a partir da década de 1990, como condição para a reintegração externa da economia brasileira que deve, para tanto, cumprir as exigências de desregulamentação e liberalização do mercado interno, de acordo com os ditames dos organismos internacionais. Essas são as condições que se colocam para que o país não fique excluído do fluxo de capitais externos, que assumem na atualidade, como se sabe, predominantemente, a forma de capitais especulativos.

Isso não implicou, no entanto, qualquer alteração significativa na relação das frações burguesas com o Estado que, embora "mínimo", tem encolhido seu âmbito de intervenção muito mais no que tange às ações que interessam às classes subalternas. O que muda, decisivamente, é a forma como o protecionismo às classes dominantes vem sendo exercido, sem deixar margem a dúvidas, portanto, quanto à manutenção do seu "máximo" tamanho para tais classes. Até porque a internacionalização da economia brasileira não pode ser considerada uma novidade tributada às recentes iniciativas de desregulamentação neoliberal, como o querem fazer crer os discursos políticos e dos meios de comunicação de massa.

Em outro momento já afirmei que o processo de exportação de capitais, típico do capitalismo em sua fase imperialista, tem, no Brasil, um campo bastante receptivo para sua reprodução, o que explica a nossa dificuldade de constituição de um setor de bens de produção com capital nacional. Mas, para além dessa manifestação, a internacionalização da economia brasileira é um fato desde que se passou a recorrer aos empréstimos ingleses durante o Império ou mesmo quando se observa a presença, no país, de alguns grupos internacionais antes da Primeira Guerra Mundial, "ainda que a [naquela ocasião] maioria deles não se dedicasse a atividades industriais" (Teixeira, 1994, p. 147-148).

É possível extrair dessa discussão, portanto, que a presença do Estado no Brasil é historicamente muito mais decisiva para a constituição do capitalismo que o costumam admitir os "liberais de plantão". Machado (2002), por exemplo, sustenta que na base da "opção" pela agenda neoliberal nos anos 1990 e da entusiasta "onda" de privatizações de investimentos econômicos estatais, encontra-se a expectativa de setores da burguesia nacional, interessados na apropriação privada das possibilidades de valorização desses capitais, consideravelmente consolidados. Mesmo aparecendo na condição de sócio minoritária dos grandes grupos imperialistas que adquiriram as mais significativas empresas privatizadas, a burguesia atenua, com isso, a perda de antigos espaços de valorização dados por mecanismos protecionistas típicos do Estado Desenvolvimentista que tiveram que ser reduzidos com a desregulamentação da economia. Ora, claro está que a intervenção econômica do Estado no setor de bens de produção durante o período desenvolvimentista atuou como um amortecedor das incertezas envolvidas no alto custo desse tipo de investimento que exigia mobilização elevada de capitais, mecanismo, aliás, típico da "industrialização retardatária" (Cardoso de Mello, 1994). "Entretanto, uma vez montada uma estrutura capitalista articulada, diluiu-se o componente de incerteza, o que tornou os ativos produtivos estatais extremamente rentáveis e atrativos à iniciativa privada" (Machado, 2002, p. 59).

Preocupados em disfarçar a explícita dependência da burguesia nacional em relação ao Estado e deste em relação ao imperialismo, esses liberais "transplantados", como diria Sodré (1990), pretendem, na atualidade, fazer crer que a intensa regulação da taxa de juros praticada pelo país é um idílico indicador do ordenamento do mercado pela sua "mão invisível". Nada mais distante da realidade...

Sugestões bibliográficas

Leia os livros:

Conforme explicitei no início do capítulo, as sugestões sobre as três particularidades da formação social brasileira que desenvolvi foram elaboradas originalmente por: NETTO José Paulo. *Ditadura e serviço social.* São Paulo: Cortez, 1996.

Incorporando esse ponto de partida, ampliei a problematização original do autor, dialogando com alguns dos estudos clássicos sobre o tema, que podem ser conferidos ao longo de sua citação na composição do texto, entre os quais, cabe advertir, alguns já foram mencionados no capítulo anterior, por exemplo: WEFFORT, F. *Populismo da política brasileira.*

Entre eles, considero imperativo sublinhar os seguintes livros: FERNANDES, Florestan. *A revolução burguesa no Brasil:* ensaios de interpretação sociológica. 5. ed. Rio de Janeiro: Globo, 2006; IANNI, Octavio. *Estado e planejamento econômico no Brasil.* 4. ed. rev. e atual. Rio de Janeiro: Civilização Brasileira, 1986; ALBUQUERQUE, Manuel Maurício de. *Pequena história da formação social brasileira.* Rio de Janeiro: Graal, 1981 e SODRÉ, Nelson Werneck. *História da burguesia brasileira.* 3. ed. Rio de Janeiro: Civilização Brasileira, 1976.

Não obstante algumas polêmicas existentes em face de diferenças na interpretação de determinadas categorias, são textos que considero, em vários aspectos, complementares na tarefa de esclarecer as características de nossas classes sociais, suas relações entre si e com o Estado na constituição do capitalismo.

Além desses clássicos, recomendo também a leitura de alguns autores contemporâneos, especialmente da área da Economia política, que acrescentam a esse debate sociológico elementos da dinâmica própria de nossa acumulação, tais como: MELLO, João Manuel Cardoso. *O capitalismo tardio*. 9. ed. São Paulo: Brasiliense, 1994; e TAVARES, Maria da Conceição. *Acumulação de capital e industrialização no Brasil*. 3. ed. Campinas: Ed. da Unicamp, [s.d.]).

Sugestões culturais

Assista aos filmes:

Terra para Rose — Tetê Moraes. Brasil, 1987.

O longo amanhecer — *cinebiografia de Celso Furtado* — José Mariani. Brasil, 2007.

Policarpo Quaresma — *herói do Brasil* — Paulo Thiago. Brasil, 1988.

Diário da província — Roberto Palmari. Brasil, 1978.

O bem amado — Guel Arraes. Brasil, 2010.

Capítulo 4

Particularidades da "questão social" no Brasil

Considerando as incursões até aqui realizadas, penso já ter elementos para levantar algumas hipóteses acerca das particularidades assumidas pela "questão social" no capitalismo brasileiro. Tais hipóteses, sem se pretenderem exaustivas, ajudarão a identificar, entre as características das expressões atuais da "questão social" brasileira, o quanto trazemos de herança do passado, muito embora redimensionadas por um contexto de inovações no *modus operandi* do capitalismo mundial.

Conforme o afirmam as várias produções do Serviço Social no campo marxista, entender a "questão social" é, de um lado, considerar a exploração do trabalho pelo capital e, de outro, as lutas sociais protagonizadas pelos trabalhadores organizados em face desta premissa central à produção e reprodução do capitalismo (cf. Cap. 1). Conjugadas, essas premissas derivam em expressões diversificadas da "questão social" em face das quais cabe sempre um processo de investigação a fim de caracterizá-las enquanto "unidade na diversidade"; ou seja, devemos nos esforçar, como categoria, para apontar as características e "formas de ser" de cada expressão da "questão social" enquanto fenômeno singular e, ao mesmo tempo, universal, cujo fundamento comum é dado pela centralidade do trabalho na constituição da vida social. Ressalte-se, entretanto, a impossibilidade de investigar, de uma só vez, as várias expressões da "questão social", limitação que me colocou diante da necessidade de priorizar, nesse estudo, a questão do desemprego. Pretendo alcançar, em relação ao desemprego, não uma completa caracterização de suas manifestações na sociedade brasileira. Pretendo, sim, captar alguns de seus traços que, pensados a partir da ótica de totalidade, possibilitada pela noção de "questão social", o particularizem diante das tendências próprias a cada contexto do capitalismo mundial.

Isso significa não perder de vista as mediações próprias ao processo de constituição do capitalismo brasileiro no contexto do capitalismo mundial (cf. Cap. 3). Significa, também, não perder de vista que o potencial totalizador presente no debate sobre a "questão social", na perspectiva em que ele se realiza aqui, impõe um percurso de relações e mediações necessariamente conectadas, impedindo, dessa forma, que a imperativa eleição do desemprego como foco de investigação se dê numa angulação que o isole dos demais "complexos de complexos" que o determinam e dele resultam.

Essas advertências são da maior importância dadas as articulações, na realidade, entre essa e as demais expressões da "questão social". É evidente, por exemplo, que a pobreza — muitas vezes tomada como expressão máxima da "questão social" — somente pode ser entendida quando considerada a partir da incapacidade de reprodução social autônoma dos sujeitos que, na sociedade capitalista remete, de modo central, à questão do desemprego. Sem esquecer, é claro, que também trabalhadores inseridos no mercado de trabalho, e, portanto, empregados (formal e/ou informalmente) não estão isentos dos processos de pauperização. É claro também, para continuar no mesmo exemplo, que a pauperização remete a outros indicadores sociais, como acesso a saneamento básico, habitação, educação, que determinam, por sua vez, os indicadores de saúde e assim por diante. Embora essas articulações não estejam sendo objeto do presente estudo do ponto de vista reflexivo, é importante demarcar que tenho presente sua existência ontológica e, é tendo-a em vista, visualizo a fecundidade do debate em torno da "questão social".

Portanto, *trata-se de situar os traços do desemprego como resultantes do caminho percorrido através da particularização, no nível da formação social brasileira.* Tal particularização tem o objetivo de tornar claros os contornos mais amplos, em que se inserem mediações centrais para a discussão proposta, quais sejam, a constituição do *"mercado de trabalho"* e do *"regime de trabalho"* (o que inclui os mecanismos de proteção social e regulação do trabalho) no Brasil. Essas mediações emergem da estrutura do objeto na ótica proposta, já que tanto o mercado quanto o regime de trabalho me parecem ser o "solo" de onde brotam as particularidades que se busca encontrar. É no interior dessas duas categorias que se visualizam respectivamente, de um lado, as formas concretas de exploração do trabalho e, do outro, o nível de interferência das classes sociais e do Estado em relação a elas: suas lutas, a legislação promulgada para regular as relações entre capital e trabalho e também para proteger ambas as partes. Retoma-se, portanto, através dessas mediações, o pressuposto já mencionado de que para particularizar a "questão social" é necessário "destrinchar" as relações entre capital e trabalho, tomando-se em conta a realidade nacional, de nossa formação social (cf. Cap. 2).

Pochmann (2006, p. 25) considera que a formação do mercado de trabalho no Brasil possui, especialmente entre os anos de 1930 e 1970, algumas características sem as quais não se pode entender o

> padrão de sociedade salarial incompleto, com traços marcantes de subdesenvolvimento, [a exemplo da] [...] distinção entre assalariamento formal e informal [que] constituiu a mais simples identificação da desregulação, assim como a ampla presença de baixos salários e de grande quantidade de trabalhadores autônomos (não assalariados).

Salienta, entre os determinantes dessas características, o intenso processo migratório campo-cidade, que responde por boa parte dos traços desse padrão de exploração da força de trabalho, assim como pela formação do excedente de mão de obra que fica fora do usufruto dos resultados do crescimento econômico, muito embora tenha sido essencial para o seu processamento. Nessa mesma linha, Dedecca e Baltar (1992) enfatizam a importância dos anos 1930-1956 para a formação do mercado de trabalho no Brasil, já que nesse período se consolida, de um lado, a centralidade da indústria de transformação na composição dos empregos gerados e, de outro, o perfil urbano-industrial do trabalhador que será a base para a estruturação posterior do movimento sindical em nível nacional.

Se o período conhecido como "industrialização restringida" foi um marco na gestação dos pilares sobre os quais se ergue o mercado e o regime de trabalho no Brasil, cabe destacar que, ao longo do processo de constituição do capitalismo brasileiro, a conjuntura da "industrialização pesada" foi determinante na aquisição das características com que esses vêm atravessando as três últimas décadas.

A ênfase nesse momento histórico se explica por duas ordens de fatores. Primeiramente, porque é nesse período que se completa o processo do capitalismo retardatário brasileiro. Pela primeira vez na história econômica brasileira, nos aproximamos da superação de uma lacuna central, do ponto de vista da constituição de forças produtivas especificamente capitalistas, fomentando o setor de bens de produção. Foi na fase de "industrialização pesada" que se configuraram, no Brasil, as características que Tavares (1998, p. 139) considera comuns a todos os países que não participaram da primeira revolução industrial: a intensa intervenção estatal na economia e a associação entre os capitais nacional e internacional, "como parte de um esquema de sua expansão à escala mundial".

Como terei oportunidade de detalhar mais adiante, se originou, a partir daí, um padrão de desenvolvimento responsável pela implantação de uma nova estrutura industrial com base nas indústrias mecânicas, de material elétrico e comunicações, de material de transporte, química e uma nova indústria metalúrgica. As repercussões dessa nova estrutura industrial devem ser entendidas, obviamente, não apenas do ponto de vista de alterações na composição do capital constante, mas também do capital variável. Quero dizer com isso que a classe operária cresce do ponto de vista quantitativo ao mesmo tempo em que se alteram, qualitativamente, os ramos que a absorvem, e, portanto, a estruturação do mercado de trabalho, já que nesse período "as indústrias têxtil e de produtos alimentares declinam sua participação no emprego diante da indústria de transformação" (Dedecca; Baltar, 1992, p. 22).

O segundo motivo pelo qual me refiro, com centralidade, à industrialização pesada relaciona-se intimamente ao primeiro. É nesse momento histórico, especialmente após 1964 — pelas suas características econômicas e políticas — que visualizo a emergência de importantes particularidades assumidas pela "questão social" no Brasil que atravessaram os anos 1980 e 1990, chegando até a contemporaneidade. Trata-se das marcas deixadas no mercado de trabalho brasileiro, a partir desse período, com a "reforma trabalhista" da ditadura. Com ela acentuou-se o grau de *flexibilidade estrutural* e da *precariedade das ocupações* que resultou numa *alta rotatividade* dos traba-

"QUESTÃO SOCIAL"

lhadores em diferentes postos de trabalho. Associe-se isso as *características do padrão de proteção social brasileiro* que, apesar do alto grau de regulação das relações de trabalho, não impactou o regime de trabalho no sentido de uma regressão dos traços mencionados que estão, por sua vez, na gênese dos índices de desemprego no Brasil. Em "[...] nosso país a dualidade e a heterogeneidade do mercado de trabalho são problemas histórico-estruturais, que já estavam presentes antes mesmo da crise que atingiu a economia mundial como um todo" (Azeredo, 1998, p. 125).

Essas são as particularidades que, estando presentes no regime de trabalho do Brasil desde então, podem ser consideradas, consequentemente, como particularidades da "questão social", diferenciando o Brasil de outros países onde esses fenômenos estão associados à crise capitalista recente. Ou seja, se flexibilidade e precariedade costumam aparecer ligadas à fase de acumulação flexível do capital, no Brasil, não se pode considerá-las sem que sejam, antes, situadas como características do *"fordismo à brasileira"* (cf. Item 4.2.1). Procurarei demonstrar, nas páginas que seguem, que o desemprego, enquanto expressão da "questão social", adquire o caráter de *desemprego estrutural* na economia brasileira desde que o capitalismo retardatário completa seu ciclo, no auge da "industrialização pesada".

4.1 As relações capital *x* trabalho no Brasil até a industrialização pesada

Do que foi dito anteriormente sobre o capitalismo brasileiro e suas particularidades, um primeiro traço que gostaria de destacar para pensar a "questão social" é exatamente o seu "lugar" na divisão internacional do trabalho capitalista, que remete à condição periférica (e retardatária) desse capitalismo. Conforme tratada no capítulo precedente, essa condição periférica é determinada, sobretudo, pelo aprofundamento do imperialismo e do processo de concentração e centralização de capitais, próprios do capitalismo em seu estágio monopolista. Esse momento do capitalismo mundial é decisivo na estruturação do "leque" de opções disponíveis ao capitalismo brasileiro enquanto capitalismo retardatário.

Do ponto de vista que me interessa aqui, gostaria de salientar o quanto foram determinantes, nas relações entre capital e trabalho no Brasil, os processos de "modernização conservadora", "revolução passiva" e a intervenção do Estado para que essas relações apresentem, desde sua gênese, uma configuração peculiar, "não clássica". Por isso faz toda a diferença pensar a "questão social" a partir da categoria "formação social": as características do "modo de produção" capitalista se expressam de forma historicamente determinada.

É certo que, quanto ao imperialismo, outros tantos países se encontram na mesma condição, do ponto de vista das relações internacionais e, nesse sentido, isso não representaria qualquer particularidade brasileira. Entretanto, há que se considerar, nessa premissa mais geral, os elementos da formação social brasileira que remetem à constituição ideopolítica e cultural de suas classes sociais, bem como do sistema político nacional, essas sim, características que particularizam a inserção periférica do capitalismo brasileiro entre tantas outras igualmente periféricas.

Assim é que, no contexto dos anos 1940-50, destaca-se "a rapidez dos processos de industrialização e urbanização, em uma sociedade onde prevalecia um sistema arcaico de relações sociais, ainda muito marcado por um passado colonial-escravista" (Proni; Baltar, 1996, p. 115). Cabe lembrar que, até então, o Brasil continuava tendo sua população predominantemente residindo nas zonas rurais e, mesmo no primeiro momento de formação desse mercado de trabalho, já se registra uma considerável abundância de mão de obra. Ou seja, abolido o regime de trabalho escravo, a população negra não foi imediatamente transformada em trabalhadores assalariados, em face da opção pela imigração europeia. Seu papel foi, antes, o de população excedente para as necessidades médias do capital agrário. Ressalte-se, nesse ínterim, "a fase de branqueamento da população brasileira, [...] e a marginalização do negro" (Pochmann, 2006, p. 25), dois ícones culturais da sociedade brasileira, presentes até os dias atuais, inclusive em termos de constituição do mercado de trabalho.

A "industrialização restringida" consolida o sistema de relações de trabalho em meados da década de 1940 sob as bases corporativistas, instituídas a partir da década de 1930, e atrai parcela desses trabalhadores rurais para os centros urbanos em formação. Mattoso (1995) registra, porém, que embora os sindicatos no Brasil tenham surgido nas primeiras décadas do século XX até esse momento (1940) suas bases ainda eram restritas em face do perfil majoritário dos trabalhadores: essencialmente moradores das zonas rurais esses não eram protegidos pela legislação até então promulgada que atendia apenas aos poucos núcleos existentes de trabalhadores organizados e urbanos.

Ocorre que as características desse trabalhador, super explorado e sem direitos, próprio do meio rural de então, acaba por continuar se reproduzindo em sua cultura política, mesmo após sua transformação em empregado assalariado urbano. Sem dúvida que o processo de organização dos trabalhadores brasileiros foi impactado pela longa tradição escravista do país e pela ausência de antecedentes organizativos dos trabalhadores livres, de perfil predominantemente rural, no início do século XX. Isso significa dizer das dificuldades no processo de organização da classe operária, nesse momento de sua emergência.

Os processos de "revolução passiva" e "modernização conservadora" legaram ao regime político brasileiro uma característica de "excepcionalidade democrática". Esse traço tem consideráveis implicações sobre as formas predominantes de relação entre capital e trabalho no Brasil não somente por limitar a organização sindical autônoma dos trabalhadores, mas por alimentar, nessa relação, uma "cultura autoritária".

> O intervencionismo estatal exacerbado nas relações de trabalho, a repressão renitente das ações sindicais dos trabalhadores, o patrocínio estatal de sindicatos artificiais, a inexistência da negociação coletiva nos seus moldes clássicos, a ampla liberdade de rompimento unilateral dos contratos de trabalho e a rigidez de certos aspectos da legislação do trabalho são, de fato, características bem marcantes do sistema brasileiro de relações de trabalho.
>
> Aludidas condições, entretanto, geraram inegavelmente, relações de trabalho marcadas pelo autoritarismo patronal, pela unilateralidade das decisões, pela desconfiança mútua, pelo estímulo dos conflitos judiciais de natureza individual, pela forte atuação de intermediários substituindo as funções inerentes aos trabalhadores, sindicatos e empregadores (advogados, juízes, inspetores do trabalho, policiais), pela existência de sindicatos de representação de fato ainda considerados como "ilegais", pelo estrangulamento dos espaços e das condições da negociação coletiva, pelo número exagerado de greves "ilegais" ou "abusivas", pelo contingente significativo de trabalhadores informais. (Neto, 1996, p. 329)

Assim é que, além de uma cultura política de subserviência e "naturalização" da superexploração do seu trabalho por parte dos próprios trabalhadores recém-urbanizados, deparavam-se os sindicatos com um modo de regulação do trabalho corporativista, através da forte intervenção estatal, que parecia "dar-lhes de presente" o reconhecimento do seu direito de organização. Esse movimento das classes dominantes, típico do "transformismo" (cf. Cap. 3), indica que, malgrado a repressão e as dificuldades ideoculturais do processo de organização da classe trabalhadora, a luta de classes estava no cerne das preocupações que orientavam suas políticas de Estado.

Sem deixar de exibir conflitos decisivos no processo histórico nacional, a luta de classes esteve, na maior parte do tempo, emoldurada por regimes políticos antidemocráticos, definindo o traço historicamente predominante das respostas do Estado e das classes dominantes à "questão social". *O famoso marco do pós-1930, segundo o qual a "questão social" teria deixado de ser "caso de polícia" e se tornado "caso de política" não pode ser tomado "ao pé da letra".* Isso significa dizer que a instituição de direitos trabalhistas e de uma regulação estatal das relações de trabalho não excluiu o recurso da repressão aos trabalhadores no processo histórico brasileiro. Esta deve ser entendida em dois sentidos: o mais óbvio que remete à repressão *strictu sensu*, caracterizada pela violência física e um segundo, caracterizado pelo paternalismo e o mandonismo, fundamente arraigados na constituição ideopolítica das classes subalternas brasileiras. Quanto a este segundo sentido da repressão, sua origem se relaciona a traços da cultura de subserviência constitutiva das relações entre escravos e fazendeiros que se reproduzem nas relações entre capital/trabalho já no contexto do assalariamento, "como se o trabalho livre fosse um desdobramento e uma prolongação do trabalho escravo" (Fernandes, 1987 apud Behring, 2003, p. 100). Alimenta-se, assim, a cultura da dependência e do favor, principalmente durante a Era Vargas, pela legislação do trabalho apresentada aos trabalhadores como se fossem "dádivas" do Estado e não produto de suas primeiras lutas.

Os conflitos entre capital e trabalho se notabilizam na história brasileira, tanto nas cidades quanto nas fazendas de café, a partir da chegada dos imigrantes europeus, que trouxeram consigo sua tradição organizativa e sindical; e também pela constante iniciativa governamental, mesmo após 1930, de expulsão do país de muitos estrangeiros e cassação de seus direitos de expressão (cf. Cap. 2).

Cerqueira Filho (1982) chama a atenção para o fato de que apesar de haver uma linha de continuidade no tratamento dado à "questão social", antes e depois do Estado Novo, as características repressivas desse tratamento político se acentuam após 1937. Para Vianna (1978), o marco dessa mudança é 1935. Segundo ele, até então o sindicalismo oficial convive com o autônomo cabendo ao corporativismo, naquele momento, a tarefa de desmobilizá-lo. Isso foi, em parte, dificultado pela Constituição de 1934 que admitiu, contraditoriamente a todo o seu desenho corporativo, o pluralismo sindical, com o que o sindicalismo autônomo resistiu enquanto pôde à oficialização imposta pelo Ministério do Trabalho. Através de dados, o autor mostra como o corporativismo avançou da "periferia (centros urbanos menos industrializados) em direção ao centro e, nesse, a partir dos núcleos operários menos experientes e combativos" (p. 144), de modo que o levante da ANL (Aliança Nacional Libertadora), pode ser, em parte, considerado como resultante desse quadro de resistência operária. A aprovação da Consolidação das Leis Trabalhistas (CLT), do imposto sindical, a radicalização na proibição das greves, entre outras medidas, combinaram o tratamento legal ao aumento do controle sob os sindicatos e, nesse sentido, da coerção, que dá o "xeque-mate" no sindicalismo autônomo.

Cerqueira Filho (1982) argumenta assim que, embora muito diferente do tratamento como "caso de polícia", anterior a 1930, pois a "questão social" não volta a ser ilegal, o tom dessas medidas não deixa de ser repressivo. Por meio da restrição do acesso aos direitos promulgados na legislação, que somente podiam ser usufruídos pelos trabalhadores filiados aos sindicatos oficiais; e também da restrição do acesso aos recursos do imposto sindical, pago indistintamente por sindicalizados ou não, o governo aumentava a vigilância e a ingerência ideopolítica sob tais entidades, através do Ministério do Trabalho.

Nesse sentido, por pressão governamental, os próprios trabalhadores aderiram à "unicidade sindical", o que não significa que houvesse identidade entre os "pelegos" e seus representados. Vianna (1978) lembra, por exemplo, das campanhas pela sindicalização, organizadas pelo governo, denotando que o objetivo do corporativismo pós-1937 passa a ser o de mobilizar uma base de apoio para a ditadura em curso.

O mesmo autor sublinha o liberalismo político, dominante na organização federalista da República velha, uma vez que interessava à oligarquia cafeeira e ao particularismo de seus negócios a ideia de autonomia dos Estados. Entretanto, tal ortodoxia foi sendo minada pela realidade do movimento operário urbano entre as décadas de 1910 e 1920, que combinava a ação direta (voltada para os patrões) e a ação que reconhecia no Estado um interlocutor para intermediar a relação capital-trabalho. O *Estado foi, assim, sendo instado a intervir na "questão social"* desde então, mas, nesse momento, havia um limite claramente estabelecido: *essa intervenção deveria restringir-se às áreas urbanas* e, *dentre suas categorias, às que tinham importância estratégica para a economia agroexportadora*. Portanto, desde que a legislação promulgada não chegasse ao mundo agrário, a oligarquia cafeeira não lhe opunha obstáculos.

Prova disso é a aprovação da Lei Eloy Chaves, em 1923, criando a caixa de aposentadoria e pensão dos ferroviários, embrião do que viria a ser a Previdência Social. É claro que a criação dessas caixas, e depois dos Institutos, tinha relação direta com o grau de organização e pressão exercidos pelas categorias profissionais, bem como sua importância no cenário econômico, conforme dito anteriormente. Sua administração era privada e realizada através de um colegiado, composto de representantes de empregados e empregadores, apesar de contar também com recursos públicos, dado o caráter tripartite das contribuições.

Também é do período anterior a 1930, e vinculada à Lei Eloy Chaves, à medida que confere aos trabalhadores estabilidade no emprego após dez anos de serviço prestado e que seria objeto de reforma, durante a ditadura militar, com a instituição do FGTS (Fundo de Garantia do Tempo de Serviço) (cf. Item 4.2.1). A estabilidade se explica, nesse momento, pela preocupação na manutenção do fluxo de contribuições para as caixas: uma vez demitido, o empregado deixaria de contribuir para aquela caixa e passaria a contribuir para outra, transferindo o montante de sua contribuição anterior. As Caixas de Aposentadoria e Pensão (CAPs) legalizam, assim, uma primeira face do que viria a ser a "cidadania regulada" (Santos, 1987): a estratificação dos cidadãos a partir de suas posições no mercado de trabalho. Esta não deriva do simples pertencimento a uma comunidade e sim da inserção em profissões reguladas pelo Estado, atendendo a todas as condições jurídicas para acessá-la. Nas palavras do autor: "a cidadania está embutida na profissão e os direitos do cidadão restringem-se aos direitos do lugar que ocupa no processo produtivo, tal como reconhecido por lei" (Santos, 1987, p. 68).

Obviamente que as iniciativas de legislação a partir de 1920 eram ainda inexpressivas e contavam com resistências por parte do empresariado, que preferia negociar pontualmente com os grevistas, sem que as medidas tomadas se consolidassem em direitos, como frequentemente ocorreu com conquistas que se esvaíam logo que a situação se acalmava.

Uma dessas conquistas, no entanto, é central para que todas as outras pudessem emergir: o direito à organização dos trabalhadores. Ele antecede, em muito, o marco de 1930, datando de 1907, quando fica reconhecido o direito de associação por categorias profissionais independentemente da tutela do Estado. Isso representa para Santos (1987, p. 18) uma "importante fissura na ordem jurídico-institucional *laissez-fairiana, strictu sensu,* ao admitir a legitimidade de demandas coletivas, antes que estritamente individuais".

Assim é que alguns argumentos presentes em setores da aliança que dava sustentação ao governo Vargas chegam a ser quase "pitorescos". Lembre-se, por exemplo, que até meados da década de 1940, segundo Cerqueira Filho (1982, p. 80),

> apesar da meridiana clareza com que as autoridades governamentais se situavam perante a "questão social", enquadrando-a como uma questão legal e de "direito", ainda poderemos ver alguns liberais, integrantes da União Democrática Nacional (UDN), discutindo se a "questão social" fora ou não criada pelo governo.

Isso se explica pelo liberalismo brasileiro "fora do lugar", que se implanta antes de 1930, sob hegemonia do capital agrário-exportador, força econômica mais empenhada no retardo da abolição da escravatura, tipo de força de trabalho, como já se disse, incompatível com o ideário liberal do "trabalhador livre" (cf. Cap. 3).

A constituição do regime democrático, ocorrida após o final do Estado Novo, se fazendo a partir das particularidades da formação social brasileira, ou seja, combinando modernidade e atraso, não altera muito o quadro das relações entre capital e trabalho, pelo menos até meados dos anos 1950 e início dos anos 1960. A partir daí os esforços de mobilização em torno de reformas estruturais e conquistas sociais caracterizam um período marcante de organização de diversos segmentos das classes subalternas. Contudo, seu aprofundamento acaba por ser inviabilizado "preventivamente", devido ao golpe de Estado de 1964.

A Constituição do país, aprovada em 1946, é emblemática de como a "modernização conservadora" permanece conduzindo a vida política brasileira já que ela, apesar de "democrática", pouco alterava a face corporativa do Estado, herdada do Estado Novo (cf. Cap. 2). No geral, a postura do governo Dutra quanto à regulação das relações de trabalho, dirigiu esforços no sentido de elevar a taxa de exploração, isto é, de aumentar ao máximo a parte do produto social apropriada pela burguesia e reduzir, portanto, ao mínimo a parte que cabe à classe operária.

> A política do Governo Dutra foi bem uma expressão daquela peculiar convergência entre ideologia liberal e os interesses da empresa privada. Durante todo o período governamental, não houve qualquer elevação do salário mínimo, a despeito da crescente inflação de preços. A última mudança havida nos níveis do salário mínimo ocorrera em novembro de 1943. A elevação seguinte somente ocorreria em janeiro de 1952, [...] período presidencial de Vargas. Durante os anos do Governo Dutra, não se alterou a base salarial, salvo por iniciativa de empresários isolados, sob pressões diretas dos operários, bem como de bancários e outros assalariados da classe média. (Singer, apud Ianni, 1986, p. 110)

Além, é claro, de evidenciar-se nessa passagem a importância da intervenção do Estado no cerne da "questão social", garantindo eficácia na ação econômica esperada pelas classes dominantes, esse quadro repressivo, em meio a um regime "democrático", tinha óbvias derivações políticas. O combate ao crescimento do Partido Comunista, por exemplo, buscava neutralizar os resultados significativos que alcançou nas eleições logo após o fim do Estado Novo. Seu crescimento eleitoral correspondia ao de sua influência nas organizações trabalhistas, o que motivou, logo no primeiro ano do governo Dutra, a decretação de sua ilegalidade, um contrassenso que denota o baixíssimo limite da tolerância democrática das classes dominantes brasileiras.

Outra alteração no tratamento da "questão social" pela Constituição de 1946 foi a instituição da Justiça do Trabalho, que passa a arbitrar os conflitos com poderes normativos e se junta, no dizer de Cerqueira Filho (1982), como mais uma "especificidade brasileira", exaltada no discurso sobre o tema, em comparação com os demais países. Para ilustrar esse tipo de exaltação transcrevo a seguir um fragmento do *Boletim do Ministério do Trabalho* (apud Cerqueira Filho, 1982, p. 172):

Nas decisões da Justiça do Trabalho sente-se, cada ano que passa, quanto ela se aprimora e aformoseia, em cultura, equilíbrio e serenidade. E é precisamente esse fato que nos dá o direito e nos dá a segurança de que, cada vez mais, no Brasil, o problema contemporâneo da paz social há de constituir uma naturalidade, um hábito entre empregadores e empregados.

Em relação a isso, Vianna (1978) ressalta a mistificação, sob roupagem jurídica, conferida ao tratamento da "questão social". Diante da proibição, na prática, do direito de greve, toda e qualquer reivindicação coletiva resultava em dissídios, arbitrados pela Justiça do Trabalho. A transferência da interlocução para o âmbito da Justiça tendia a despolitizar os conflitos, objetivando que os trabalhadores frequentemente perdessem de vista o seu interlocutor de fato no mercado (o capital).

A partir do governo JK intensifica-se a intervenção estatal, que passa a regular, mais sistematicamente, as relações econômicas internas e externas ao formular diretrizes de política econômica que favoreciam explicitamente a expansão de empresas privadas nacionais, sobretudo, em associação com o capital internacional. Essa política dará início à fase de "industrialização pesada"[1] e modificará as condições de funcionamento dos mercados de capital e de força de trabalho (Ianni, 1986). Isso indica, entre outras coisas, que o "surto" de desenvolvimento econômico estava gerando dividendos apropriados, diversamente, é óbvio, tanto pela burguesia industrial brasileira, quanto pelas classes médias e pelo próprio proletariado. Nesse contexto de expansão do emprego e intensificação da mobilidade social e geográfica, a regulação do piso salarial urbano pôde se manter mais "rígida e conservadora", nos termos de Draibe (1985), pois era "compensada", de algum modo, pelo quadro econômico favorável. Isso possibilitou que Juscelino conciliasse

---

1. Apesar de ser considerado o marco inicial da industrialização pesada, a análise das relações entre capital e trabalho desse período encontra-se separada do período pós-1964 por dois motivos. Primeiramente porque, com todos os problemas apresentados em relação à democracia brasileira nesse período, é importante demarcar que algumas garantias legais eram asseguradas, emoldurando as possibilidades de expressão das lutas de classe, quadro radicalmente diferente do que se apresentou após o golpe de abril. Em segundo lugar, considero que somente após 1964 a industrialização pesada imprime determinadas características ao regime de trabalho no Brasil, que são fundamentais para a discussão atual sobre o desemprego como expressão da "questão social", quais sejam, a flexibilização e precariedade das ocupações. Isso se dá, entre outros fatores, em decorrência de realizar-se num estágio mais avançado de consolidação do imperialismo de corte monopolista.

"as duas entidades antagônicas de seu governo: a ideologia nacionalista e a política econômica destinada a acelerar o desenvolvimento, com a internacionalização dos novos setores econômicos" (Ianni, 1986, p. 192).

A partir dos anos 1950, o parque industrial brasileiro cresceu de modo significativo, especialmente no setor automobilístico. Esse crescimento baseou-se numa deliberada política de concessão de extremas facilidades para o capital estrangeiro, no que diz respeito à sua instalação no país e também à remessa de lucros. As principais consequências disso, segundo Possas (1998), foram, de um lado, o aumento sem precedentes da presença de corporações internacionais no país e, de outro, o fato dessa presença aparecer nitidamente como condicionante indispensável para a expansão econômica do período.

Cresce também a classe operária, principalmente na região do ABC paulista, onde, pelo perfil dos operários, o sindicalismo teve dificuldades de penetrar nesse primeiro momento, tendo em vista o "encantamento" de muitos deles diante dos "benefícios" oferecidos pelas multinacionais. Cerqueira Filho (1982) sublinha que essa dificuldade acaba restringido a ação dos sindicatos cada vez mais à órbita do Estado, uma vez que mobilizavam, de modo mais expressivo, apenas os trabalhadores de setores industriais por ele monopolizados. Com isso, afirma o autor que as lideranças sindicais acabavam por se "enredar no jogo do populismo", sem compreender adequadamente seus traços manipuladores e autoritários. Pochmann (1996, p. 272) também parece concordar com essa análise, afirmando a predominância dos espaços da atuação sindical populista "durante o período democrático nos anos 50 e início dos 60, [...] por meio da participação atrelada aos institutos de aposentadoria e pensões, na comissão de salário mínimo e nas estruturas do Ministério do Trabalho".

Ao considerar esse rápido "balanço" das relações entre capital e trabalho no Brasil, desde a instituição do trabalho livre até a primeira fase da "industrialização pesada", tentando demarcar as principais características do regime de trabalho resultante dessa correlação de forças, destacam-se algumas premissas importantes para o seguimento das reflexões propostas.

A primeira delas é que o conjunto de particularidades da formação social brasileira, situados no capítulo precedente, articulados pela heteronomia dessa economia no contexto do imperialismo mundial formatam o desenvolvimento do capitalismo num *ambiente antidemocrático*. Esse ambiente implica um *trato predominantemente repressivo às manifestações da "questão social"*, mesmo quando esta passa a "caso de política".

Esse "fio condutor" das relações entre capital e trabalho no Brasil é multiplamente determinado. Do ponto de vista endógeno, a cultura política da burguesia brasileira, forjada no interior de uma sociedade escravista, reagiu ferozmente a qualquer medida que implicasse a diminuição de seus privilégios "senhoriais", direta ou indiretamente econômicos. Para "modernizar" essas concepções, valia-se de aspectos do liberalismo político embora, economicamente, dependesse do protecionismo estatal para continuar garantindo suas margens de lucratividade.

> O preço político pago foi a institucionalização de uma ordem semicompetitiva, quer em termos políticos, quer em termos econômicos, quer em termos sociais. O Estado [entre 1930-45] regulava quase tudo, ou tudo, sempre que o conflito ameaçasse ultrapassar os limites que a elite considerasse apropriado. (Santos, 1987, p. 72-73)

Por outro lado, já se disse da dificuldade de organização dos trabalhadores livres, também impactados pela cultura escravista e um regime político republicano oligárquico, que manteve restrições ao voto até a década de 1960. Assim é que *o regime de trabalho no Brasil foi sendo constituído por medidas de alcance restrito, ou seja, não universalizáveis para o conjunto das classes trabalhadoras*. A *cidadania regulada* (Santos, 1987) deixa de fora do regime de trabalho até a primeira fase da industrialização pesada, uma parte significativa de trabalhadores que não estão inseridos nas normas para o seu acesso.

> O conformismo rural, até meados da segunda metade da década de 50, assim como a dificuldade de organizar as demandas de duas parcelas ponderáveis da estratificação ocupacional urbana — as empregadas domésticas e os trabalhadores autônomos — em razão de sua fragmentação e dispersão, respondem pelo atraso, ou o descuido, da ação protecionista governamental em relação a elas. Pela mesma razão, é a agitação camponesa que se deflagra na segunda metade da década de 50 que irá provocar a atenção do poder público para os problemas da acumulação e equidade na área rural, refletida na promulgação [...] [do] Estatuto do Trabalhador Rural, o qual, não obstante, revelou ser apenas outro exemplo de manipulação simbólica de estatutos legais, uma vez que não lhe foram definidos os meios materiais — financeiros e outros — de operação efetiva. (Santos, 1987, p. 31)

Se a regulação do trabalho era restrita, a repressão, entretanto, permanece universal. Ela atinge, nas suas diversas formas, a parcela da população que não tem acesso à cidadania regulada, ou seja, o contingente de trabalhadores rurais, ainda significativo no período em questão,[2] mas também parte dos trabalhadores urbanos "informais". Pode-se definir a "informalidade" (ou subemprego, como preferem alguns autores) nas relações de trabalho como um tipo de inserção laboral sem vínculos formais e/ou aqueles que não possuem registros em carteira de trabalho, agregando, nesses termos, os trabalhadores autônomos e outras ocupações, cuja renda média auferida não ultrapassa o salário mínimo legal.[3]

Para esse contingente populacional, a repressão funciona, predominantemente, por meio da sutileza das estruturas do mandonismo local e do assistencialismo, medidas "preventivas" em relação às possibilidades de sua organização. Já o núcleo de trabalhadores enquadrados no regime de trabalho instituído após 1930 é atingido por essa "face" da repressão, mas, também por duas outras, igualmente reconhecidas pela literatura, conforme sistematizado até aqui. A primeira é policial *strictu sensu* manifestada, por exemplo, na cassação, tortura e expulsão do país de militantes estrangeiros durante o Estado Novo; nos períodos de ilegalidade a que foi submetida a existência do Partido Comunista, inclusive sob o regime democrático, entre outras. A segunda, no teor corporativo da legislação do trabalho que funcionou repressivamente quanto às potencialidades organizativas das classes trabalhadoras.

> Por força do corporativismo, no que tange ao direito sindical, os sindicatos foram fragilizados, controlados pelo Estado em todos os seus aspectos, as representações dos trabalhadores por local de trabalho — permitidas via nego-

---

2. Em 1935, segundo dados do IBGE, dos 11.888.000 trabalhadores do país, 8.860.000 estavam nos ramos da agricultura, pecuária e indústria rural. *O trabalho no século XX.* Disponível em: <http://www.ibge.gov.br/>. Acesso em: 29 abr. 2007.

3. Desde esse período e determinada, contemporaneamente, pelos influxos da crise capitalista, a informalidade do trabalho só se agrava no Brasil. De acordo com Coriat e Saboia (apud Ferreira, 1993), "caso se considerem os assalariados sem carteira de trabalho, os trabalhadores independentes e aqueles não remunerados como típicos do setor informal, constata-se que perfazem quase 2/3 da população ativa do país, praticamente a totalidade na agricultura, a metade nas regiões urbanas e 45% da população ativa do Estado de São Paulo. Portanto, o setor informal aparece como sendo importante mesmo nos centros desenvolvidos do Brasil" (p. 19).

ciação coletiva não foram regulamentadas em lei — além de naturalmente restringidas em decorrência da debilidade sindical — foram aniquiladas em função da estrutura do processo de negociação e da solução jurisdicional obrigatória dos conflitos coletivos de trabalho, e o direito de greve regulado de forma restritiva. (Neto, 1996, p. 338)

Resta sinalizar que a repressão e os traços antidemocráticos predominantes no trato da "questão social" no Brasil *não possuem apenas determinantes endógenos*, referidos à cultura política das classes sociais. *Eles remetem, exogenamente, às engrenagens do processo de acumulação internacional de capital, ao possibilitar baixos níveis de organização política e altos níveis exploração do trabalho.* Uma vez que a maior parte dos trabalhadores brasileiros desse período não se enquadra no regime de trabalho em questão, isso significou manter fora do alcance da regulação estatal a parcela de trabalhadores responsável pela agroexportação, setor da economia que responde pela parte mais significativa da balança comercial brasileira até esse momento (cf. Cap. 3).

Nem é preciso enfatizar o quanto esse processo reflete a "modernização conservadora", interessando aos latifundiários, mas, também, ao imperialismo que tinha no *baixo custo do trabalho um fator de garantia dos baixos preços das mercadorias brasileiras*. Outro aspecto evidente é a centralidade da ação estatal, pela profunda intervenção na legislação promulgada, definindo inclusive, o seu grau de abrangência em consonância com os interesses das tendências sempre presentes de "revolução passiva".

A reprodução das segmentações entre trabalho rural e urbano e entre trabalho formal e informal implica considerar, portanto, que, se fazendo nos marcos da "cidadania regulada", *o regime de trabalho brasileiro possui particularidades em face do padrão capitalista do período. Enquanto mundialmente se consolidam as políticas keynesianas associadas aos mecanismos de negociação coletiva, o Brasil distava muito desse processo.* Tivemos uma regulação do trabalho que, embora essencial para moldar a subjetividade das classes trabalhadoras até os dias atuais, não possibilitou uma reversão do padrão histórico de exploração do trabalho pelo capital.

Aqui, mesmo quando a "questão social" passa a "caso de política", as repostas que lhe são formuladas têm na repressão (em suas diferenciadas "faces") um componente predominante, demonstrando como o nível da formação social é essencial para particularizar as leis universais do modo de produção capitalista. Em outras palavras, pode-se dizer que, mesmo quando o Brasil se aproxima, na segunda fase da "industrialização pesada", da tecnologia da segunda Revolução Industrial, a "ausência" de suas revoluções preliminares, no plano político e cultural, mantiveram as relações entre capital e trabalho distantes dessa modernização, que tem na democracia um importante componente civilizacional. Nesse sentido é que as expressões da "questão social" no Brasil preservaram traços incompatíveis com o regime de acumulação fordista e sua norma salarial, conforme se verá a seguir.

4.2 As relações capital x trabalho no Brasil na segunda fase da industrialização pesada

O desenvolvimento do capitalismo no período que estou denominando como segunda fase da "industrialização pesada", ou seja, após 1964, altera significativamente o panorama do mercado de trabalho no Brasil. Evidente que o desenvolvimento da "industrialização pesada" tem como pressuposto importante a chamada "industrialização restringida" e, já nesse momento, o mercado de trabalho brasileiro tem consolidados seus principais marcos regulatórios, como dito anteriormente.

Entretanto, é na "industrialização pesada", especialmente em sua segunda fase, que alguns fatores conjugados vão "dar acabamento", por assim dizer, a tendências que, embora já existentes, ganham magnitude e proporção nacionais. Nesse momento, registra-se o auge de um modelo de desenvolvimento proposto desde JK (Fausto, 1997; Abranches, 1985), possibilitado em face de um contexto internacional favorável às expansões monopolistas dos "trinta anos gloriosos" do capitalismo, somado a uma decisiva intervenção do Estado, regulando os salários, concedendo créditos, isenção de tributos etc.

Mas as razões do "milagre" também constituem a sua vulnerabilidade: a profunda associação com o capital internacional o fez sofrer todas as vicissitudes da crise capitalista desencadeada em meados dos anos 1970. No dizer de Prado Júnior (2004, p. 353), "tal milagre não passou de breve surto de atividades econômicas, condicionado por momentânea e excepcional conjuntura internacional cujo encerramento, como de fato ocorreu, trouxe a degringolada catastrófica do castelo de cartas que se lograva erigir e, por um momento, sustentar".

Um dos traços mais destacados do "milagre econômico" é a sua associação com o aprofundamento da *concentração de renda e das desigualdades regionais*. Muito embora esses dados não costumassem aparecer nos indicadores gerais de crescimento, ufanistamente divulgados pelos governos militares, consolidam-se enquanto determinantes estruturais da "questão social" no Brasil.

> O rápido desenvolvimento da economia brasileira até a década de 1970 em vez de eliminar, reproduziu uma elevada incidência de pobreza. Ao final daquela década, havia no país um quadro de pobreza bastante diferente do verificado no passado. É fato que a pobreza rural persistia, mas tinha adquirido novas formas com o processo de modernização das atividades agrícolas. A pobreza urbana, por sua vez, tornava-se agora um problema nacional, destacando-se a conformação de extensos bolsões de miséria nas metrópoles. A grande diferenciação econômica e social entre as regiões brasileiras associou-se a diferentes situações de pobreza, inclusive nas áreas metropolitanas. Naquelas metrópoles que apresentaram elevado dinamismo econômico, a concentração de renda e o rápido crescimento populacional reforçaram a tendência de ampliação da pobreza. As metrópoles que pouco se beneficiaram do crescimento, reproduzindo uma situação de relativa estagnação econômica, tornaram-se imensos depósitos de população pobre. (Henrique; Dedecca; Baltar, 1996, p. 88)

Amplamente reconhecidas na literatura econômica e sociológica, tanto a concentração de riqueza quanto a desigualdade regional têm, na ação do Estado, uma causalidade comum. O grau de comprometimento do Estado com a "modernização conservadora" pautada nos interesses das elites nacionais responde, em boa parte, pela centralização de incentivos fiscais e investimentos industriais na região Sudeste, especialmente em São Paulo, centro econômico decisivo no país desde o auge da produção cafeeira.

> [...] se pela metade do século [XX], a economia brasileira havia alcançado um certo grau de articulação entre as distintas regiões, por outro a disparidade de níveis regionais de renda havia aumentado notoriamente. Na medida em que o desenvolvimento industrial se sucedia à prosperidade cafeeira, acentuava-se a tendência à concentração regional de renda [...] O processo de industrialização começou no Brasil concomitantemente em todas as regiões.

Foi no Nordeste que se instalaram, após a reforma tarifária de 1844, as primeiras manufaturas têxteis modernas e ainda em 1910 o número de operários têxteis dessa região se assemelhava ao de São Paulo. Entretanto, superada a primeira etapa de ensaios, o processo de industrialização tendeu naturalmente a concentrar-se numa região. A etapa decisiva de concentração ocorreu, aparentemente, durante a primeira guerra mundial, época em que teve lugar a primeira fase de aceleração do desenvolvimento industrial. (Furtado, 1969, p. 249)

Cano (1998), apresentando outra explicação para essas desigualdades, considera que tanto a Primeira quanto a Segunda Guerra Mundial contribuíram, ao contrário, para a integração do mercado nacional e, nesse sentido, retardaram a concentração industrial, mantendo em atividade as indústrias existentes em face da expansão do comércio inter-regional e da impossibilidade de importar equipamentos que renovassem o parque industrial. Localiza, assim, a gênese dessa concentração durante o início da "industrialização pesada", com os correspondentes influxos de modernização tecnológica e, sobretudo, com a diversificação da estrutura produtiva, especialmente no estado de São Paulo. "A partir deste momento seria inexorável a paulatina destruição das indústrias mais antigas do setor de bens de consumo não duráveis da periferia, como foi o caso da indústria têxtil nordestina, por exemplo" (Cano, 1998, p. 288).

O restante das regiões, embora não tenham apresentado estagnação no seu desenvolvimento industrial, reproduziram desníveis que merecem ser ilustrados. De acordo com os Censos de 1919 e de 1970 (apud Cano, 1998) o crescimento médio da indústria no Brasil foi de 7,2%. Enquanto em São Paulo e no centro-oeste registrou-se respectivamente um crescimento de 8,4 e 8,8%, no Nordeste essa média ficou em 5%.

No que diz respeito à produção agropecuária, essa também sofreu influxos da modernização capitalista após 1964, com a formação de complexos agroindustriais, sem que fosse revertida concentração de propriedade. A modernização da agricultura ocorre, entretanto, de maneira seletiva entre as regiões, especialmente no setor de "exportáveis". Ou seja, também na agricultura a desigualdade regional pode ser percebida quando, ainda na década de 1940, "a expansão capitalista e tecnificada do algodão e do açúcar em São Paulo dava mostras cabais de bloqueio aos produtos similares da periferia, principalmente do Nordeste" (Cano, 1998, p. 288).

"QUESTÃO SOCIAL"

Mesmo de modo seletivo, a modernização da agricultura faz crescer o desemprego em diversas regiões em que a dependência da atividade agrícola impôs uma reestruturação das ocupações. Ela esgota, progressivamente, a capacidade de absorção da população nesse setor diante da "modernização conservadora", o que, por sua vez, tem óbvios impactos na situação social da população rural. Henrique, Dedecca e Baltar (1996) chamam a atenção, por exemplo, para as elevadas taxas de mortalidade infantil e o rápido crescimento vegetativo da população rural.

Entre as regiões mais afetadas pela desigualdade regional, o Nordeste, a despeito da SUDENE (Superintendência de Desenvolvimento do Nordeste), continuou tendo seu desenvolvimento impactado pela ausência de reformas estruturais, destacadamente, da reforma agrária, já que sua economia se apoiava basicamente em atividades agrícolas de subsistência.

A transformação da economia do Nordeste numa economia de subsistência tem a ver com a decadência da atividade açucareira, em face da sua alta vulnerabilidade externa desde a época colonial, somada à precária estrutura produtiva, sem melhoramentos técnicos, inclusive com alto nível de desgaste do solo (Furtado, 1969). Essa decadência explica-se, pois, como "um fenômeno secular, muito anterior ao processo de industrialização do sul do país. A causa básica daquela decadência está na incapacidade do sistema para superar as formas de produção e utilização dos recursos estruturados na época colonial" (Idem, p. 70).

Tais reformas, historicamente interditadas pelo grau de comprometimento da ação estatal com o latifúndio, foram, mais uma vez, adiadas durante os governos militares que instituíram a Superintendência do Desenvolvimento da Amazônia (Sudam) e o Banco da Amazônia S/A (Basa) "indicando que o que se deve fazer para ajudar o Nordeste é, paradoxalmente, incentivar a emigração para a Amazônia" (Francisco SÁ apud Ianni, 1986, p. 258).

O *êxodo rural* — predominantemente dirigido no sentido dos centros urbano-industriais — destaca-se, dessa forma, como uma das consequências mais conhecidas desse estilo de desenvolvimento. Apesar de registrado desde os anos 1940 como um dos fatores que impulsionam a rápida urbanização do país, nesse período, cresce tanto em volume quanto em velocidade,[4]

---

4. "Em 1950, 13,8% da população de Minas Gerais e 6% da população nordestina encontravam-se fora dessas regiões; 4% da população do Espírito Santo, 5,9% da população do Rio de Janeiro e 3,9% da

impactando significativamente a estruturação do mercado de trabalho urbano. Ele *é um dos determinantes da reprodução de uma dualidade já conhecida no regime de trabalho brasileiro: a que se expressa entre o emprego formal e o informal, com as repercussões que este último traz em termos de precariedade e "desproteção" social.* Nessa mesma direção e, portanto, reforçando a informalidade/precariedade nas relações de trabalho, há que mencionar ainda a sazonalidade dos empregos agrícolas que, se colocando como um problema estrutural nessas regiões (Souza, 1998), deixa, sistematicamente, uma grande proporção de trabalhadores sem ocupação durante grande parte do ano.

Some-se a isso a conhecida política de "arrocho salarial" — praticada pelos governos militares, enquanto estratégia de política econômica, com amplas repercussões nos diversos níveis da sociabilidade dos trabalhadores, conforme tratarei mais adiante — e teremos um panorama da distorção na distribuição de renda do país. Dados do IBGE mostram que 1% da população ativa mais rica no Brasil concentrava, em 1960, 11,9% da renda. Esse mesmo percentual da população teve sua participação na renda elevada para 14,7% em 1970 e 16,9% em 1980. A situação se agrava se observarmos que os 10% mais ricos concentravam em 39,6% da renda em 1960 e passaram a 50,9% em 1980.

Esses dados sobre a concentração de renda são espantosos, mas, segundo Silva e Miglioli (1998), ainda estão distantes de mensurar a realidade, tendo em vista que *traduzem a distribuição pessoal da renda e não sua distribuição funcional.* Isso porque os salários entram na renda pessoal dos trabalhadores, mas os lucros não são computados como renda pessoal dos capitalistas e, portanto, estão fora das estatísticas tradicionalmente divulgadas sobre a concentração de renda. Assim compreendido, o quadro tende a ser muito mais grave, já que uma

> [...] parcela considerável (presumivelmente mais de 10%) da renda total corresponde a lucros retidos pelas empresas e, portanto, não é computado como renda das pessoas. Obviamente **os lucros não distribuídos pelas empresas pertencem de fato aos empregadores, pois são eles os proprietários delas. Logo, os dados sobre a repartição pessoal, embora já indicando uma concen-**

---

gaúcha também haviam migrado. Em 1970, a saída líquida de migrantes de Minas Gerais já atingia 24,5% da sua população; no Nordeste, a cifra alcançava 14,4%; no Espírito Santo, 10,4% [...]. [De outro lado,] São Paulo recebia um contingente líquido equivalente a 10,8% de sua população" (Cano, 1998, p. 292).

tração da renda em mãos dos empregadores, ainda assim não refletem o verdadeiro grau dessa concentração. (Silva; Miglioli, 1998, p. 185; destaques em negrito meus)

De acordo com os autores, seria importante aumentar o número de estudos que tratam a questão a partir dessa outra angulação, ou seja, a da divisão da renda em salários e lucros, que, na verdade, é determinante da distribuição pessoal. Diria mais: *seria importante pensar a distribuição da renda entre trabalho e capital*, pois, além dos lucros, ainda ficam de fora dessa mensuração as rendas advindas dos juros, que também têm destinação pertencente aos capitalistas. Considerar essa complexidade é importante não só para o conhecimento da questão, mas, sobretudo, para formatar políticas de distribuição de renda, pois, ainda de acordo com os autores, *tomar a concentração de renda pelos aspectos pessoais tende a dissociar o debate acerca de seu enfrentamento em relação às políticas macroeconômicas* remetendo-o à melhoria de "redes de solidariedade"/caridade ou mesmo de certas características da população, como a escolaridade, por exemplo.

Fechado esse parêntese em termos da sua mensuração, o fato é que a concentração de renda e seus fundamentos, derivados da concentração de propriedade, associada ao perfil da intervenção do Estado em termos de medidas de proteção social, produziu assim, indicadores sociais descompassados com o panorama de prosperidade econômica. Destacando o tratamento estatal à "questão social" no período, Santos (1987, p. 89) considera que permanece a noção de cidadania apartada de qualquer vestígio de universalidade, chamando, entretanto, atenção para o fato de que

os períodos em que se podem observar efetivos progressos na legislação social coincidem com a existência de governos autoritários. Os dois períodos notáveis da política social brasileira identificam-se, sem dúvida, ao governo revolucionário de Vargas e à década pós-1966. [...] No primeiro momento, caracterizou-se a relação entre o poder e o público pela extensão da cidadania regulada. Caracteriza-se o segundo pelo recesso da cidadania política, isto é, pelo não reconhecimento do direito ou da capacidade da sociedade governar-se a si própria. E isto se reflete em todos os níveis, inclusive nas instituições de política social [...]. Burocraticamente administrados, sem controle público, e, particularmente, sem a participação de representantes dos beneficiários desses fundos, desenrola-se a política social brasileira, como todas as demais políticas, em um contexto de cidadania em recesso.

O mesmo autor afirma que, nesse período, marcado pelo arrocho salarial e a insuficiente intervenção estatal nas áreas de saúde, educação e saneamento, aumenta a demanda pelas políticas sociais compensatórias, cuja função está predominantemente voltada a atenuar situações emergenciais.

Importante ação nesse sentido foi a criação do INPS (Instituto Nacional de Previdência Social), em 1966, que, além de centralizar na burocracia estatal os recursos e a administração dos serviços, os unificou, permitindo uma maior racionalidade e equidade na distribuição dos mesmos. Entretanto,

> a permanência da vinculação de benefícios outros que não médicos (aposentadorias, pensões, pecúlios) à contribuição passada mantém o caráter contratual do sistema e reproduz, ao nível das compensações, a estratificação produzida pelo processo de acumulação. Se se pode concluir, portanto, que a prestação de serviços médicos previdenciários traz inegáveis efeitos redistributivos (e não apenas compensatórios), o pagamento de benefícios monetários proporcionais à contribuição pretérita de cada segurado consagra a estratificação de renda. (Santos, 1987, p. 81)

Apesar da manutenção, na maior parte da rede de proteção social, da lógica contributiva, institui-se em 1971 uma resposta redistributiva voltada ao atendimento das expressões da "questão social" no meio rural. Trata-se do Funrural (Fundo de Assistência e Previdência do Trabalhador Rural), cujo financiamento advém da tributação de empresas da área urbana (que repassam o valor da tributação aos consumidores dos produtos) e não diretamente do beneficiário, como os demais direitos previdenciários. Isso significa que esse Fundo acaba por transferir renda das áreas urbanas para as rurais.[5] Para Santos (1987, p. 85), no entanto, mais importante que o seu teor redistributivo é a fissura que o Funrural provoca na noção restrita de cidadania.

---

5. "Sabe-se que as aposentadorias e pensões representam parte significativa da renda das famílias rurais, especialmente na Região Nordeste. [...] representa fonte de subsistência apreciável para famílias rurais, cuja sobrevivência socioeconômica estaria fortemente comprometida, a depender do desempenho específico da política agrícola no período. Segundo Delgado e Cardoso (2000): 'os estados da região nordeste apresentam os mais altos índices de cobertura da população de idosos e inválidos. As aposentadorias desses grupos correspondem hoje, nos estados do Nordeste, a um componente da renda domiciliar da maior relevância, não apenas como seguro social, como também enquanto vetor para a sustentação da renda rural. Como proporção desta, a renda dos inativos rurais representa hoje entre um terço a 50% do fluxo total de rendimentos familiares no meio rural'" (Belik et al., 2003, p. 183-184).

"QUESTÃO SOCIAL"

Rompendo com o conceito de cidadania regulada e com a noção contratual de direitos sociais, o Funrural finca na existência do trabalho, contribuição social básica, a origem da pauta de direitos sociais igualmente básicos. [...] É no Funrural que o conceito de proteção social, por motivos de cidadania, sendo esta definida em decorrência da contribuição de cada cidadão à sociedade como um todo via trabalho, é mais integrado e complexo. [Trata-se da distribuição de serviços ou benefícios] [...] em razão de carências que se geram ao longo da participação do trabalhador no processo produtivo, ou quando dele já não pode mais participar. Trata-se de promover direitos que são direitos do trabalho, simplesmente.

Outro aspecto importante das políticas sociais do período autoritário e enfatizado por Abranches (1985) é a sua implementação pela burocracia estatal crescente, conjugada a graus elevados de privatização. Esta última assume várias facetas, sendo a mais conhecida delas a transferência direta ou indireta da prestação de serviços para o setor privado, notabilizada especialmente na área de saúde,[6] em que a expansão do atendimento médico, vinculado ao INPS, ocorre num quadro de estagnação de investimentos públicos na infraestrutura dos hospitais.

Ocorre então que, apesar de algumas fissuras na lógica da "cidadania regulada", o padrão de intervenção estatal na formulação de políticas sociais como respostas à "questão social" deixava clara a *manutenção das linhas gerais do "marco regulatório" estabelecido até a primeira fase da "industrialização pesada".* Isso representou, concretamente, *em termos da relação capital-trabalho, um retrocesso*, se considerarmos não apenas o contexto da "cidadania em recesso", que acentuou *o caráter repressivo* dessas respostas, suprimindo direitos políticos e civis e *inviabilizando parte das condições vitais para a expressão das lutas de classe*. Representou um retrocesso, sobretudo, porque *a "cidadania regulada" tornava-se anacrônica ao panorama socioeconômico que emergiu daquele modelo de desenvolvimento*. Não obstante a ampliação do emprego formal, registrada pelo crescimento das atividades industriais e do setor público, com seus

---

6. Outro exemplo citado por Abranches (1985) em termos da privatização das políticas sociais reside nas ações do BNH (Banco Nacional de Habitação) que, por ser um banco, teve seus critérios dominantes instituídos pela lógica do mercado, além de transferir a execução concreta das obras para o setor privado, apesar de operar financiado pelo FGTS (Fundo de Garantia por Tempo de Serviço). A importância e funcionalidade do FGTS para a estruturação do regime de trabalho no Brasil, entretanto, será retomada adiante.

reflexos nos demais setores da economia, *continuava a se reproduzir, concomitantemente, um padrão de integração ao mercado de trabalho que se manteve pautado na informalidade e precariedade* e, portanto, nas altas taxas de rotatividade da mão de obra.

> Ao final desse processo de desenvolvimento, havia uma parcela ponderável de trabalhadores por conta própria e de assalariados em ocupações que não apresentavam um mínimo de continuidade e regularidade. Essa configuração de ocupações esteve estreitamente vinculada à manutenção do perfil desigual de distribuição de renda. [...]
>
> Não se estabeleceram assim as condições necessárias para deflagrar interações favoráveis à elevação do poder de compra dos salários no âmbito da dinâmica do mercado de trabalho propriamente dito. Isso também não ocorreu por meio das instituições que regulam as relações de trabalho.
>
> O período dos governos militares [...] foi particularmente desfavorável ao aumento generalizado dos salários. Destacaram-se, em especial, a violência da repressão contra os sindicatos e os partidos políticos e a execução de uma política de arrocho dos salários de base. [...]
>
> O baixo nível de renda monetária auferido pela maioria expressiva da população condicionou fortemente sua adaptação às condições de vida urbana. Essa adaptação foi ainda mais difícil e resultou em enormes carências sociais, em razão do crescimento acelerado das cidades e da ausência de um ordenamento mínimo do processo de expansão urbana e da garantia de infraestrutura social básica pelo Estado. (Henrique; Dedecca; Baltar, 1996, p. 89-90)

Portanto, ao afirmar que se verifica uma espécie de "anacronia" da cidadania regulada em relação às características do padrão de desenvolvimento estimulado com a "industrialização pesada", refiro-me à *flexibilidade e precariedade do regime de trabalho e das ocupações que se tornam, a partir de então, marcas acentuadas da "questão social" no Brasil*. A anacronia reside no fato de que o regime de acumulação fordista clássico tem na superação dessas marcas, através das negociações coletivas com transferência dos ganhos de produtividade e estabilidade no emprego, algumas de suas características mais importantes que, associadas ao modo de regulação keynesiano, formataram a norma de consumo em massa, que alimentava a produção em massa. Quanto ao capitalismo brasileiro, mais uma vez, não estão presentes as características clássicas, neste caso, do fordismo/keynesianismo. Tratarei de aprofundar esse debate na sequência da argumentação.

4.2.1 Flexibilidade e precariedade do regime de trabalho no "fordismo à brasileira"

Venho insistindo que é preciso pensar como os movimentos universais do modo de produção capitalista se traduzem, concretamente, no nível das formações sociais particulares, para que se tenham condições de captar a diferencialidade nas expressões da "questão social" em cada contexto, importando-me, no presente trabalho, a realidade brasileira. Tal premissa é válida para dimensionar, no caso do regime de trabalho brasileiro, o quanto se tornam pouco aproximativas da realidade certas análises que, ao considerarem as linhas gerais do fordismo, as tomam como parâmetros para enquadrar a dinâmica da acumulação no Brasil durante a "industrialização pesada". Esse mesmo equívoco se reproduz em análises sobre a acumulação flexível, incapazes de apanhar a flexibilidade como um componente estrutural do regime de trabalho no Brasil.

A expansão do fordismo está associada aos "anos de ouro" do capitalismo nos países centrais. Acompanhado de uma revolução no nível das forças produtivas, o crescimento econômico, a partir desse modo de acumulação, teve também parte de sua sustentação numa considerável reestruturação das relações de produção. Os anos de 1950 e 1960, especialmente a Europa e os Estados Unidos, caracterizam-se, em termos das relações entre capital e trabalho, por um alto grau de regulação estatal, que esteve no centro de uma política econômica pautada pela manutenção do pleno emprego.

Do ponto de vista da acumulação, a política de pleno emprego se explica pela elevação da produtividade, que impunha o crescimento, nas mesmas proporções, do mercado consumidor, para o qual era essencial, por sua vez, o crescimento do nível do emprego e do assalariamento. Diante dessa necessidade de massificação do consumo como consequência da produção em massa, foi possível um expressivo fortalecimento do papel dos sindicatos, através das negociações coletivas, obtendo ganhos históricos substantivos para a classe trabalhadora, como foi o caso dos aumentos salariais associados à elevação da produtividade. Em linhas gerais, tal era a "norma salarial fordista", complementada essencialmente pela ampliação da proteção social, nas suas diferenciadas formas de financiamento,[7] sob o chamado "Estado Social".

Mais que uma elevação da participação dos salários na economia, no contexto da presente argumentação importa salientar duas características que emergem com esse padrão produtivo. A primeira trata do fortalecimento do caráter coletivo das contratações e das demandas trabalhistas, personificado pelo reconhecimento das negociações coletivas. Seu suposto era a organização autônoma dos trabalhadores, com forte presença nos locais de trabalho e o seu reconhecimento como interlocutores em negociações setoriais e/ou por empresa. Esse instrumento de regulação do trabalho possibilitou, através da coletivização dos conflitos trabalhistas, maior poder de interferência aos trabalhadores, representados pelos sindicatos, sobre as relações de trabalho em geral. Isso inclui "o processo de admissão de novos trabalhadores, determinação da jornada de trabalho, fixação de padrões salariais gradativamente mais uniformes, introdução de novas tecnologias, alteração do processo produtivo e efetivação de demissões" (Neto, 1996, p. 331).

A segunda característica referida remete à massificação da estabilidade no emprego, decorrente das diretrizes gerais do próprio modo de acumulação, que fomenta o consumo em massa. Fundamental para entender, inclusive, as demais conquistas trabalhistas no contexto do fordismo clássico, a estabilidade dos trabalhadores no emprego foi conquistada com base na característica, há pouco tangenciada, do caráter coletivo das negociações. Obviamente assegurada por um elevado crescimento econômico e das taxas de mais-valia, a regulação das relações de trabalho tinha na democracia e, portanto, na vigência das condições cívicas e políticas para a organização dos trabalhadores, um suposto fundamental. *Tratou-se de um contexto único, onde um conjunto de fatores associados possibilitou um avanço civilizacional nas relações entre capital e trabalho que tem na estabilidade do emprego um dos seus ícones, duramente atacado quando da crise desse regime de acumulação.*

---

7. Refiro-me aqui às diferenças entre o regime de contribuição bismarkiano (cujo financiamento é baseado na lógica contributiva do seguro social) e beveridgiano (portador da lógica da seguridade social, de caráter universal e com financiamento público). Sobre isso ver, especialmente, o capítulo 3 de Behring e Boschetti (2006).

O que desejo sublinhar, portanto, é que a discussão contemporânea da flexibilização do trabalho, diante do regime de acumulação flexível, tem o seu sentido marcado por esse contexto, rapidamente sumariado, de avanços nos direitos trabalhistas. Ou seja, é uma discussão cujo suposto é, sem dúvida, a estabilidade do emprego alcançada com o regime das negociações coletivas, tipicamente fordista, e só nesse contexto ela tem alguma lógica. *No caso do Brasil*, penso que esse debate, mais uma vez "transplantado", conforme diria Sodré (1990), deve ter em conta que *não houve estabilidade no emprego durante a vigência do "fordismo à brasileira" e sim flexibilidade e precariedade na estrutura de ocupações*. Estou me referindo, obviamente, ao panorama do setor privado já que no serviço público a estabilidade permaneceu vigente.

> **No Brasil**, dadas as características de um desenvolvimento tardio e apenas esporadicamente democrático, **o fordismo não foi acompanhado das garantias sociais que, nos países desenvolvidos, permitiram a irradiação dos ganhos de produtividade ao conjunto da população**. [...] Com as restrições à organização sindical e à liberdade política impostas pelo regime militar, a industrialização brasileira pós-1964 caracterizou-se por uma perversa combinação entre excepcionais taxas de crescimento econômico e de exclusão social.

> Sob uma legislação autoritária e repressiva, que privilegiou os regimes de contratos individuais de trabalho (em detrimento dos contratos coletivos) e sufocou as atividades dos sindicatos, nossa industrialização foi acompanhada por uma acentuada flexibilidade do mercado de trabalho, expressa pelas altas taxas de rotatividade no emprego. Em uma **análise retrospectiva do desenvolvimento das relações de trabalho no Brasil, observa-se que a flexibilidade é crescente, principalmente a partir dos anos de regime militar**. (Manzano, 1996, p. 255; destaques em negrito meus)

De acordo com o exposto, o quadro político-institucional que emergiu no pós-1964 destaca-se, em particular, enquanto determinante central da precariedade e flexibilidade do regime de trabalho no Brasil. Apesar dessas características — expressas, por exemplo, no acentuado grau de informalidade que se reproduziu nos marcos da "cidadania regulada" desde os anos 1940 — terem uma existência anterior, é praticamente um consenso na literatura que a repressão política e sindical que se sucedeu o golpe militar de 1964 institui novas mediações na sua reprodução, implicando no seu redimensionamento quantitativo e também qualitativo. A longa citação que segue ilustra, um a um, os principais fatores que estão na gênese das novas mediações aludidas.

> A nova situação política [pós-1964] mostrou-se de importância decisiva na implantação do atual regime de trabalho no Brasil. Em primeiro lugar, levou a uma **rígida repressão da atividade sindical e política**, justamente no momento de consolidação da estrutura econômica que se começou a montar em meados dos anos 30. Por esse motivo, não se desenvolveu o movimento sindical no país, neste período de retomada do crescimento econômico, quando talvez fosse possível uma resposta mais adequada às reivindicações em termos de condições de trabalho e distribuição de renda. Em segundo lugar, **o governo militar abandonou completamente a tentativa prévia a 1964 de manutenção e eventual elevação do salário mínimo legal.** [...] Em terceiro lugar, **o governo impôs uma política de contenção dos salários dos funcionários públicos e dos empregados do setor privado, que foi parte importante do esforço para controlar a inflação** e que ajudou a diminuir a participação dos salários na renda agregada nacional. Em quarto lugar, [...] **o governo substituiu o instituto da estabilidade no emprego pelo Fundo de Garantia pelo Tempo de Serviço (FGTS), que facilitou a rotatividade da mão de obra não qualificada.** (Proni; Baltar, 1996, p. 116; destaques em negrito meus)

Vejamos, com mais detalhes, cada um desses fatores. A ideia é explicitar suas conexões com a hipótese aqui sustentada de que a flexibilidade e a precariedade do regime de trabalho no Brasil se reproduzem mais intensivamente sob as condições instauradas no "fordismo à brasileira", conformando uma particularidade decisiva na caracterização do desemprego como expressão da "questão social" no Brasil.

Já mencionei como a análise de Fernandes (2006) sobre a Revolução Burguesa no Brasil enfatiza que seu formato foi consequência da heteronomia da burguesia nacional, aprofundada numa estratégica "contrarrevolução preventiva" (cf. Cap. 3). Não perder de vista esse argumento é fundamental, posto que o predomínio da "segurança nacional", a partir desse momento, passa a ser absoluto, implicando nas mais graves supressões de direitos civis e políticos.

Quanto ao sindicalismo, com efeito — e não é preciso que me estenda nessa passagem, dado o número de densas análises disponíveis a respeito — o completo agigantamento do Poder Executivo atuou sistematicamente no sentido de enfraquecê-lo. *Ao contrário do que aconteceu no fordismo clássico, a ausência de democracia no caso brasileiro inviabilizou o reconhecimento da interlocução com o movimento sindical.* Aqui, esse interlocutor fundamental nas conquistas trabalhistas do fordismo clássico não teve possibilidades de organização autônoma durante boa parte de sua existência, em decorrência do corporativismo que estruturou a legislação trabalhista e que foi mantido, obviamente com menores graus de intervenção estatal, mesmo durante o curto período democrático (1945-64). Nos períodos de ditadura, e especialmente no pós-1964, essa intervenção se acentuou de tal modo que, somada à repressão *stricto sensu*, formava parte substantiva das estratégias para a manutenção da "paz social", requisito fundamental da "segurança nacional", como lembra Ianni (1986). Essas diretrizes da ditadura quanto ao sindicalismo, no entanto, não foram capazes de frear a contradição reproduzida em seu interior e que foi fundamental para a força com que o sindicalismo brasileiro atravessou os anos 1980, como será dito a seguir (Cap. 5):

> Se por um lado o regime militar perseguiu e desarticulou o movimento sindical, por outro, aprofundou a industrialização e a urbanização, assalariou e *modernizou* o campo, expulsando seus trabalhadores, expandiu o aparelho estatal e os serviços, assegurando novas e ampliadas bases urbanas e rurais, industriais e de classe média para um amplo movimento sindical em escala nacional. (Mattoso, 1995, p. 133; grifo do autor)

Ianni (1986) ressalta que o intervencionismo estatal, durante esse período, atuou objetivando uma profunda e abrangente reformulação do sindicalismo brasileiro. A preocupação foi de criar um padrão de organização sindical que apagasse qualquer vestígio do "populismo sindical", e reforçasse a burocratização da organização e liderança sindicais, acentuando suas dimensões assistencial e recreativa. Ademais, tal reformulação tinha profundas conexões com outras medidas ortodoxas de política econômica, adotadas para gerar as "condições econômicas" da "segurança nacional".

Uma das medidas mais decisivas nesse sentido foi *a centralização, no âmbito do Executivo, da definição dos percentuais de aumento do salário mínimo, através de cálculos aparentemente "técnicos", eliminando a interferência sindical no plano das reivindicações salariais.* Os reajustes, obviamente, se faziam muito lentamente e nunca acompanhavam a dinâmica econômica real, o que fez essa política ficar conhecida como política de "arrocho salarial". Segundo Ferreira (1993), pode-se mensurar seus efeitos através da queda do valor real do salário mínimo: em 1980 correspondia a 50% do valor que possuía efetivamente em 1950.

> Esse processo de rebaixamento do piso salarial da indústria verificou-se juntamente com uma crescente diferenciação dos salários. De fato, os salários médios cresceram mais do que os baixos e os altos mais do que os médios, abrindo-se assim o leque de salários.
>
> Este processo de crescente disparidade salarial certamente contribuiu para a concentração de renda verificada durante as décadas de 60 e 70 no Brasil. (Souza, 1998, p. 170-172)

Centralizou-se, enfim, no aparato do Executivo, a arbitragem dos reajustes salariais das categorias profissionais em geral, esvaziando com isso a Justiça do Trabalho e reforçando, no dizer de Santos, a "cidadania regulada", que passa a incluir, a partir de então, "entre as dimensões reguladas, não apenas a profissão, mas o próprio salário a ser auferido pela profissão, independentemente das forças do mercado" (1987, p. 79).

A responsabilidade pela formatação dos reajustes ficava a cargo do Conselho Nacional de Política Salarial, do Conselho Nacional de Economia e o Conselho Monetário Nacional, e sua composição tecnocrática (Ianni, 1986). O governo alcançava, desse modo, dois de seus objetivos de uma só vez: ao tempo em que despolitizava as relações entre capital e trabalho, enfraquecendo um dos eixos centrais da ação sindical, controlava a inflação e as condições macroeconômicas, mantendo-as atrativas aos investimentos estrangeiros. Quanto a este segundo objetivo, Ianni (1986, p. 278-279) explicita que o "arrocho salarial" estabeleceu

> o controle dos salários de tal forma que a inflação voltou a desempenhar o papel de técnica de poupança monetária forçada. Assim, a política salarial passou a exercer a mesma função de uma política de "confisco salarial". Devido à lentidão com que se elevavam os níveis de salário mínimo, relativamente à elevação dos preços e da produtividade, a contenção dos salários funcionou como uma técnica de confisco. Ou melhor, a política salarial do governo favoreceu a concentração de renda, provocando a pauperização relativa das classes assalariadas, em geral, e a pauperização absoluta de uma parte do proletariado.
>
> Esse foi o preço econômico que os assalariados, em geral, e o proletariado, em particular, foram obrigados a pagar, para o controle da inflação e em favor da concentração de renda, isto é, da reprodução do capital.

Essa política de confisco salarial, entretanto, não foi a única das medidas operadas pela ditadura no sentido de elevar a taxa de acumulação. Houve também uma *importante alteração dos direitos trabalhistas instituídos nos anos 1930 com a supressão da lei da estabilidade.* Muito embora com efeitos restritos apenas àqueles que cumpriam os requisitos da cidadania regulada, a estabilidade conferida aos trabalhadores a partir de dez anos de serviço prestado era considerada, de acordo com Vianna (1978), um obstáculo ao padrão de exploração da força de trabalho e, consequentemente, de acumulação. Ela seria responsável, juntamente com o sistema de indenização por tempo de serviço, por uma "rigidez contratual nas relações de trabalho", que diminuía consideravelmente as possibilidades de mobilidade das empresas na dinâmica econômica.

Em seu lugar, aparece, em 1967, *o Fundo de Garantia do Tempo de Serviço (FGTS),* uma verdadeira unanimidade entre os analistas no que se refere às vantagens para os empresários e perdas para os trabalhadores. O FGTS funciona através de um desconto em folha que arrecada previamente uma espécie de "poupança forçada", devida como garantia — sob forma de indenização equivalente ao salário de um mês de serviço para cada ano no emprego — ao trabalhador demitido sem justa causa (e com menos de dez anos no emprego). No caso de trabalhadores com mais de dez anos de serviço, diz a lei que a demissão só poderia ocorrer em caso de falta grave, ou por motivo de força maior devidamente comprovado, o que não necessariamente tem vigência real. Primeiramente porque se fazem "acordos" informais entre patrões e empregados que possibilitam burlá-la. Em segundo lugar, porque diante da alta rotatividade da mão de obra no Brasil, poucos são os casos de trabalhadores que alcançam esse tempo de serviço em um único vínculo.

Ressalte-se que além de estar longe de substituir as vantagens da estabilidade enquanto garantia de renda, o FGTS também é manipulado pelos governos em prol do capital, sob a forma de vários investimentos, por consistir num volume significativo de recursos a prazos bastante largos. Conhecidíssima é a vinculação deste fundo ao beneficiamento da construção civil, com o sistema do Banco Nacional de Habitação (BNH) e os atuais financiamentos da "casa própria" através dos bancos públicos. Outro exemplo de utilização atual desses recursos é o previsto no PAC (Plano de Aceleração do Crescimento).

O Programa prevê cerca de R$ 504 bilhões para os próximos quatro anos em transportes, saneamento, habitação e recursos hídricos, R$ 68 bilhões dos quais virão da União e cerca de R$ 436 bilhões, de recursos privados e das estatais, sendo que se prevê que boa parte virá da poupança dos trabalhadores depositada compulsoriamente pelo FGTS a fundo perdido. (Braz, 2007, p. 56)

Este é *um dos mecanismos centrais e determinantes do aumento da flexibilidade e precariedade do regime de trabalho no Brasil*, uma vez que *eliminando o estatuto da estabilidade, possibilitou aos empregadores uma ampla margem para redução de custos com o fator trabalho*. Tanto assim que, de acordo com Dedecca e Baltar (1992), a participação dos salários no produto industrial, nesse contexto, adquire uma tendência regressiva: em 1970, era de 23,1%, em 1980 passa a 17,6%.

A manutenção de um fluxo permanente de demissões e contratações, ou seja, de uma política permanente de substituição dos trabalhadores, os quais não conseguem, na sua maioria, ultrapassar os anos iniciais da carreira, reduz, primeiramente, os custos de seleção prévia à contratação, dada a facilidade de dispensa no período de experiência. Em segundo lugar, reduz os custos do passivo trabalhista, que aumentam na proporção em que cresce o tempo de serviço dos trabalhadores na empresa.

Assim sendo, as demissões, no que pese o custo da indenização de dispensa sem justa causa, atuaram como um mecanismo para rebaixamento dos salários, preservando, obviamente, os limites da produtividade. Evidencia-se, dessa forma, que o custo de um empregado com estabilidade é consideravelmente maior com o passar dos anos, pela dificuldade em demiti-lo e pelos direitos processualmente adquiridos na carreira; já quando lança mão da rotatividade, o empregador pode manter sempre baixo o patamar salarial de seus empregados, que são dispensados a baixo custo, antes de se tornarem "caros" para o processo de acumulação. Um outro fator precisa ser considerado como facilitador dessa ampla liberdade na contratação, uso e dispensa dos trabalhadores: "o tipo e mão de obra demandado, já que os novos setores de produção de bens e de prestação de serviços não requisitavam maior qualificação do trabalhador" (Proni; Baltar, 1996, p. 117).

Quanto a isso cabe mencionar que a defasagem de pessoal foi sendo acobertada, pelas empresas, através da intensificação da exploração, sob o expediente das horas extraordinárias, com ampla aceitação dos trabalhadores, pressionados pelo baixo poder aquisitivo dos salários com que eram remunerados.

A desvalorização dos empregos instáveis, sem requisitos mínimos de instrução, foi acentuada pelo baixo valor que atingiu o salário mínimo legal no país. Porém, ela reflete basicamente a extrema facilidade com que são contratados e demitidos os trabalhadores na versão brasileira do fordismo, que não conduziu a uma maior estruturação das relações de trabalho — o que exigiria uma organização sindical forte, com peso no local de trabalho.

Deste modo, a instabilidade dos empregos, a falta de especialização dos trabalhadores e o baixo nível dos salários são aspectos inter-relacionados (e que se reforçam mutuamente) de um regime fluido de relações de trabalho, que se notabiliza pelo livre-arbítrio de empregadores, produto da ausência de uma regulação coletiva do uso e remuneração da mão de obra. (Proni; Baltar, 1996, p. 118-119)

Com a extinção da estabilidade no emprego, Silva (apud Ferreira, 1993, p. 20) afirma que nos anos 1970, as taxas de rotatividade do trabalho dobraram em relação aos anos 1960, fato que se impõe na configuração do mercado de trabalho brasileiro, não obstante sua regulação sob a extensa legislação, formatada na CLT. Isso significa dizer que o detalhamento de direitos e deveres de empregados e empregadores, estabelecido legalmente, na medida em que não garante estabilidade no emprego, acaba por ter pouca validade diante da alta rotatividade dos trabalhadores em seus vínculos. Essa mesma legislação, pelo enquadramento corporativo da estrutura sindical, obstaculiza o sindicalismo autônomo, pré-requisito para a consolidação das práticas de contratação e negociação coletiva, de modo que os direitos do trabalhador, por ela assegurados, não impediram o uso flexível da mão de obra pelas empresas.

Em decorrência disso, pode-se imaginar, pensando na caracterização do fordismo clássico, que fatores como os baixos salários e a instabilidade no emprego constituíssem dificuldades para a realização das taxas de mais-valia, em virtude da instabilidade do consumo. Bem ao contrário, *esse padrão de exploração da força de trabalho tão diferente do fordismo clássico, muito embora fosse dele um desdobramento, não foi impeditivo para o aumento da produtividade industrial.* Isso se explica pela constituição do *"consumo de massas restrito"* (Mattoso, 1995) como uma das mais significativas diferenças entre o padrão produtivo fordista mundial e o brasileiro. Esse conceito de Mattoso ressalta que "ao contrário do que ocorreu nos países europeus, no Brasil o padrão de produção baseado no setor de bens de consumo duráveis consolidou-se com baixos salários, elevada dispersão e sem distribuição de renda" (Idem, p. 130).

As condições políticas que viabilizaram a norma fordista de consumo em massa nos países cêntricos diferiam completamente da realidade do "fordismo à brasileira".[8] A intensa repressão sindical, as reformulações na legislação trabalhista, no sentido da flexibilidade, e as diretrizes de política econômica traduzidas no "arrocho salarial" compunham um panorama que, conforme vem sendo indicado aqui reduz, consideravelmente, a participação dos salários na renda nacional acentuando sua já elevada concentração. É, portanto, para esse mercado consumidor, restrito quantitativamente, que se volta à produção dos bens de consumo duráveis que caracterizou o "fordismo à brasileira".

> Esta constitui, efetivamente, uma das principais diferenças entre o caso brasileiro e o fordismo dos países do centro. Como foi assinalado, o desenvolvimento capitalista do pós-guerra naqueles países gerou um amplo processo de massificação do consumo, enquanto que no Brasil tal processo teve caráter bastante restrito. Quando são buscadas as razões que explicam tal situação, aponta-se de imediato para o fato de que a norma salarial fordista nunca foi dominante no país. Com efeito, ao se contemplar a evolução dos salários ao longo do tempo — e deixando, portanto, de lado as diferenças, por vezes substanciais, de comportamento dos salários nas diferentes fases de desenvolvimento da economia brasileira — constata-se que, de um modo geral (ou seja, considerando-se a grande massa dos trabalhadores e abstraindo-se os diferenciais entre categorias ou níveis de qualificação), não se registrou transferência dos ganhos de produtividade para os salários, e mesmo a indexação em relação à

---

8. Em perfeita consonância com os interesses das elites nacionais, os interesses imperialistas impuseram ao Brasil o desenvolvimento do fordismo de forma incompleta e precária, um "fordismo periférico", nos termos de Lipietz (apud Ferreira, 1993, p. 14) que, "tal como o fordismo, está baseado na reunião da acumulação intensiva com o crescimento dos mercados de bens finais. Mas permanece sendo 'periférico', no sentido em que, nos circuitos mundiais dos ramos produtivos, os empregos qualificados (sobretudo no domínio da engenharia) são majoritariamente exteriores a esses países. Além disso, os mercados correspondem a uma combinação específica de consumo local das classes médias, consumo crescente de bens duráveis por parte dos trabalhadores e de exportação a baixo preço para os capitalismos centrais".

inflação foi imperfeita, provocando uma perda do poder aquisitivo. (Ferreira, 1993, p. 17)

Com base nos dados apresentados por Saboia (1990), verifica-se, durante o "milagre brasileiro", que quando ocorreu o repasse da produtividade aos salários, nas categorias profissionais ligadas à indústria de transformação, esse serviu para acentuar a concentração de renda e as diferenças entre o topo e a base da "pirâmide salarial". Enquanto o salário mínimo apresentava índices negativos — ou seja, perdas em vez de ganhos no período — salários de diretores cresceram, em média, 10% e os ganhos salariais médios de operários não qualificados foi de 1,5%, considerada a produtividade na faixa média de 5% ao ano. Desse modo, o autor conclui que "enquanto os altos ordenados cresceram acima da variação da produtividade, os salários de operários não qualificados e trabalhadores de escritório permaneceram estagnados. A relação entre os ordenados dos diretores e os salários de operários não qualificados cresceu de 15,3 para 22,8 entre 1967 e 1974" (Saboia, 1990, p. 589).

Explicita-se, assim, porque o marco do pós-1964 — identificado como uma segunda fase da "industrialização pesada" — é decisivo na consolidação das particularidades da "questão social" para as quais venho chamando a atenção. Foi acentuando a intervenção do Estado nos rumos da "modernização conservadora" e no contexto da expansão monopolista sob o regime de acumulação fordista, que o capitalismo retardatário brasileiro reafirmou a característica "exclusão" da maioria da população tanto das decisões políticas, quanto dos frutos do crescimento econômico.

Efetivamente, essa tendência pode ser registrada desde a fase da "industrialização restringida", de acordo com Tavares (1998). Entretanto, após 1964 ela adquire outra dimensão com a deliberada política de concentração de renda, viabilizada por meio do regime de exceção que caracterizou a ditadura militar brasileira, impossibilitando que a maioria dos trabalhadores usufruísse de aumentos substanciais no poder de compra dos salários, mesmo quando posicionados em ocupações de elevado nível de produtividade (Mattoso e Baltar, 1996). Conforme já assinalado, essa foi uma das peculiaridades do "fordismo à brasileira", pois, de acordo com Saboia (1990, p. 582) "se, por um lado, a relação salário/produtividade lembra as experiências fordistas dos países desenvolvidos no pós-guerra, a onipresença do Estado na definição dos reajustes salariais em toda a economia é um traço marcante que diferencia a relação salarial no Brasil".

Foi significativo o aumento da participação do setor industrial na estrutura da renda interna no Brasil que passou "[...] de 20% em 1949 para 26% em 1980 [...]. O número de pessoas empregadas no setor secundário praticamente quintuplicou, [crescia cerca de 7,8% ao ano], passando a maioria da PEA a situar-se no setor secundário (24,5%) e terciário (45,7%)" (Mattoso, 1995, p. 123-124). Tais postos de trabalho, especialmente os da indústria de transformação, que, nesse período da industrialização brasileira, permitiram a inserção de grande parte da força de trabalho urbana no quadro da "cidadania regulada", não eliminaram, entretanto, o elevado grau de precariedade do regime de trabalho que, com a criação do FGTS, tem acentuadas suas já características instabilidade e flexibilidade.

Some-se a isso a intensa migração das zonas rurais para as urbanas, provocada também pelas diretrizes da intervenção estatal que fomentaram a modernização agrícola, acentuando a concentração de propriedade e elevando, desproporcionalmente, a disponibilidade de força de trabalho nessas áreas. Além da sua abundância do ponto de vista quantitativo, a baixa escolaridade e qualificação dessa mão de obra não representou impedimento para processo de desenvolvimento (Dedecca, 1998), na medida em que reforçou a tendência à informalidade garantindo mão de obra a baixo custo.

> Por força desses fatores determinantes do perfil institucional e dos fundamentos do direito do trabalho brasileiro, **os efeitos da negociação coletiva de trabalho não se processaram, posto que a mesma inexiste nos seus padrões clássicos** (resultante da ampla liberdade sindical).
>
> Assim, *a característica básica do direito do trabalho brasileiro é a heteronomia e a preponderância da regulamentação do direito individual do trabalho sobre o direito sindical, da intervenção do Estado (que o transforma em protagonista exclusivo das relações de trabalho) sobre a autonomia privada coletiva, da repressão à ação coletiva sobre a regulamentação democrática da atuação dos sindicatos, do número de leis do trabalho sobre a qualidade das mesmas, do unilateralismo do empregador sobre a participação dos trabalhadores, da ausência de mecanismos de controle da entrada e da saída do mercado de trabalho sobre os mecanismos legais e contratuais de limitação [...].*
>
> Nem mesmo os anos de efetivo crescimento econômico foram suficientes para reverter a lógica corporativista do sistema brasileiro de relações de trabalho, e minimamente oferecer garantias de limitação ao poder dos empregadores no

tocante ao ingresso e à saída do mercado de trabalho. Ao contrário, as elevadas taxas de crescimento econômico do final dos anos 60 dinamizaram a criação de empregos, mas com baixos salários. (Neto, 1996, p. 337; destaques em grifos no original e em negrito meus)

4.3 Flexibilidade e precariedade no regime de trabalho brasileiro e suas conexões com o desemprego como expressão da "questão social"

Considerando o exposto acerca das particularidades do capitalismo brasileiro, do seu mercado e regime de trabalho, que definem os parâmetros da exploração do trabalho pelo capital no país, passo, nesse momento, a abordar algumas das conexões essenciais a uma caracterização do desemprego, tomado enquanto expressão da "questão social".

Há que se estabelecer, minimamente, para início dessa reflexão, o que se entende por desemprego e como ele se traduz numa das mais centrais expressões da "questão social". Costa (2002) contribui significativamente para mostrar como se constrói reflexiva e historicamente a noção do "desemprego", a partir de determinadas expressões ontológicas do "não trabalho". Apoiado em autores como Fryssinet, Didier, Topalov e Salais, entre outros, o autor apresenta alguns argumentos que tomarei como referência para delinear os contornos desse fenômeno sócio-histórico.

Pelo seu uso, já tão arraigado no vocabulário moderno, é difícil supor que a expressão verbal "desemprego" tenha sua gênese muito recentemente datada. Obviamente, mais que uma questão semântica, sua criação está associada a um conjunto de fatores que emerge a partir de um determinado momento histórico de desenvolvimento do capitalismo. Trata-se do final do século XIX e início do século XX, quando a generalização da "sociedade salarial" e da intervenção estatal vão possibilitar a diferenciação entre desemprego e "privação de trabalho".

Para ser desempregado o não trabalho deve ser resultado da não concretização do ato de venda e compra da força de trabalho em uma sociedade capitalista, na qual há uma progressiva generalização das relações capitalistas de trabalho e destruição de formas de produção e trabalho não capitalistas, o que vai ocorrer com mais nitidez após a I e II Revolução Industrial. (Costa, 2002, p. 9)

Antes disso, o mesmo autor assinala que esse fenômeno era considerado como sinônimo de várias outras expressões do "não trabalho" articuladas a partir da pobreza (vagabundagem, doenças, prostituição, invalidez etc.) e das respostas a ela conferidas pelos mecanismos públicos e privados de caridade/repressão. Após o movimento dos "reformadores sociais" e a discussão por eles instaurada, em termos da instituição de mecanismos de proteção ao trabalho e ao "não trabalho",[9] então considerado como resultante de circunstâncias sociais, é que o desemprego passa a ser uma categoria distinta da pobreza.

> Ou seja, o diagnóstico era de que o desemprego era um fenômeno social e a solução era estender a todos os trabalhadores a relação regular e estável de emprego e, para aqueles que faltassem o emprego, auxílio público, mas não mais nos moldes da caridade. O auxílio público seria enquadrado em uma ótica de planejamento, o qual se pautaria por uma ação que exercesse um impacto direto sobre o bem-estar dos cidadãos ao lhes proporcionar serviços e renda. (Costa, 2002, p. 15)

Assim é que, não coincidentemente, o desemprego, na condição de categoria reflexiva, tem sua gênese no mesmo contexto sócio-histórico em que se gesta o debate sobre a "questão social" (cf. Cap. 1). Surge, portanto, como uma de suas expressões, nesse momento, distinta da pobreza, expressão clássica designada por esse conceito. Considerar o contexto suprarreferido é, sobretudo, não dissociar esses resultantes do modo de produção especificamente capitalista em seu movimento de transição da fase competitiva à monopolista, incidindo nas mais diversas instâncias da vida social, inclusive e, principalmente, no âmbito do "modo de regulação".

Referir ao desemprego nesses termos longe de ser meramente uma questão estilística, tem o propósito de fundamentar as conexões aqui pretendidas. Isso significa dizer que, ao entender o desemprego como uma determinada expressão da "questão social", em cuja gênese comparecem, de modo decisivo, reformas nos mecanismos de regulação do mercado de trabalho e proteção social sob responsabilidade estatal, não poderia, ao estudá-lo, pres-

---

9. Dentre esses reformadores sociais o autor destaca Beveridge, afirmando que "[sua] concepção social [...] simultaneamente, impulsionou as reformas sociais e forjou as bases para uma nova e determinada concepção de desemprego" (Costa, 2002, p. 14).

cindir das referidas mediações. Em outras palavras, discutir o desemprego na perspectiva aqui pretendida remete situá-lo a partir de várias mediações, entre as quais, o regime de trabalho e o sistema de proteção social, além, é claro, das mediações que permitem particularizar o capitalismo na formação social brasileira.

Tais mediações possibilitaram-me reconstruir, idealmente, algumas características do desemprego no Brasil, que o particularizam, tanto se estiver em questão o modo de acumulação fordista, quanto sua crise expressa, na atualidade, sob a constituição de um modo de acumulação flexível.

Conforme dito na seção de introdução a este capítulo, o desemprego enquanto expressão da "questão social" adquire o caráter de **desemprego estrutural** na economia brasileira **desde que o capitalismo retardatário completa seu ciclo, no auge da "industrialização pesada"**. Isso define uma particularidade essencial, posto que ocorre no momento em que as forças produtivas do capitalismo brasileiro pareciam acompanhar a tendência mundial fordista. Só que em vez de desenvolver-se sob um ambiente democrático, o "fordismo à brasileira" é viabilizado pelo formato ditatorial da "revolução burguesa tupiniquim". Ficam então obstruídas de se plasmarem tendências centrais do fordismo na estruturação do regime de trabalho, tais como as negociações coletivas e a decorrente estabilidade no emprego, assim como a transferência de índices de produtividade para os salários, além do processo de organização autônomo e reconhecimento social dos sindicatos.

Impedir a formação de um regime de trabalho com as características supramencionadas foi obra protagonizada essencialmente pelo caráter antidemocrático dos governos militares que, operando uma série de medidas econômicas e políticas, reduziram as taxas de sindicalização em relação ao período democrático anterior (1946-1964) (Pochmann, 1996) e reprimiram intensamente as greves, proibindo-as por lei, além de intervirem diretamente na organização "tolerada" dessas entidades a pretexto de uma reformulação do "sindicalismo populista" (Ianni, 1986). Entretanto, é importante relembrar, que apesar do seu protagonismo marcado, por exemplo, pela substituição da estabilidade do emprego pelo FGTS, os governos ditatoriais já encontram estabelecidos os marcos regulatórios centrais do regime de trabalho e da proteção social que, ao serem mantidos e aprofundados na direção da "modernização conservadora", acabam por reforçar a flexibilidade estrutural e a precariedade das ocupações no mercado de trabalho nacional.

Essas características consolidam-se, em face do absoluto poder de alocação do trabalho pelas empresas e determinam, juntamente com o excedente de força de trabalho disponível — gerado pelos processos de migração na direção dos centros urbanos — um quadro amplamente favorável à intensificação do padrão de exploração do trabalho pelo capital. *O desemprego aparece, desse modo, como componente estrutural do "fordismo à brasileira" ao contrário do "pleno emprego" do fordismo clássico. Ele resulta,* nesse momento, *de uma significativa quantidade de força de trabalho à disposição do capital, mas, fundamentalmente, do aprofundamento da precariedade e instabilidade dos vínculos, característica do regime de trabalho que emerge na segunda fase da "industrialização pesada".* Assim sendo é que

> entre as décadas de 1930 e 1970, o problema do desemprego foi relativamente pequeno ante as altas taxas de crescimento econômico que elevaram rapidamente o nível do emprego no Brasil. Mesmo com baixo registro do desemprego aberto, o país não abandonou os tradicionais problemas do subdesenvolvimento no mercado de trabalho, com ampla vigência da informalidade, diminutos salários e alta desigualdade de remuneração. (Pochmann, 2006, p. 33)

Ou seja, muito embora em pequenas proporções, se considerarmos o desemprego aberto, a crescente tendência à informalidade e, principalmente, à elevação das taxas de rotatividade do trabalho, tendem a "mascarar" esses índices pela flexibilidade estrutural e precariedade da estrutura de ocupações do regime de trabalho no Brasil.

Não por acaso existem hoje, no Brasil, dois instrumentos substantivamente diferenciados de registro do desemprego. O do IBGE, no qual se considera apenas o desemprego aberto que, embora seja, de fato, a situação mais extrema (pois implica a ausência de emprego e de renda), é criticado por vários autores tendo em vista que

> tecnicamente a definição de desemprego aberto é, [...] bastante estrita: corresponde às pessoas que, não estando ocupadas, estão procurando ativamente trabalho. Neste conjunto encontramos os trabalhadores que perderam seus empregos e os novos integrantes da população ativa, ou seja, os que procuram trabalho pela primeira vez. Neste sentido, a taxa de desemprego é um conceito

bastante ineficiente e impreciso como medição da situação ocupacional, tendendo a não representar fidedignamente a gravidade do problema do emprego. Assim, por exemplo, os trabalhadores que perdem seu emprego ou desejariam empregar-se, mas que não procuram outro emprego, pois acreditam ser difícil encontrá-lo, não são considerados tecnicamente desempregados — são "inativos". Da mesma forma, um desempregado que encontra um "bico", por mais precário que seja, passa a ser "ocupado", ainda que se trate obviamente de um subemprego. (Souza, 1998, p. 164)

Esses fatores (o desemprego por desalento e o subemprego) são contemplados no instrumento de pesquisa do Dieese sob a categoria chamada de "desemprego oculto" — "parcela da PEA que está sem trabalho ou com trabalho precário e que, por isso, deseja trabalhar, e, por conseguinte, pressiona o mercado de trabalho através da procura efetiva de emprego ou negócio, ou com procura potencial de trabalho" (Costa, 2002, p. 81). Nesse caso, é possível uma aproximação maior da realidade do desemprego, tendo-se em conta a instabilidade característica do mercado de trabalho brasileiro com maior intensidade desde a segunda fase da industrialização pesada. Em razão dessa diferença metodológica entre as pesquisas do IBGE e do Dieese, os números obtidos são sempre maiores na segunda fonte que na primeira.

Ademais, deve-se considerar que *nos parâmetros dominantes da "cidadania regulada", as medidas de proteção social ao desempregado estiveram praticamente ausentes, diferenciando-o, principalmente do padrão keynesiano de intervenção estatal associado ao fordismo clássico.* O seguro-desemprego, por exemplo, considerado como um dos instrumentos clássicos dos sistemas de proteção social consolidados nos países desenvolvidos após a segunda guerra, só foi instituído no Brasil na segunda metade da década de 1980 (Azeredo, 1998).

É somente mais tarde, durante as décadas de 1960 e 1970, que as primeiras medidas associadas ao tratamento social do desempregado terminaram sendo implementadas.

O auxílio monetário a partir do rompimento do contrato de trabalho por meio do [...] FGTS, em 1967, e o atendimento ao desempregado na forma do Sistema Nacional de Emprego (Sine), em 1975, constituíram exemplos disso. Enquanto o FGTS estimulou a maior rotatividade no interior do mercado de trabalho, o

SINE concentrou suas atividades na intermediação formal do trabalho, não necessariamente ao conjunto dos desempregados. (Pochmann, 2006, p. 33)

Assim é que, mesmo quando instituídas, tais medidas acabaram por reforçar, de um lado, a flexibilidade estrutural do mercado de trabalho e, do outro, a segmentação entre trabalho formal e informal, que se reproduziu historicamente através da "cidadania regulada".

Penso, portanto, que a discussão contemporânea acerca da "questão social" no Brasil deve, considerando-se o desemprego enquanto uma de suas expressões centrais, contemplar a importância dessas premissas, a fim de particularizá-lo em face de outras realidades, especialmente a dos países cêntricos. O desemprego estrutural aparece, nesses países, em decorrência da transição para a acumulação flexível e tendo como "alvo" a desregulamentação do regime de trabalho, no sentido de uma luta contra as conquistas fordistas de estabilidade no emprego.

No Brasil, a flexibilidade pretendida encontra seu caminho já previamente aberto, dada a inexistência de estabilidade no regime de trabalho e sua influência enquanto determinante do desemprego estrutural, presente desde o "fordismo à brasileira". A apreensão dessas mediações é fundamental, embora não suficiente, para cobrir algumas das lacunas no debate da "questão social" em pelo menos três direções que venho tentando articular por meio da presente reflexão.

A primeira delas é referida a uma aproximação mais concreta da realidade brasileira, necessária para explorar o potencial analítico da "questão social" nos termos sinalizados pelas "Diretrizes Curriculares" do curso de Serviço Social. Isso significa rumar no sentido de suas expressões, como tentei fazer no caso do desemprego, desvendando suas "múltiplas determinações" enquanto "determinações da existência".

Intimamente relacionada com a anterior, a segunda direção que tem contribuições agregadas pelas mediações salientadas é a do debate teórico entre as diferentes concepções, de "questão social". Isso se dá na exata medida em que tais mediações aparecem como fundantes de particularidades da "questão social", às quais determinadas concepções, presentes no debate, são incapazes de apanhar. Mais concretamente, tais mediações reforçam o argumento de parcela dos intelectuais de inspiração marxista do Serviço Social que, ao se oporem à adoção de concepções como a de Rosanvallon e

Castel, sublinham duas de suas inadequações: 1) a inadequação no nível teórico — porque fundadas em matrizes que ignoram a centralidade das lutas entre capital e trabalho para a constituição da "questão social"; 2) a inadequação histórica — que se deve ao fato dessas concepções estarem referidas à realidade dos países cêntricos, não podendo ser trasladadas, mecanicamente, para a análise de países de capitalismo periférico, como o Brasil. Gostaria de sublinhar o quanto é possível densificar o debate teórico com as demais concepções a partir do exercício da reconstrução da particularidade como parte de um movimento que vai do "abstrato ao concreto pensado" considerando sua contextualidade histórico-social.

Por fim, a terceira direção no sentido da qual contribuem as mediações em questão é a que aponta para a necessidade de tê-las em conta no debate contemporâneo sobre a "questão social". Considero especialmente importante que tais mediações sejam incorporadas no debate realizado no interior do Serviço Social com a explícita preocupação de captar as "mudanças no mundo do trabalho", essenciais à compreensão da "questão social" na atualidade. Percebo que muitas das análises referidas costumam utilizar apenas referências do nível da universalidade para reconstruir o contexto da acumulação flexível e seus impactos em termos da desregulamentação do trabalho no Brasil.

Essa transferência um tanto "mecânica" se parece, em muito, com a que se realiza no movimento de incorporação das concepções de "questão social" referidas há pouco. Nesse sentido é que ela aparece como uma espécie de consequência das duas outras lacunas apontadas. A ausência da particularidade se apresenta, dessa feita, sob a forma da adoção dos "parâmetros clássicos" do fordismo e da flexibilidade, tal como eles se expressam nos países cêntricos. Assim é que tais análises deixam de captar algumas diferencialidades importantes, tais como as que sinalizei, quanto à constituição do regime de trabalho no Brasil no período do "fordismo à brasileira", tratando a flexibilidade e a precariedade como se fossem fenômenos inteiramente novos, enquanto que estes traços são tributários de um processo histórico anterior.

> Não [quero] dizer, porém, que nada tenha se modificado. De fato, os anos 90 começaram com evidentes mudanças no mercado de trabalho. *Tem-se observado que o enxugamento do quadro de pessoal das grandes empresas* — tendência notável nos países centrais — vem ocorrendo num ritmo intenso, mas **sob um regime**

de trabalho marcado pela instabilidade no emprego e por baixos níveis salariais. **Esta tendência não guarda, então, associação significativa com uma suposta rigidez no uso da mão de obra (típica experiência dos países europeus)**, como prega a ideologia da flexibilização do trabalho. (Proni; Baltar, 1996, p. 114; destaques grifos do original, negritos meus)

Essa é, portanto, a explícita preocupação que dá seguimento às reflexões aqui presentes: tangenciar a rede de mediações constitutiva das particularidades contemporâneas do desemprego como expressão da "questão social" no Brasil. Pretende-se, desse modo, dar um passo adiante na direção de uma aproximação mais concreta da realidade, desmistificando a "ideologia" da suposta "rigidez" do regime de trabalho no Brasil, nos termos referidos antes pelos autores. O quanto a superação dessa ideologia (no sentido marxiano de falsa consciência) é fundamental para a formulação de estratégias políticas e profissionais, penso que é facilmente identificável, tendo em vista o panorama civilizacional regressivo em que o capitalismo contemporâneo está avançando.

Sugestões bibliográficas

Leia os livros:

O debate central deste capítulo, que pretendeu demonstrar a flexibilidade e precariedade da estrutura de ocupações no Brasil como particularidade da "questão social" entre nós tem, como interlocutores fundamentais, alguns pensadores do Instituto de Economia da Unicamp. Do ponto de vista bibliográfico, a coletânea de artigos organizada por: MATTOSO, Jorge; BARBOSA DE OLIVEIRA, Carlos. *Crise e trabalho no Brasil*: modernidade ou volta ao passado? São Paulo: Scritta, 1996, que condensa as principais referências utilizadas para abordagem do tema. Nos diversos artigos que compõem o livro, encontram-se elementos sobre a gênese desse processo e seu momento mais decisivo: o período dos governos militares.

O texto clássico sobre a "insegurança no trabalho": MATTOSO, Jorge. *A desordem do trabalho*. São Paulo: Scritta, 1995, também é referência importante no que diz respeito à caracterização das particularidades do fordismo brasileiro. Assim como o *Caderno do Cesit*/Texto para discussão, n. 13, de Cândido Guerra Ferreira: *O fordismo, sua crise e o caso brasileiro*. Campinas: Ed. da Unicamp, 1993 (Mimeo.), disponível em versão eletrônica.

Para aprofundamento sobre o conceito de "cidadania regulada", bastante explorado para explicar o padrão de proteção social restritivo do Brasil consultar o livro: SANTOS, Wanderley Guilherme dos. *Cidadania e justiça*: as políticas sociais na ordem brasileira. Rio de Janeiro: Campus, 1987.

Sugestões culturais

Assista aos filmes:

Eles não usam black tie — Leon Hiszman. Brasil, 1981.

Braços cruzados, máquinas paradas — Roberto Gervitz e Sérgio Toledo. Brasil, 1978.

Condor — Roberto Moder. Brasil, 2007.

Simonal — ninguém sabe o duro que dei — Cláudio Manoel, Micael Langer e Calvito Leal. Brasil, 2009.

Capítulo 5

Aproximações à "questão social" no Brasil contemporâneo

A força do padrão de acumulação fordista começa a esvair-se em meados dos anos 1970, por mais um movimento de crise de superprodução, dado pelo desenvolvimento das forças produtivas. Segundo Chesnais (1996), a explicação da escola da regulação, que está na base de grande parte dos estudos a respeito desse processo, ao enfatizar a crise do padrão de regulação que acompanhava o fordismo, não contempla adequadamente o papel da mundialização do capital como um de seus determinantes.

O autor destaca que as alternativas buscadas pelas grandes companhias para superar a crise, expressa na queda na rentabilidade do capital industrial e saturação da demanda de bens de consumo duráveis, passava por uma autonomia no redirecionamento dos investimentos, que não incluía necessariamente os Estados Nacionais. Na verdade, além das megafusões, observadas nas últimas décadas, o principal redirecionamento que vai caracterizar as operações monopolistas, a partir de então, consiste na canalização da mais-valia obtida no setor produtivo para o setor financeiro. Neste sentido, o discurso dominante passa a enfatizar as diretrizes de desregulamentação estatal que fazem supor uma espécie de libertação ou ausência de barreiras estatais para o movimento do capital. A internacionalização do capital monetário, portanto, teve um papel fundamental na crise do padrão de regulação fordista, na medida em que seu movimento foi desregulamentando as fronteiras dos Estados nacionais, antes mesmo que essa se tornasse formalmente a política oficial dos organismos internacionais.

Obviamente que a centralização e concentração de capitais que marcam a mundialização — termo que Chesnais (1996) prefere utilizar, em vez de "globalização" — vem de períodos anteriores, marcadamente, desde o final do século XIX. Entretanto, o papel que ela cumpre durante o fordismo expandindo suas bases através de investimentos produtivos em países do chamado Terceiro Mundo, altera substantivamente a sua forma quando da recessão de 1974-75. Predominam, a partir de então, no lugar das tradicionais filiais das matrizes multinacionais, localizadas nos países cêntricos, a terceirização de setores da produção e da comercialização, cujos contratos assentam-se na inexistência de vínculos formais entre as contratadas e os monopólios: são as chamadas "empresas-rede".

Teixeira (1998) ressalta que muitas dessas empresas reatualizam uma forma de organização da produção que repõe antigas formas de extração de mais-valia absoluta, como o "salário por peça", analisado por Marx em *O capital*, mascarando a exploração do trabalho sob o véu da aparente "liberdade" do trabalhador em relação ao patrão e criando o fetiche de que esta seria uma relação entre "livres proprietários de mercadorias". Essa descentralização/transnacionalização produtiva é acompanhada de uma movimentação, também sem fronteiras, do capital financeiro em busca de mercados de alta rentabilidade e está na base do que o jornalismo econômico propaga como "globalização": não haveria mais fronteiras nacionais para a expansão do capital, integrando o mundo numa "aldeia global".

Chesnais (1996) reconhece sintomas de veracidade nesse conceito um tanto quanto apologético, mas enfatiza, através da sua substituição pelo termo "mundialização", interligado ao capital, outros determinantes que constituem, em vez da integração global, o processo de "desconexão forçada" (cf. Cap. 3). O rearranjo que esse processo impõe aos países "desconectados" tem provocado brutais retrocessos nos índices de desenvolvimento econômico, social e humano ilustrativos do crescimento da desigualdade mundial entre os países e também entre os diversos segmentos de classe no interior de cada um deles. Essa característica é corroborada, embora em diferentes termos, por boa parte da literatura crítica que ressalta o caráter desigual e assimétrico da chamada globalização,[1] além da já sinalizada "crise do modo de desenvolvimento" (Chesnais, 1996).

Alguns aspectos diferenciam os monopólios da acumulação flexível dos monopólios fordistas. A interpenetração acentuada entre o capital produtivo e o financeiro, com ênfase nos processos de financeirização é uma delas; sem esquecer, entretanto que sua propalada autonomia (do capital financeiro) não é mais que relativa, porquanto os capitais que se valorizam na esfera financeira têm sua origem na exploração do trabalho, efetuada no setor produtivo. A isso se soma, por exemplo, a dominância da inteira cadeia de valorização do capital, que inclui a fusão das fases comercial e distributiva dos produtos aos monopólios, diluindo cada vez mais as fronteiras entre o setor produtivo e o de serviços. Neste particular, o papel da publicidade opera com bastante centralidade no sentido de proporcionar a proximidade entre os produtos e os consumidores de um mercado em constante segmentação. Esta tem sido uma das características mais acentuadas na literatura que aponta a necessária flexibilidade do novo padrão de acumulação, proporcionada pela sua nova base técnica, assentada na microeletrônica, em oposição à rigidez do fordismo, que estaria na raiz de sua crise.

A acumulação flexível envolve uma série de características que impactam as relações e processos de trabalho, a forma de regulação estatal e a divisão internacional do trabalho. Gonçalves (1994, p. 28), comparando o padrão fordista com o flexível, sublinha que esse último "envolve menores volumes de produção, rápidas mudanças na linha de produção, que permitem alterações nas características dos produtos, assim como baixo nível de estoques e elevado controle de qualidade". Exemplo dessa prática é o sistema de controle de estoques *just in time*. É bastante conhecida a análise de Harvey (1996) acerca da "compressão espaço-tempo" no mundo capitalista onde "os horizontes temporais da tomada de decisões privada e pública se estreitaram, enquanto a comunicação via satélite e a queda dos custos de transporte possibilitaram cada vez mais a difusão imediata dessas decisões no espaço cada vez mais amplo e variegado". (p. 140).

São bastante discutíveis os resultados desse processo em termos de uma recuperação das taxas de lucratividade do capital. Em geral, os analis-

---

1. Ver, entre outros, Behring (1998), Ianni (2002), Netto (1995) e Oliveira e Teixeira (Orgs.) (1996).

tas apontam, ao contrário, os desanimadores índices econômicos obtidos, mesmo com a instauração do novo modo de acumulação.[2] Entretanto, do ponto de vista ideológico e cultural, o capitalismo parece gozar de uma tranquila hegemonia. Isso se deve, não só às estratégias que acompanham a reestruturação produtiva em busca de uma postura colaboracionista dos trabalhadores, mas, substantivamente, aos processos que remetem à queda dos regimes socialistas do Leste Europeu entre o final dos anos 1980 e o início dos 1990.

Netto (1995) sinaliza que o "espanto geral" em face do fim dos regimes do Leste não atingiu quem acompanhava minimamente a distorção programática dessa tentativa mal sucedida de implantação do socialismo. A começar pelo quadro do desenvolvimento das forças produtivas à época da Revolução Russa e a finalizar pela escassa socialização da economia e nenhuma socialização da esfera política, aqueles regimes não tinham sustentabilidade para proporcionar o desenvolvimento intensivo requisitado pelas condições de insulamento econômico a que se submeteram estas economias com a "Guerra Fria".

Mas, o que interessa sublinhar aqui é a força desse acontecimento no reforço da "tara histórica" do capitalismo: reafirmar sua insuprimibilidade, agora pela derrocada do principal projeto que lhe fazia oposição. Daí decorre o trabalho eficaz dos ideólogos do capital e da grande imprensa, no sentido de equalizar a "crise de uma forma histórica precisa de transição socialista" como sendo *a* crise do projeto socialista (Netto, 1995), infirmando essa possibilidade como uma das "quinquilharias do passado", dignas apenas de um baú empoeirado. O capitalismo pode se apresentar, desse modo, como "presente eternizado" da humanidade e fica mais fácil impor a regressão civilizatória requerida pelas necessidades de valorização do capital.

> Se o confronto capital/trabalho se aprofunda, a maneira de enfrentamento não tem mais uma certa "homogeneidade" que caracterizou por muito tempo a burguesia e o proletariado. O confronto contemporâneo se complexifica intra e extrapólos, intra e interclasses, exponenciado a partir das características do padrão de acumulação que comporta formas de incorporação e de exclusão bastante divergentes das anteriores. (Aranha, 1999, p. 112)

---

2. Ver, entre outros autores, Mészáros (2002 e 2006), Mandel (1990), Chesnais (2003), Netto e Braz (2006), Behring e Boschetti (2006) e Iamamoto (2007).

Faz parte desse quadro em nível mundial o aumento, sem precedentes, do desemprego decorrente da adoção das novas tecnologias poupadoras de mão de obra, aprofundando o fosso que separa não só esses dos empregados, mas, entre esses últimos, os que ocupam postos de trabalho com melhores remunerações e aqueles que têm seus contratos terceirizados ou temporários. A fragmentação da classe trabalhadora a partir da fragilização de seus vínculos empregatícios é notável, enfraquecendo os mecanismos sindicais, componentes centrais do período fordista.

Em linhas bastante gerais, essas são algumas das nuances que se apresentam no panorama da atual crise capitalista e das alternativas que têm sido implementadas, em nome da sua superação, pelas classes dominantes. Pareceu-me desnecessário prolongar-me nesse nível de análise ao qual, desde o início das reflexões aqui presentes, venho referindo como "universal", dada a extensa bibliografia disponível sobre o tema. Penso, sim, que o essencial a fazer é, conforme também já afirmado, particularizá-lo, tendo em vista as características que presidem a constituição do capitalismo nas diferentes formações sociais.

5.1 Crise capitalista e crise do padrão de desenvolvimento do capitalismo brasileiro

Se a crise capitalista contemporânea se expressa, do ponto de vista da acumulação, como uma crise do regime fordista, e o Brasil, durante o processo da "industrialização pesada", constituiu uma estrutura produtiva, a seu modo, baseada nesse modo de acumulação, cabe *examinar como a crise do fordismo se expressa, no Brasil, enquanto crise do padrão de desenvolvimento do capitalismo adotado entre os anos 1950 e 1970.*

A constituição do capitalismo retardatário, conforme venho salientando, tem, nesse momento, seu ápice alcançado com a montagem de um setor de bens de produção (ou bens de capital), muito embora esse não fosse o setor de crescimento mais dinâmico, em razão das bases heteronômicas da associação com os monopólios que balizaram os limites da inovação tecnológica no país. Apesar disso, segundo Ferreira (1993), o "fordismo à brasileira" tinha "fortes semelhanças" com o fordismo clássico em se tratando da composição do parque industrial, haja vista a diminuição da participação dos ramos produtores de bens de consumo não duráveis e o aumento do peso das indústrias pertencentes ao setor metal-mecânico (produção de maquinaria e, em especial, de bens de consumo duráveis).

Entretanto, em relação a outros parâmetros, o "fordismo à brasileira" apresenta singularidades, como o regime de trabalho com baixa proteção social e elevados índices de rotatividade da força de trabalho, pautados na flexibilidade e precariedade estruturais do mercado de trabalho (cf. Cap. 4). Determinado por um contexto de ausência de democracia que possibilitou as medidas de "arrocho salarial" e intensa repressão ao movimento sindical, o "fordismo à brasileira" se constitui sob uma norma de consumo "restrita", tendo em conta a desigualdade social assentada na concentração de renda — reflexo, por sua vez, da ausência de uma série de reformas estruturais adiadas pelos processos de "modernização conservadora" e "revolução passiva", sob forte intervenção estatal (cf. Cap. 3).

A ampliação do papel do Estado na regulação da economia também precisa ser particularizada no caso brasileiro. Ao mesmo tempo em que cumpriu tarefas semelhantes às assumidas pelo Estado nos países de fordismo clássico, como, por exemplo, o planejamento com vistas à expansão do capital privado e a intervenção direta na economia, deixou de cumprir outras, notadamente, as de caráter social. Conforme assinala Mattoso (1995, p. 123) "[...] o Estado Nacional manteve um padrão de intervenção social de baixos resultados e efeitos compensatórios ou distributivos, caracterizado por uma postura 'meritocrática-particularista'". Tais características em nada se assemelham às do fordismo clássico, momento notabilizado, na economia capitalista, pelos significativos índices de democracia nas relações sociais com reflexos nas relações trabalhistas, traduzidos no fortalecimento sindical, transferência da produtividade aos salários, estabilidade no emprego, consumo em massa e ampla proteção social.

Recuperar os nexos gerais do que foi dito até aqui é importante para tê-los enquanto *mediações essenciais que diferenciam a crise do fordismo clássico em relação à crise do "fordismo à brasileira"*. Tais diferenças encontram-se radicadas, principalmente, no *grau de retrocessos impostos pela crise, que implicam, portanto, no reconhecimento de patamares civilizacionais possibilitados pelo desenvolvimento capitalista a serem eliminados em nome da valorização do capital*. Mais precisamente, se a palavra de ordem da reestruturação produtiva na atualidade é a flexibilização das condições e relações de trabalho, em vista das conquistas trabalhistas relacionadas ao período fordista, há que mediatizá-la no contexto onde esse padrão não se constituiu baseado na estabilidade e, sim, na própria flexibilidade estrutural do mercado de trabalho. Pela primeira vez, e lamentavelmente, num sentido negativo, o Brasil pareceu "se adiantar" às tendências do desenvolvimento capitalista, driblando a nossa tradição "copista" (Aranha, 1999) de que trata a bem humorada citação que segue:

> no século XIX, por força de um regime social obsoleto, o escravismo, não pudemos sequer incorporar o resultado básico da Primeira Revolução Industrial (1760-1830) e muito menos avançar pela trilha da Segunda Revolução Industrial (1870-1890), a do aço, da química, da eletricidade, dos novos bens de capital, do petróleo e do motor a combustão interna. Mas no século XX, os padrões tecnológicos ficaram relativamente estáveis nos países desenvolvidos. Tivemos a sorte de desfrutar das facilidades da cópia. Até 1930, consolidamos a indústria de consumo mais simples. E nos 50 anos subsequentes, copiamos o aço, a eletricidade, a química básica, o petróleo, o automóvel, o eletrodomésticos, chegando até máquinas e equipamentos mais sofisticados. Levamos 100 anos, de 1830 a 1930, para imitar a inovação fundamental da Primeira Revolução Industrial, o setor têxtil. E noventa anos, de 1890 a 1980, para copiar os avanços da Segunda Revolução Industrial. Quando tudo dava a impressão de estarmos prestes a entrar no primeiro mundo, eclodiu a Terceira Revolução Industrial. (Cardoso de Mello, 1992 apud Aranha, 1999, p. 119-120)

Como bem se deduz a partir disso, apesar de termos nos antecipado à onda "flexibilizante" das relações de produção, isso não reverteu em nenhum benefício em termos da posição do Brasil na divisão internacional do trabalho capitalista. No essencial, ou seja, quanto ao desenvolvimento das forças produtivas, o padrão de desenvolvimento herdado da industrialização pesada não reverteu a heteronomia e isso fez do Brasil "presa fácil" da "desconexão forçada", porquanto prisioneiro "[...] de especializações tornadas obsoletas pela evolução dos conhecimentos científicos e das tecnologias acumuladas nos países avançados, especialmente dentro dos grandes grupos" (Chesnais, 1996, p. 221).

Os sinais da crise expressos na reestruturação produtiva brasileira caracterizam-se, assim, por um descompasso na adoção de inovações tecnológicas em relação às organizacionais (tanto no âmbito do setor privado, quanto do setor público), acompanhadas da adoção do modo de regulação neoliberal para o Estado, muito embora esta seja uma questão controversa. Autores como Antunes (2006) e Alves (2005) enfatizam que já desde os anos

1980 o Brasil registra significativos processos de reestruturação produtiva, inclusive do ponto de vista tecnológico, enfatizando o peso desses fatores nos índices de desemprego crescentes. Já Pochmann (2006b) apresenta uma posição com a qual tendo a concordar. Suas ponderações ressaltam que

> [...] o avanço tecnológico ainda não se encontra plenamente difundido em todo o país, mas circunscrito fundamentalmente às grandes empresas, que são responsáveis por menos de um terço da ocupação total [...]. **Interessa tratar prioritariamente dos elementos que fundamentam o desemprego em massa no país, uma vez que são de natureza distinta das causas do desemprego verificadas nas economias avançadas,** cujo foco de parcela importante da literatura especializada tem sido equivocadamente aplicado no Brasil para tentar explicar a presença de taxas mais altas de desempregados no período recente. (p. 67; destaques em negrito meus)

Nossa modernização seletiva é dada pela funcionalidade a esse novo papel na divisão internacional do trabalho, que exclui o Brasil dos investimentos capitalistas "de ponta" no setor produtivo. Chesnais (1996) afirma que países como o Brasil estão fora da rota de transferência de tecnologia e dos acordos de cooperação tecnológica, cada vez mais centralizados nos países da tríade, fenômeno que Gonçalves (1994), generalizando-o, também, para a esfera da comercialização e dos IED, caracteriza como "polarização". Isso não significa, porém, que o Brasil tenha parado de receber investimentos externos: na verdade, registra-se uma *mudança no perfil dos mesmos, constituído majoritariamente por fluxos de capital especulativo.*

> A partir do Plano Real, em 1994, no governo Cardoso, observou-se o crescimento dos investimentos externos diretos no Brasil. Só que o capital produtivo não é mais o investimento direto externo que traz promessa de novos empregos industriais, tal como ocorreu nos anos 50 e 60, no período de "industrialização pesada" no Brasil. Pelo contrário, é o investimento produtivo que é intensivo em capital e não em trabalho. (Alves, 2005, p. 118)

A concentração de investimentos produtivos nos países cêntricos é ilustrativa do teor ideológico do discurso acerca do desaparecimento dos Estados Nacionais, amplamente difundido com a globalização. De acordo com Chesnais (1996), uma das vantagens competitivas dos monopólios consiste no fortalecimento de suas posições de mercado nos países de origem e, nesse sentido, no fortalecimento (nas mesmas proporções) das medidas protecionistas derivadas de forte regulação estatal. Outro indicativo de fortalecimento da presença estatal consiste nos acordos de cooperação tecnológica, através da cadeia de Pesquisa e Desenvolvimento (P&D), consistindo num dos fatores que têm sido decisivos na competitividade intermonopolista.

Gonçalves (1994) ressalta os impactos que esse protecionismo dos países cêntricos possui quanto ao acesso dos produtos brasileiros ao mercado internacional, em que os sinais de queda na competitividade de nossa economia são incontestes nos últimos anos. Pensando, portanto, em relação aos "regressos civilizacionais" impostos pela crise são perceptíveis as diferentes nuances da aplicação desigual do neoliberalismo, já que o Estado continua intervindo diretamente na economia dos países cêntricos a favor das condições para a reprodução dos monopólios. Ou seja, nesse aspecto, há uma *"regressão civilizacional seletiva" e com impactos diferenciados nas classes sociais fundamentais do capitalismo*: preservam-se as vantagens para o grande capital e eliminam-se as conquistas dos trabalhadores — visíveis no processo de flexibilização das relações de trabalho do fordismo clássico, por exemplo — bem como se acentuam os mecanismos de exploração imperialistas.

De mais a mais, Dupas (1999) também lembra que se, no discurso neoliberal, as medidas de flexibilização do mercado de trabalho aparecem como imperiosas ao enfrentamento do desemprego, esse discurso se contradiz quando se observa o grau de intervenção estatal nos países que possuem uma estrutura de *Welfare*, onde o Estado vem ampliando sua intervenção "para garantir a sobrevivência dos cidadãos que estão sendo expulsos do mercado formal. [Segundo ele] ocorre claramente o que se poderia chamar 'efeito democracia': aumenta o número de desempregados e pobres, crescendo sua base política" (p. 199). Portanto, parece que a receita de Estado mínimo é bem direcionada para alguns países e, dentro deles, para setores específicos.

Gonçalves (1994) assinala ainda que a desregulamentação e a oferta de incentivos fiscais por parte dos Estados Nacionais periféricos na busca de atração do capital transnacional, apesar de ser um importante indicador para entender a sua movimentação não é o mais determinante. "Os determinantes fundamentais, em termos de fatores locacionais, têm sido a estabilidade política e econômica, clima favorável e crescimento e tamanho do mercado interno" (p. 70). Daí porque a verdadeira obsessão pela estabilidade econômica — via políticas ortodoxas e recessivas propostas pelo FMI — que tem dominado os recentes governos brasileiros. Não é possível, nesses marcos, ignorar a semelhança das condicionalidades imperialistas atuais com as que se fizeram no pré-1964, em termos de "segurança" para os investimentos, embora obviamente implantando-se sob estratégias bastante diferentes. O país agora se esforça por mostrar as vantagens de desregulamentação oferecidas e ganhar assim "credibilidade" junto ao capital produtivo e, principalmente, financeiro.

> Apesar da onda neoliberal e de seu discurso do Estado mínimo, percebe-se que o capitalismo planetário instável exige cada vez mais a coordenação política central, voltada para evitar cataclismas financeiros de repercussões deletérias na acumulação de capitais. [...] apesar do discurso pelo livre mercado, é cada vez mais necessária a intervenção política de instituições suprancionais, tais como o FMI e o Banco mundial (ou mesmo a ONU). (Alves, 1998, p. 118)

Em relação à realidade dos países periféricos e, especialmente no caso do Brasil, a intervenção do Estado foi, historicamente, um dos marcos do desenvolvimento capitalista. Note-se, particularmente, que o caráter "público" da intervenção estatal foi retardado pelas intensas disputas entre as frações das classes dominantes que continuam, agora sob as pressões advindas da crise, restringindo, nos moldes neoliberais, os parcos espaços que as classes subalternas conquistaram a partir da redemocratização do país. Refiro-me ao conjunto de direitos sociais assegurados na Constituição de 1988. Eles refletem uma alteração de monta no padrão de proteção social que transita da cidadania regulada para algum grau de universalidade, do ponto de vista dos princípios legais.

Cabe lembrar que esse avanço civilizacional não ocorre, entretanto, associado ao "fordismo à brasileira" e sim à sua crise, quando são restabelecidas as condições democráticas. Isso significa esclarecer que sua tardia formulação tem os maiores impactos quanto às possibilidades de sua efetivação tendo em vista o contexto de crise, já que não há crescimento econômico para ser redistribuído, ao contrário do período do "milagre", quando contariam com condições macroeconômicas bastante diferenciadas. A promulgação de direitos sociais em 1988, e sua regulamentação através de Leis Orgânicas nos anos 1990, encontraram pela frente um país com irrisório e episódico crescimento econômico, gerido de acordo com as diretrizes neoliberais propostas pelos Organismos Internacionais, que absorvem cerca de 35% do PIB sob a forma de juros, encargos e amortizações de dívidas financeiras (Braz, 2004).

Os principais objetivos dos programas de ajuste estrutural financiados pelo Banco Mundial são eliminar as barreiras ao fluxo internacional de bens, serviços e capital, e reduzir os gastos públicos. As políticas de ajuste estrutural típicas envolvem: desvalorização cambial, liberalização comercial, corte de gastos sociais, privatização de empresas estatais, redução salarial, desregulamentação, restrições à expansão de crédito e elevação das taxas de juros. Ocorre que os programas de ajuste estrutural do Banco têm tido um impacto desfavorável sobre os países em desenvolvimento. Além da instabilidade macroeconômica não ter reduzido na maior parte dos países, há um aumento de pobreza e miséria. Os cortes nos gastos públicos [...], a queda de salário, o aumento de preços dos alimentos e o desemprego têm sido os maiores efeitos. (Gonçalves, 1994, p. 121)

No tocante à implementação das inovações organizacionais da "acumulação flexível", esta deve constituir-se em objeto de cuidadosas observações no sentido de captar a diferencialidade do contexto brasileiro, onde a *utilização da mão de obra* se caracterizou, historicamente, como predatória e, nesse sentido, *assentada sob a instabilidade e a alta rotatividade no emprego*. Nada mais distante do padrão japonês, de onde provém a maior parte dos métodos e técnicas que estão na base das referidas inovações, considerando-se que, no caso brasileiro, a *flexibilidade estrutural do regime de trabalho* tem uma existência que remete ao padrão histórico de exploração do trabalho pelo capital e foi acentuada no período após 1964. Ou seja, *as inovações nos métodos de gestão da força de trabalho não substituem ou alteram essas características: somam-se a elas resultando, na maior parte dos casos, num reforço a esta tendência a partir da flexibilização de aspectos das relações de trabalho que antes não estavam subsumidos a esta diretriz*. Isso constitui o que estou chamando aqui de *aprofundamento e expansão da flexibilidade estrutural do regime de trabalho no Brasil*.

Antunes (2006, p. 19) parece concordar que, no Brasil, ocorre uma combinação bastante peculiar entre as características históricas do regime de trabalho e as inovações organizacionais próprias do "toyotismo" assinalando que

> [...] quando se olha o conjunto da estrutura produtiva, pode-se também constatar que o fordismo periférico e subordinado, que foi aqui estruturado, cada vez mais se mescla fortemente com novos processos produtivos, em grande expansão, consequência da liofilização organizacional, dos mecanismos próprios oriundos da acumulação flexível e das práticas toyotistas que foram e estão sendo assimiladas com vigor pelo setor produtivo brasileiro.

Se são diferenciadas as estratégias e metas da flexibilização das relações de trabalho no caso brasileiro, também o são suas consequências sociais. Entre elas, estando o *desemprego* mais particularmente em questão aqui, suas características embora se assemelhem mundialmente em aspectos centrais, adquirem *dimensões absolutamente diferentes.* Assim como tem ocorrido nos países cêntricos, a flexibilidade das relações de trabalho que emerge na crise contemporânea do capitalismo tem elevado o índice de desemprego entre grupos que, até recentemente, estavam integrados ao padrão de desenvolvimento, comprometendo, desse modo, sua capacidade de reprodução social.

> A perda de dinamismo da economia brasileira, que vem da crise da dívida no início da década de 1980, se manifesta no mercado de trabalho através do aumento das relações informais, em detrimento do emprego regular e, na década de 1990, também através do aumento do desemprego aberto. A tendência é bastante clara. [...] quanto à recente informalidade, tampouco é vista como problema. Pelo contrário, muitas vezes chega a ser exaltada como um virtuoso mecanismo de ajuste, uma manifestação de racionalidade e até de "criatividade" da nossa gente, a própria expressão da modernidade, pois seria uma expressão de flexibilidade.

> [...] O ministro do Trabalho, Edward Amadeo, por exemplo, em um de seus textos, diz o seguinte: "uma pessoa desempregada [...] pode engraxar sapatos em uma estação de trens ou vender maçãs em uma esquina. Se ela não está fazendo nenhuma das duas coisas, está escolhendo não fazer".[3] Não é um primor de liberalismo? Se existem metalúrgicos desempregados, é porque eles se recusam a vender chicletes no sinal de trânsito. (Salm, 1998, p. 20)

Autores como Dupas (1999) e Soares (2000) afirmam que as políticas propostas para a superação da crise fazem surgir uma "nova pobreza", considerada como um fenômeno mundial. Muito embora eu tenha dúvidas acerca da validade desse conceito — pois, penso se tratar, no caso brasileiro, de uma ampliação da pobreza que acompanha as proporções da ampliação do desemprego estrutural e não de uma "nova" pobreza — não se pode deixar de reconhecer que o fenômeno que ele pretende designar é real. Ou seja, verifica-se que o desemprego, nesse contexto, assume um caráter massivo e atinge praticamente todos os segmentos de classe.

---

3. Citado por Cláudio H. M. Santos, "Mercado de trabalho: conceitos básicos e uma discussão introdutória das principais versões econômicas acerca da dinâmica do emprego nas modernas economias capitalistas", 1998. (Mimeo.)

Os números deixam bem claro que, nas faixas mais baixas de renda, o desemprego é mais elevado que a média para todas as classes.

No entanto, também se constata que as taxas de desemprego cresceram mais rapidamente para os indivíduos com rendimentos mais elevados (superiores a duas vezes a renda familiar *per capita* média do país) entre 1992 e 2002. No caso dessas pessoas, o aumento da escolaridade se mostrou insuficiente para impedir a elevação do desemprego. (Pochmann, 2006b, p. 72)

Na realidade dos países cêntricos, esse fenômeno é, precisamente, o que está na base da maior parte dos estudos sobre a "nova questão social", dado o seu ineditismo em face da estabilidade fordista no emprego. Entretanto,

em nosso país, a reorganização produtiva não atinge um mercado de trabalho organizado por acordos coletivos que pudessem permitir um controle do uso social da força de trabalho, mas um mercado de trabalho heterogêneo onde a precariedade é uma marca constante de sua estrutura e o controle social sistematicamente incipiente. (Dedecca, 1998, p. 292)

Considerando-se que a flexibilidade já era um princípio estruturante nas relações de trabalho no Brasil, *o que muda, nesse particular, é exatamente a dimensão quantitativa de trabalhadores assalariados sujeitos a ela e à iminência do desemprego dela resultante, incluindo agora grupos sociais que, no padrão de desenvolvimento anterior, ficavam "a salvo" dessas contingências em face do contexto expansionista do capitalismo dos monopólios.* Entre 1999 e 2002, de acordo com dados do IBGE (apud Pochmann, 2006b), o crescimento relativo do desemprego nas famílias de classe baixa[4] foi de 46,8% e nas famílias de classe média alta[5] correspondeu a 50%. No entanto, observando a distribuição do desemprego total entre essas mesmas classes, registra-se que, em 2002, 62% dos desempregados estavam na classe baixa enquanto 32,4% estavam na classe média e apenas 5,6% na classe média alta (Idem). Isso significa reconhecer que não é a "nova pobreza" a responsável pelo caráter de massa do desemprego na atualidade. Ele continua substantivamente concentrando-se nas classes subalternas, dados os mecanismos discriminatórios, principalmente nas contra-

---

4. Na classe de baixa renda, o IBGE designa aquelas famílias com rendimento de até metade da renda familiar *per capita* média do país.

5. Na classe de renda média alta são designadas pelo IBGE as famílias com renda superior a duas vezes a renda *per capita* média do país.

tações, de natureza classista e racial, que têm sido favorecidos com a diminuição da oferta de empregos.

> Em síntese, a análise dos dados indica que a evolução das taxas de desemprego entre 1992 e 2002 aponta para uma maior desigualdade quando se consideram as classes de rendimento, raças, gêneros e níveis de escolaridade. Pode-se deduzir que, além do preconceito racial, aprofundou-se ainda mais no Brasil também o preconceito de classe de rendimento no mundo do trabalho. (Pochmann, 2006b, p. 66)

Não se pode, portanto, considerar que a flexibilidade das relações de trabalho no Brasil e os índices de desemprego dela resultantes tenham como determinante principal o novo regime de acumulação e seus métodos de gestão da força de trabalho.

> [...] entendemos que a discussão concernente à desregulamentação do direito do trabalho no Brasil deve subordinar-se ao marco regulatório existente. Neste sentido, o sistema brasileiro é extremamente desregulado no que se refere aos limites dos empregadores quanto à constituição e à desconstituição da relação de emprego, figurando-se assim, o discurso da desregulamentação, neste aspecto, como fora de lugar. (Neto, 1996, p. 339)

Nesse caso, interferem outras determinações que dizem respeito às particularidades da constituição do capitalismo brasileiro na sua relação com as mutações do imperialismo diante da crise. Embora "fora de lugar", o discurso da desregulamentação tem sido amplamente adotado pelos governos brasileiros a partir dos anos 1990, por expressar as necessidades dos monopólios, diante das quais o Brasil cultiva uma histórica heteronomia. Ele tem servido não só a um aprofundamento das características do regime de trabalho no país, mas tem, fundamentalmente, sido implementado em relação às últimas barreiras protecionistas existentes do ponto de vista macroeconômico. Exemplo emblemático pode ser atestado nas medidas de aprofundamento da abertura da economia à concorrência internacional adotadas, de modo mais agressivo, a partir do governo Collor de Mello que tem, entre suas várias repercussões, um impacto no nível de empregos.

É claro que isso não deixa de ser parte da dinâmica de instauração do novo regime de acumulação, mas essa relação precisa ser mediatizada, sob pena de serem deletados alguns traços históricos do padrão brasileiro de exploração do trabalho pelo capital importantes para caracterizar a "questão social".

5.2 Particularidades recentes do desemprego no Brasil

Penso ser fundamental, para a análise que se segue, mencionar as principais particularidades recentes do desemprego no Brasil, tendo em vista as diferenças, existentes em relação ao regime de trabalho dos países cêntricos. No centro dessas diferenças encontra-se a flexibilidade estrutural do nosso mercado de trabalho que produz altos índices de rotatividade da mão de obra. As faculdades amplamente concedidas aos empregadores na definição de contratações e demissões marcam, assim, um determinado padrão de exploração da força de trabalho, e também de sua disponibilidade para o capital, muito distante do instituído nos países cêntricos, onde a flexibilidade vem sendo apontada como uma das tendências associadas a mecanismos de superação da crise capitalista recente. É através dessas mediações, presentes historicamente no regime de trabalho brasileiro, que pretendo mapear as referidas particularidades, sabendo que, ainda que não sejam suficientes, não se pode abrir mão delas na análise do desemprego como expressão da "questão social".

O processo de constituição e desenvolvimento do capitalismo brasileiro tem uma trajetória marcada pela sua inserção periférica nas engrenagens do capitalismo mundial, especialmente após a vigência do imperialismo. Assim é que algumas características de nossa formação social, como a ausência de reformas capitalistas clássicas, acabam por ser um "elo" entre os interesses das classes dominantes locais e dos grandes monopólios. Do ponto de vista em questão aqui, claro está, por exemplo, que muitas das vantagens monopolistas extraídas do padrão de desenvolvimento capitalista brasileiro têm sido possibilitadas pelo baixo custo da força de trabalho — que chega a ser seis a sete vezes inferior ao dos países desenvolvidos[6] (Mendonça, 1998) —

---

6. Manzano (1996), ao discutir o custo do trabalho no Brasil, defende que o fator que eleva esse gasto por parte do empregador não é propriamente o valor pago individualmente a cada trabalhador dispensado, mas o grande número de trabalhadores simultânea e constantemente demitidos nos primeiros anos de trabalho. Tais custos constituem-se, na maior parte, "de formas de rendimento relacionadas ao trabalho, calculadas proporcionalmente ao tempo de serviço e pagas ao trabalhador no momento

"QUESTÃO SOCIAL"

uma particularidade que se torna essencial na compreensão das expressões da "questão social". A elevada disponibilidade de mão de obra, resultante da manutenção das estruturas fundiárias concentradas, somada ao perfil da legislação sobre o trabalho no Brasil, cujos parâmetros de proteção social foram instituídos de modo seletivo, fizeram da informalidade e do desemprego realidades que se reproduzem de longa data no país.

Essas características foram significativamente aprofundadas na segunda fase da "industrialização pesada" quando, em condições políticas muito particulares, a intervenção do Estado proporcionou uma política salarial absolutamente desfavorável aos trabalhadores, acentuando a concentração de renda e institucionalizando a alta rotatividade da mão de obra, com o FGTS em substituição à estabilidade no emprego (cf. Cap. 4).

Os crescentes índices de desemprego registrados no mercado de trabalho brasileiro entre os anos de 1980 e 1990 refletem, portanto, a dinâmica da economia mundial diante da crise capitalista, mas reproduziram-se num contexto que traz as marcas de uma sociedade salarial incompleta. Conforme será dito mais adiante, o restabelecimento das condições de gestão democráticas impactou as relações de trabalho no Brasil durante os anos 1980, restaurando o papel dos sindicatos na sua regulação, especialmente nas categorias de trabalhadores dos setores industriais.

> [...] contraditoriamente, o fracasso das tentativas liberais de reestruturação e a manutenção da estrutura industrial brasileira preservaram — ainda que temporariamente — as bases sociais dos sindicatos, agora sob um regime de ampliação dos espaços democráticos. Os trabalhadores organizados puderam, então, em plena crise e pressionados pelo processo inflacionário, avançar a reconquista de direitos, na criação de centrais sindicais, na elevação dos níveis de sindicalização, na ampliação dos espaços de negociação e na conquista de maior reconhecimento social. (Mattoso, 1995, p. 126)

Mas, nem nesse contexto, que destoava do panorama mundial do sindicalismo, foram revertidas as características históricas do regime de trabalho no Brasil, posto que o essencial desse sistema permaneceu inalterado na

---

da rescisão contratual. Não representam, portanto, qualquer custo extraordinário ao capitalista, mas sim salário indireto poupado compulsoriamente ao longo do período de serviço. Na realidade, o ônus de natureza indenizatória imposto legalmente ao empregador pela rescisão do contrato de trabalho refere-se somente à multa de 40% sobre o saldo na conta do FGTS e ao aviso prévio de trinta dias" (p. 257).

Constituição de 1988 (Neto, 1996). Manteve-se, com algumas alterações, a estrutura sindical corporativa — desaparece a tutela do Estado em relação aos sindicatos, mas preserva-se a unicidade sindical — marcando diferenças importantes no padrão de representação sindical brasileiro em comparação com outros países de longa tradição sindical, como, por exemplo,

> a expansão de sindicatos com pequeno número de associados no Brasil [que] foge a uma tendência histórica internacional de fusão e concentração da representação em entidades de maior dimensão. Os pequenos sindicatos tendem a oferecer representação particularizada, com maior tendência corporativa (tradição de não levar em consideração as questões nacionais mais amplas). [...] Em geral, quanto maior a quantidade de sindicatos maior tende a ser a dificuldade de representar os interesses gerais dos filiados. Outra característica que distingue a atuação sindical brasileira no período recente [...] diz respeito à quantidade dos conflitos trabalhistas individuais e coletivos.
>
> A ampla presença da Justiça do Trabalho nas relações entre o capital e o trabalho no Brasil não revela apenas os sinais de esgotamento do sistema corporativo de representação de interesses, como a complexidade da administração dos conflitos trabalhistas. (Pochmann, 1996, p. 279 e 291-292)

Sem falar que, já nos anos 1980, a retração dos investimentos no setor produtivo acentuava a dualidade entre empregos formais e informais na economia brasileira, fazendo com que as conquistas alcançadas pelo fortalecimento do movimento sindical, não fossem universalizáveis ao conjunto dos trabalhadores. Pochmann (1996) reforça esse argumento ao abordar um complexo de questões relativo à estruturação dos sindicatos, relacionando-as, também, à flexibilidade do mercado de trabalho. A principal dificuldade reside em que as constantes mudanças de emprego dificultam a sindicalização e, por consequência, a identificação/reconhecimento do trabalhador para com o seu sindicato. Isso impacta na representatividade desses organismos, que tende a concentrar-se naqueles trabalhadores menos sujeitos à rotatividade (núcleo estável de empregados com maior qualificação em cada empresa) e, por isso, com melhor nível salarial.

Assim é que *as tendências de extinção de postos de trabalho formais, especialmente nos ramos industriais* (que se notabilizaram por oferecer melhores condições de trabalho) *e sua substituição (sem as mesmas proporções quantitativas) por empregos com vínculos precarizados ou totalmente informais, tornam mais fortes os contornos, já existentes no regime de trabalho brasileiro, sem constituir-se propriamente em uma novidade que possa ser debitada às inovações tecnológicas do padrão flexível de acumulação.*

Essa afirmação fica, sem dúvida, mais visível quando se sabe que os empregos regulares ou formais já representam menos da metade dos postos de trabalho, enquanto que no final da década de 1970 representavam cerca de três quarto (Salm, 1998), o que dá a dimensão do quanto estão ficando cada vez mais distantes as condições de acesso à "cidadania regulada" para expressivos segmentos da população.

Em decorrência disso, as formas de trabalho mais instáveis e menos protegidas tendem a se ampliar, fazendo com que o medo de perder o emprego apareça novamente como a principal força disciplinadora do trabalho, ou, nos termos de Mattoso (1995), reproduza-se a "desordem do trabalho". Ademais, a decrescente participação dos empregos formais no conjunto dos postos de trabalho tem fragilizado, consideravelmente, o poder de negociação dos sindicatos o que, no contexto atual, de baixo nível de emprego, abre espaço para que as empresas atuem cada vez mais seletivamente na contratação de trabalhadores (Dedecca, 1998), conforme explicitarei a seguir.

Na gênese dos fatores que podem explicar esse panorama, Dedecca (1998) assevera que a contração generalizada do nível do emprego industrial para todos os segmentos da força de trabalho assume maior relevância que a adoção de novas formas de gestão de mão de obra pelas empresas. Saboia (1998, p. 18), tomando como parâmetro os dados sobre desemprego do IBGE, também os relaciona a fatores macroeconômicos ao afirmar que "taxas de crescimento econômico da ordem de 2% a 3% são insuficientes para estabilizar o desemprego".

Isso significa que *o aprofundamento e a extensão quantitativa da flexibilidade nas relações de trabalho decorrem, antes, de uma crise no padrão de desenvolvimento e das políticas de ajuste neoliberais do que de quaisquer inovações organizacionais, ou mesmo produtivas, que estejam sendo operadas em razão do novo regime de acumulação.* Nesse sentido é que se torna fundamental ter em conta o complexo de mediações assinalado quanto às particularidades do desenvolvimento capitalista na formação social brasileira. Tanto assim que apesar de atingir, de modo generalizado, a estrutura de ocupações, a flexibilidade estrutural do trabalho no Brasil é especialmente presente no caso dos postos de trabalho ocupados por trabalhadores com pouca escolaridade, conforme indicam tendências históricas do regime de trabalho brasileiro. Em relação a esse extrato das classes trabalhadoras, a flexibilidade estrutural do trabalho no Brasil tem acentuado o desemprego e a informalidade. A título de demonstração, dados de 1995 do PNAD/IBGE (apud Dedecca, 1998), apontavam que 77% dos trabalhadores por conta própria da região nordeste não possuíam ensino fundamental completo. Esta situação na região sudeste é de 63%.

> A debilidade das condições de funcionamento do mercado de trabalho brasileiro — caracterizada pelo elevado desemprego e pela informalidade — e a ausência de perspectivas sobre uma possível recomposição do nível de emprego fortalecem o poder de contratação das empresas, que aproveitam da grande disponibilidade de força de trabalho para atuar de maneira discriminatória no mercado de trabalho, optando por recrutar, quando necessário, os trabalhadores com melhor nível educacional e de qualificação e, em consequência, por reduzir os custos de adaptação e treinamento desse trabalhador. (Dedecca, 1998, p. 285)

A escolaridade passa, assim, a ser um critério de contratação que não necessariamente tem a ver com a qualificação necessária ao trabalho que será executado, o qual, muitas vezes não possui maiores exigências dessa natureza.

> Não se constata até o momento uma generalizada modificação no conteúdo dos postos de trabalho que justificasse a elevação nos requisitos de qualificação. Apesar disso, ocorreu a elevação dos requisitos de contratação dos empregadores, tendo-se em vista a presença de amplo excedente de mão de obra que disputa escassas ofertas de trabalho, o que estimulou o aprofundamento de ações discriminatórias na contratação laboral. (Pochmann, 2006b, p. 72)

Isso implica num claro mecanismo para a redução dos custos com o trabalho, conforme assinalado pelos autores supramencionados. Funciona, também, como critério de diferenciação do salário inicial dos trabalhadores, em relação aos que possuem menos instrução formal. Nesse particular, Proni e Baltar (1996) esclarecem que o trabalhador com baixa escolaridade vive atado a dois condicionantes: a baixa remuneração e a dificuldade de acumular tempo de serviço com o mesmo empregador, em face dos altos índices de rotatividade que ocorrem entre os trabalhadores com esse perfil.

A maior parte dos desligamentos sem justa causa ocorre entre os empregados com até dois anos de serviço na empresa (Manzano, 1996). É possível então, cruzar essas variáveis, inferindo que boa parte desses trabalhadores que não ultrapassa mais de dois anos no mesmo vínculo, tende a ser de pessoas com baixa escolaridade. Dados de 1990 provenientes do MTb/Anuário da Relação Anual de Informações Sociais (Rais) e trabalhados por Manzano (1996) atestavam que essas dispensas (de trabalhadores com até 2 anos de serviço) respondem por 76,55% do total das que se fizeram por iniciativa do empregador. Isso faz com que os contratos de trabalho, embora predominantemente por tempo indeterminado, apresentem-se, na prática, de curta duração (Pochmann, 1996), o que praticamente impossibilita o usufruto, por esses trabalhadores, dos aumentos salariais decorrentes de promoções e gratificações.

Outra das consequências mais imediatas desse padrão de exploração da força de trabalho é a sua incidência quanto ao tempo durante o qual os trabalhadores, sujeitos à rotatividade da mão de obra, ficam desempregados. Este tempo tende a aumentar substantivamente, dada a elevação dos parâmetros educacionais e outros critérios discriminatórios (como raça e gênero) num contexto de retração quantitativa dos postos de trabalho formais.

Esse fato gera ainda uma cultura, por parte dos próprios trabalhadores, de procura permanente de trabalho em vista da instabilidade e da insatisfação com a remuneração e as condições de trabalho[7] (Pochmann, 1996). Dados da OIT de 1994 (apud Pochmann, 1996) mostram as disparidades existentes na taxa de desligamento da mão de obra do Brasil quando comparada à de outros países, mesmo de realidades latino-americanas. Enquanto o Paraguai, o Chile, o Uruguai e a Argentina praticam taxas de demissão de 28%, 25%, 10% e 7%, respectivamente, o Brasil ultrapassa os 45%.

> Esse padrão de uso extensivo de uma mão de obra semiqualificada contrasta com a noção que a literatura associa à Terceira Revolução Industrial, a saber: um padrão de uso intensivo de uma mão de obra qualificada, polivalente e cooperativa, compatível com o pleno aproveitamento das potencialidades abertas pela nova base técnica e pelas novas formas de organização e gestão da empresa. [...] Tudo indica que, de modo análogo ao que ocorreu na implantação do complexo industrial no país, a transição para a produção mais eficiente e flexível, própria da chamada Terceira Revolução Industrial, também terá peculiaridades na experiência brasileira. (Proni e Baltar, 1996, p. 137-138)

---

7. Este tipo de busca por trabalho, aliás, é mensurada na PED (Pesquisa de Emprego e Desemprego) do DIEESE como desemprego oculto.

Tal peculiaridade (ou particularidade, como vem sendo tratada aqui) reside no fato de que as diretrizes de flexibilização da legislação sobre o trabalho, enfatizadas pelos organismos internacionais como imperiosas, já são uma realidade no Brasil. Ou seja,

> Como as próprias expressões indicam, para *desregulamentar* e *flexibilizar* um dado sistema de relações de trabalho pressupõe-se a existência de uma regulamentação inflexível. [...]
>
> Desregulamentação do mercado de trabalho é o que já temos. A simples constatação da inexistência de qualquer restrição aos empregadores quanto às formas de estabelecimento do vínculo empregatício, ou ainda, de obstáculos à sua desconstituição, e do número elevado de trabalhadores fora do mercado formal de trabalho, confirmam a desregulamentação intrínseca do modelo nacional.
>
> Os cinquenta anos de desregulamentação, ao contrário do que se apregoa, não resolveram o problema do mercado de trabalho informal, da falta de competitividade das empresas ou da excessiva conflitualidade das relações entre empregados e empregadores. Pelo contrário. (Neto, 1996, p. 331 e 340)

Além do mercado de trabalho no Brasil já ser suficientemente flexível (não impedindo, por exemplo, as demissões abusivas), experiências em outros países também mostram que a flexibilização tende a fracassar como mecanismo de geração de empregos (talvez o exemplo mais ilustrativo seja o da Espanha) (Mendonça, 1998). Na verdade, é preciso que se diga que o debate sobre a flexibilização da legislação trabalhista que, no Brasil, pretende atingir fundamentalmente a CLT, tem uma clara funcionalidade: pretende-se reduzir o custo do trabalho por meio de remunerações flexíveis, já que a flexibilidade quantitativa (emprego) não é nenhuma novidade por aqui. É importante notar que o custo do trabalho na indústria de transformação em 1980, que era de US$ 3 a US$ 4 por hora, caiu para US$ 1 em 2003 (apud Pochmann, 2006). Isso reforça as considerações inicialmente tecidas em torno do atual *aprofundamento e extensão da flexibilidade como uma particularidade do regime de trabalho no Brasil, que se afirma como uma das mediações fundamentais para uma caracterização do desemprego no país.*

Além de um mercado de trabalho historicamente flexível, com força de trabalho abundante e barata, o desemprego no Brasil também é acompanhado pelo baixo nível de proteção social. Mesmo antes do discurso neoliberal de redução do Estado, as medidas de atendimento aos desempregados e trabalhadores informais já eram portadoras da descontinuidade e da focalização típicas do processo atual de "refilantropização" da "questão social" (Yazbek, 2001). A razão fundamental disso é a sua histórica desarticulação em relação às medidas no campo da política macroeconômica, além da desarticulação também em relação à própria "cidadania regulada", como foi o caso da redução da jornada de trabalho de 48 para 44 horas, instituída em 1988.

Outro exemplo disso é o seguro-desemprego, tardiamente implementado no Brasil e com uma eficácia bastante discutível, em face do crescimento da informalidade. Azeredo (1998) assinala que, não obstante o programa tenha uma cobertura de cerca de 66,2% dos trabalhadores demitidos sem justa causa, grande parte deles, nas mesmas condições, não chega a cumprir o requisito para acessá-lo, dada a alta rotatividade dos vínculos, cuja permanência mínima exigida, nesse caso, é de seis meses. A mesma autora destaca que esse tipo de programa é executado em países desenvolvidos, associando, muitas vezes, a passagem dos desempregados por agências de emprego como critério para o pagamento do benefício financeiro. Isso maximiza a proteção pública ao trabalho e define os contornos reais do conceito de "desemprego involuntário", bem diferente do que ocorre no Brasil onde o seguro-desemprego resume-se à concessão do benefício financeiro.

No contexto atual, em que é visível, além do crescimento do desemprego, uma "elevação nas taxas de subemprego e a deterioração da remuneração média dessas pessoas" (Souza, 1998, p. 168) *ganham força medidas assistenciais para lidar com a questão do desemprego, equalizando-a à da pobreza*, bem nos termos advertidos por Chesnais (1996) quando assegura que o tema do desenvolvimento tem perdido espaço na agenda dos organismos internacionais, para o tema da administração da pobreza. Exemplos disso são os programas de transferência de renda e "capacitação" para jovens e adultos, assentados na "ideologia da flexibilização", ou seja, fomentando ilusões, sem a menor sustentação, acerca de inserções "autônomas" no mercado de trabalho.

> As medidas introduzidas no conjunto das políticas de emprego durante a década de 1990 terminaram por não alterar o comportamento fragmentado e pulverizado das políticas públicas de atenção ao desemprego. Ademais da baixa efetividade e eficácia das políticas de emprego do governo federal, assistiu-se a permanência de reduzida sensibilidade na aplicação dos escassos recursos públicos para com a heterogeneidade do desemprego. (Pochmann, 2006, p. 32)

Tais medidas têm, a favor de sua existência, a gravidade das situações de vulnerabilidade social que se reproduzem alimentadas pela política econômica, voltada à manutenção das altas taxas de juros para assegurar a presença dos capitais voláteis que levariam o país à bancarrota no caso de uma "fuga" em massa. Entretanto, não é possível esperar delas outro resultado que não seja o enfraquecimento do processo civilizatório erguido pela socialidade burguesa, dentro dos limites da valorização do capital, e que nunca chegou a constituir-se plenamente no Brasil, ou seja, dos patamares básicos de proteção e regulação do trabalho e de relações democráticas entre este e o capital.

É importante notar que esse conjunto de características relacionadas ao regime de trabalho e ao sistema de proteção social, constitutivas do desemprego no Brasil após a segunda fase da "industrialização pesada", tem uma processualidade que pode ser dividida em dois momentos: as décadas de 1980 e 1990. Mas apresentam configurações diferenciadas, não apenas na dimensão e proporções que esse fenômeno assume, como é óbvio a partir de qualquer observação comparativa dos números disponíveis sobre o tema — dados indicam que em 1986 o Brasil estava em 13° lugar no *ranking* do desemprego mundial, subindo para a quarta posição em 1994 (apud Pochmann, 2006b). Essas diferenças residem, substantivamente, nos condicionantes da expansão do desemprego, entre os quais figuram o peso do movimento sindical e, principalmente, o sentido da intervenção estatal na formulação dos rumos da política econômica, como veremos a seguir.

Sugestões bibliográficas

Leia os livros:

Abordei aqui alguns dos aspectos da atual crise capitalista tomando por base uma das explicações possíveis no interior do campo marxista: a que caracteriza a crise atual como o esgotamento de um ciclo "expansivo" (1945-1960) de desenvolvimento da economia capitalista e início de um ciclo de "estagnação". Neste sentido embora não a tenha detalhado por motivos didáticos esta tese, de autoria de Ernest Mandel, encontra-se originalmente no livro *O capitalismo tardio*. 2. ed. São Paulo: Nova Cultural, 1985, mas também em *A crise do capital*: os fatos e sua interpretação marxista. São Paulo/Campinas: Ed. Ensaio/Ed. da Unicamp, 1990.

Associado a essas premissas o livro de CHESNAIS, François. *A mundialização do Capital*. São Paulo: Xamã, 1996, também esclarece dimensões importantes da crise como a "desconexão forçada" e a superação da ideologia do "desenvolvimentista" que coloca na ordem do dia sua substituição por políticas de combate à pobreza.

Para transitar desse quadro geral da crise à realidade brasileira, novamente foram de fundamental importância os artigos dos professores do Instituto de Economia da Unicamp — como Pochmann, Baltar, Dedecca, Proni, entre outros — reunidos sob a forma de coletânea.

Além da já comentada no capítulo precedente indico a organizada por: OLIVEIRA, Marco Antônio de. *Reforma do Estado e políticas de emprego no Brasil*. Campinas: Ed. da Unicamp, 1998); SILVA E SILVA, Maria Ozanira; YAZBEK, Maria Carmelita (Orgs.). *Políticas de trabalho e renda no Brasil contemporâneo*. São Paulo/São Luiz: Cortez/Fapema, 2006; e ANTUNES, Ricardo (Org.). *Riqueza e miséria do trabalho no Brasil*. São Paulo: Boitempo, 2006b.

Sugestões culturais

Assista aos filmes:

Pixote — a lei do mais fraco — Hector Babenco. Brasil, 1981.

Notícias de uma guerra particular — Kátia Lund e João Moreira Salles. Brasil, 1999.

Santa Marta: duas semanas no morro — Eduardo Coutinho. Brasil, 1987.

A causa secreta — Sérgio Bianchi. Brasil, 1994.

Capítulo 6

Determinantes do desemprego nos anos 1980 e 1990

6.1 O desemprego dos anos 1980 e a relação com a crise do desenvolvimentismo

É sabido que a crise que se abate sobre a economia brasileira desde o final da década de 1970 está conectada à dinâmica internacional e sua incidência numa estrutura econômica profundamente internacionalizada. A partir do início da década de 1990, a fim de justificar políticas mais agressivamente desregulamentadoras, propagou-se uma certa ideologia, afirmando que a economia brasileira é "fechada" e precisaria ser "aberta" para modernizar-se. Gonçalves (1994) garante, com base em vários estudos, que essa é uma falsa questão.[1] Segundo o autor, o Brasil possui historicamente um grau de internacionalização da economia consideravelmente alto desde o prisma tecnológico ao comercial, passando pelo financeiro e o produtivo. Para ele

> a questão central para o Brasil não é tanto o grau, mas principalmente, a natureza da sua inserção internacional. Neste sentido, o grau de internacionalização da economia brasileira é tão elevado que transforma a questão da inserção internacional do país numa questão de vulnerabilidade externa [em todos os sentidos]. A vulnerabilidade externa significa uma baixa capacidade de resis-

---

1. Teixeira (1994) e Silva (1985) também podem ser citados como autores que reforçam essa posição, conforme abordado no capítulo 3.

tência frente à influência de fatores externos desestabilizadores ou choques externos. (p. 158)

Parte dessa vulnerabilidade se deve ao fato de grandes corporações internacionais ocuparem posições estratégicas no parque industrial brasileiro — e não só: veja-se a preocupação diária com aferição do "risco Brasil" — de modo que o país sofre impactos diante de quaisquer decisões ou reestruturações por parte desses agentes.

Essa vulnerabilidade externa se acentua na década de 1980, quando o tripé que ofereceu sustentação ao padrão desenvolvimentista (setor produtivo estatal, capital nacional e capital internacional) é levado à reformulação de suas bases (Antunes, 2006). Isso significa dizer o seguinte: o desenvolvimento econômico alcançado a partir dos anos 1950 e que teve seu auge no "milagre econômico" foi proporcionado pela conjugação dessas três forças cumprindo distintos papéis na dinamização do setor de bens de produção e bens de consumo duráveis.

O Estado assumiu o desempenho de investidor direto no setor de bens de produção e no provimento da estrutura necessária à instalação dos empreendimentos, entre outras funções que mantiveram atrativas as condições de investimento internacional (cf. Cap. 3); o capital internacional, por sua vez, aproveitou as vantagens oferecidas num contexto de expansão das taxas de lucratividade e ampliou consideravelmente o Investimento Externo Direto (IED), ou seja, investimento em capital produtivo no setor de bens de consumo duráveis; por fim, o capital nacional não somente se associava aos IEDs como também se dedicou ao setor de bens de consumo não duráveis, cujo aquecimento acompanhou os demais setores da produção industrial.

A crise capitalista atual e o refluxo dos IEDs — pilares de sustentação fundamentais do arranjo já citado — ganham, no Brasil, a expressão de "crise do padrão desenvolvimentista", em face da reformulação observada no desempenho dos papéis dos três agentes envolvidos em sua materialização.

A começar pelo Estado, Mattoso (1995) considera que este tem comprometida sua capacidade de intervenção no setor produtivo diante do desequilíbrio das finanças públicas ocasionado pela diminuição dos investimentos internacionais. Registram-se, desse modo, cortes orçamentários no Setor Produtivo Estatal (SPE), fazendo com que este deixasse "[...] de atuar como força estabilizadora, tornando-se fator agravante e quiçá, precursor do forte movimento recessivo desencadeado em fins de 1980" (Reichstul e Coutinho,

1998, p. 46). Exemplo disso, segundo os autores, é tendência à queda na participação das empresas estatais no conjunto da formação de capital fixo (máquinas, equipamentos, edifícios) observada ao longo dos anos 1980 o que, consequentemente, acaba por repercutir na retração de sua participação também na formação do capital variável (volume de empregos).

Quanto ao capital internacional, além de recuar nos IEDs também é levado a aumentar o protecionismo já existente em relação aos investimentos em Pesquisa e Desenvolvimento (P&D). Note-se que ambas as medidas estão relacionadas aos efeitos da crise sob as condições de competitividade internacional: tanto a diversificação das formas de investimento de capital (que vem deixando de ser sob a forma de capital produtivo para assumir a forma de capital financeiro), quanto o monopólio da tecnologia como diferencial produtivo intermonopolista. Ou seja, se as inovações tecnológicas que conferem competitividade aos padrões produtivos capitalistas sempre chegaram ao Brasil após sua substituição nos países centrais, atualmente essa distância se ampliou, concentrando-se cada vez mais nos países chamados por Chesnais (1996) de "tríade".

O capital nacional, sócio minoritário do grande capital, também tem afetada sua rentabilidade não só devido ao refluxo dos investimentos internacionais como também devido à dependência da importação de inovações tecnológicas altamente monopolizadas que diminuem sua competitividade no mercado internacional e também no mercado interno.

Assim entendida, a *"crise do desenvolvimentismo"* responde por boa parte dos condicionantes do desemprego na década de 1980. Do mesmo modo que a associação com o capital internacional promoveu um padrão de desenvolvimento interno responsável pela elevação dos níveis de emprego, especialmente na segunda fase da "industrialização pesada", impactando significativamente a estrutura de ocupações, também o esgotamento desse padrão de desenvolvimento teve repercussões diretas no mercado de trabalho, configuradas como desdobramentos, em âmbito doméstico, de alterações promovidas por um conjunto de tendências no cenário internacional. Tais repercussões ocorreram no sentido de acentuar a instabilidade dos empregos em face da contração dos investimentos industriais que se apresentaria como uma tendência permanente a partir de então.

> [...] a crise da economia e do Estado impediram que os efeitos sociais da redemocratização e do fortalecimento de novas práticas e formas de organização

social se fizessem sentir sobre a melhoria das condições de vida e trabalho. Em todo caso, a estrutura da produção foi basicamente preservada, embora por toda a década tenha permanecido baixa a taxa de investimento.

As condições gerais do mercado de trabalho urbano, entretanto, deterioraram-se com um crescimento relativamente lento do emprego formal e um aumento da proporção dos trabalhadores por conta própria e dos assalariados sem contrato de trabalho formalizado, além de significativa redução do nível dos salários. Revelou-se ainda, principalmente nos momentos de recessão, um problema inédito na história econômica e social brasileira: o desemprego aberto [...]. No entanto, tratava-se de um desemprego vinculado, em grande medida, às oscilações da atividade produtiva. [...]

No conjunto, o emprego formal em 1989 já abrangia menos da metade das pessoas ocupadas em atividades não agrícolas. (Mattoso e Baltar, 1996, p. 8)

Durante a *década de 1980, as variações nos níveis de emprego e o aumento da informalidade,* conforme dito antes, *podem ser creditados às bruscas oscilações na produção que foram resultantes da crise do padrão de desenvolvimento anterior.* A vulnerabilidade externa do país (Gonçalves, 1994) tem a ver, em linhas gerais, com uma expressiva queda das oportunidades ocupacionais no setor produtivo que, embora preservado, passa a não mais absorver, em proporções satisfatórias, o aumento da população ativa. Devem ser considerados, no período, os efeitos multiplicadores da contração dos investimentos no SPE sobre o mercado de trabalho, conforme destaquei há pouco.

Some-se, nesse quadro recessivo, a existência de um processo inflacionário "galopante" que, ao corroer o poder de compra das rendas do trabalho, contribuía para o rebaixamento dos indicadores de renda, especialmente no meio urbano, já que o peso das atividades agrícolas na ocupação total durante a década de 1980 continuou declinando — passou de 30% para cerca de 23% entre 1980 e 1989 (apud Henrique et al., 1996). Quanto ao rebaixamento da renda e a deterioração de suas fontes de obtenção nas áreas urbanas, Souza (1998, p. 168-169), com base nos dados do IBGE, assinala que

[...] o número de pessoas que percebia menos que o salário mínimo regional cresceu 72% entre março e maio de 1981 nas seis principais regiões metropolitanas do país.

Somando-se as taxas de desemprego de maio de 1981 com as de subemprego observamos que 23% da força de trabalho das seis áreas metropolitanas, ou estava desempregada ou percebia menos que o salário mínimo regional. Em outras palavras, quase 1 de cada 4 membros da população economicamente ativa estava desempregado ou "gravemente" subempregado.

Tem-se, desse modo, uma ideia do quadro geral da crise dos anos 1980 e do papel que a redução dos empregos industriais desempenhou nesse contexto.

Note-se, entretanto, que apesar de ter crescido em relação à década anterior, ao final dessa década, eram encontradas taxas relativamente baixas de desemprego nas principais metrópoles do país (Henrique et al., 1996). Isso se explica, de acordo com os autores, pelo aumento da capacidade de absorção do setor terciário (especialmente no setor público) conjugado à diminuição do ritmo de crescimento da população ativa em relação aos anos 1970. Essa alteração, no entanto, não passa sem consequências já que a qualidade dos empregos criados, sobretudo no comércio e nas inúmeras esferas de prestação de serviços não é a mesma dos empregos perdidos no setor industrial. Diante disso, "pode-se afirmar com tranquilidade que o mercado de trabalho brasileiro deteriorou-se nos anos 80" (Henrique et al., 1996, p. 93).

Acentua-se, assim, a tendência à flexibilidade e informalidade da estrutura ocupacional, dada a posição que o setor terciário passa a ocupar na geração de empregos, paralelamente à retração dos empregos industriais, provocada pela crise capitalista mundial. Exceção deve ser feita, nesse particular, ao aumento do emprego público nos anos 1980, especialmente nas atividades sociais (Henrique et al., 1996) que embora classificadas como parte do setor terciário, ofereciam as garantias próprias do emprego formal.

Conforme venho insistindo aqui, a flexibilidade já estava presente no regime de trabalho constituído pelo "fordismo à brasileira", e, portanto, também era observável nos empregos do setor produtivo. Por isso, o que me parece ocorrer nos anos de 1980 é o aprofundamento e extensão dessa característica, potencializados pela diminuição do emprego industrial e aumento das ocupações no setor terciário. Ademais, é preciso sublinhar que tal tendência não pode ser creditada, nesse momento, às seletivas reestruturações do parque industrial brasileiro nos termos da acumulação flexível (Alves, 2005). Elas decorrem da pura e simples extinção de postos de trabalho, utilizada como mecanismo de diminuição dos custos do fator trabalho diante da crise.

Pelo menos até 1986, segundo Diaz, as inovações tecnológicas (e organizacionais) parecem não ter ocasionado, de modo significativo, dispensa de trabalhadores.

Nessa época, a recessão e a recuperação da economia são os fenômenos que mais causaram impacto sobre a evolução do emprego industrial no período 1981-1986. Dessa forma, o desemprego tecnológico não teve, nesse período, nem de longe, a magnitude do que aconteceu, por exemplo, na Europa Ocidental e nos EUA. (Alves, 2005, p. 260-261)

Em função disso é que não se verifica, no Brasil durante a década de 1980, o desemprego e a flexibilidade como resultantes da reestruturação produtiva, como já estava ocorrendo em países capitalistas centrais. O impulso recebido no sentido de seu aprofundamento e extensão provém, nesse momento, da crise do padrão de desenvolvimento associado ao capital monopolista que, simplesmente, reduz os seus investimentos diretos em países como o Brasil como parte de sua estratégia de reestruturação mundializada.

Isso teve importantes consequências sociais, uma vez que as ocupações do setor terciário geralmente caracterizam-se pela precariedade e baixa remuneração, além de não possibilitarem, pela informalidade e/ou instabilidade, o acesso aos parâmetros de proteção social estabelecidos pela "cidadania regulada". Foram registrados, por exemplo, vários conflitos urbanos, principalmente nas principais áreas metropolitanas durante a recessão de 1983.

Ainda relacionado a isso importa notar que a redução dos empregos no setor secundário impactou a base a partir da qual se organizou o novo sindicalismo (Henrique et al., 1996), um dos diferenciais no panorama da "questão social" brasileira nesse contexto.

O movimento sindical vivenciou, a partir do final dos anos 1970, com o processo de redemocratização, uma fase de intensas mobilizações. Oliveira (2003) relata que estas pressionaram tanto o empresariado quanto o governo, a restaurar as negociações coletivas e, no que tange à ação estatal, a articular medidas de reajuste salarial como parte das estratégias de controle da inflação, exaustivamente implementadas no período.

A partir de 1979, com modificações em 1980, estabeleceu-se uma política de reajustes diferenciados de acordo com as faixas salariais, cujo parâmetro era o Índice Nacional de Preços ao Consumidor (INPC), objetivando "fechar o leque de salários". Isso significa dizer que os reajustes diminuíam na proporção em que subiam as faixas salariais, e deixaram de existir, a partir de 1980, na faixa acima de vinte salários mínimos (Souza, 1998). Ficava de fora dessa política, entretanto, o reajuste do salário mínimo que não acompanhava tais parâmetros, tornando limitados os seus efeitos para a grande parcela de trabalhadores inseridos nessa faixa de renda.

Não obstante os efeitos restritos da política de reajuste salarial, sua existência foi fundamental como referência para as mobilizações sindicais, que registraram, nos anos 1980, um progressivo aumento. Nesse sentido, mesmo que "[...] a maioria das disputas trabalhistas envolvesse diretamente trabalhadores e patrões, as mobilizações sindicais voltavam-se também para o governo que tinha o poder de determinar a política salarial" (Souza, 1998, p. 325-326).

Alves (2005) enfatiza que a mobilização sindical dos anos 1980 deve ser caracterizada como uma reação ofensiva da classe operária lutando por salários, mas também por outros direitos do trabalho, tais como a organização por local de trabalho (comissões de fábrica), que foram historicamente negados pelo teor retardatário do capitalismo brasileiro. Esse panorama vai sofrer impactos das alterações operadas no mercado de trabalho no sentido da diminuição do emprego industrial, pois o vigor da organização sindical foi determinado pela expansão da classe operária, resultante do crescimento do parque industrial brasileiro durante o desenvolvimentismo.

A crise desse padrão de desenvolvimento, afetando o nível dos empregos do setor e estimulando-os no sentido da informalidade, característica do setor terciário, diminui progressivamente as bases sindicais. Tanto porque a tradição sindical nesse ramo atinge poucos segmentos, quanto porque, no geral, os vínculos precários ou informais dificultam a organização sindical, reforçando a tendência à dessindicalização que se torna evidente nos anos 1990. É importante mencionar, no entanto, que mesmo nos anos 1980, no auge da mobilização sindical, o percentual de sindicalização no Brasil cresceu menos de 4% em relação ao registrado em 1978, passando de 10% a 13,8% em 1988 (apud Alves, 2005).

Apesar da curva decrescente das mobilizações sindicais, detectada no final da década em questão, essas tiveram um papel fundamental em pelo menos duas dimensões. No âmbito mais restrito, cumpriram o papel de restaurar parte das perdas salariais acumuladas durante a dura política de "arrocho salarial" vigente na ditadura, na medida em que pautaram, no centro de sua agenda política, a questão salarial. É certo que em decorrência da corrosão inflacionária e da prolongada crise, no final dos anos 1980 os salários se situavam aquém do patamar observado no início da década (Portugal e Garcia, 1997). Mas, é certo também que se não fosse a ação ofensiva desses sujeitos coletivos, os resultados da crise teriam sido ainda mais desastrosos em termos de aprofundamento do padrão de exploração da força de trabalho no Brasil. Veja-se, por exemplo, o quanto essa exploração cresceu durante a segunda fase da industrialização pesada que conjugou a repressão ao movimento sindical à política de "arrocho salarial", reduzindo significativamente o custo da força de trabalho. Ou seja, sem as lutas sociais protagonizadas pelos segmentos de trabalhadores organizados, tende a crescer a exploração do trabalho. Não por acaso uma das principais tarefas da ditadura militar consistiu em silenciar o movimento social em geral e o sindical, especialmente.

Relacionado a esse último aspecto, comparece a segunda das dimensões referidas, que tem a ver com o efeito multiplicador dessas conquistas para o conjunto da sociedade brasileira. Foram incontestáveis as contribuições da mobilização sindical, sob a forma do chamado "novo sindicalismo", para a restauração da democracia e o avanço dos direitos sociais.

> Entrava na cena política e social nacional uma classe trabalhadora bastante ampliada, diversificada e concentrada nos setores dinâmicos da acumulação e que, não se contentando com os temas exclusivamente sindicais, reivindicava um "outro" desenvolvimento. Estes novos sujeitos, novos lugares políticos e novas práticas sociais caracterizariam "o início de um novo período na história social de nosso país". (Mattoso, 1995, p. 125)

Foi articulado ao "novo sindicalismo", numa perspectiva de superação do corporativismo sindical, historicamente dominante no Brasil, que se fortaleceram segmentos dos movimentos sociais protagonistas dos debates durante a formulação da Constituição de 1988 — sem dúvida um marco que, conforme já enfatizado por inúmeros analistas, contrasta com o panorama mundial de implementação das diretrizes neoliberais.

Já na segunda metade do governo Sarney, o Brasil vivenciou novos sinais de queda no crescimento da economia resultantes do "boicote" sistemático ao "Plano Cruzado" (Behring, 2003) que "prepara o terreno" para as medidas de ajuste neoliberais que serão dominantes a partir dos anos 1990, sintonizando o Brasil aos rumos estabelecidos pelo "Consenso de Washington". De acordo com Behring (2004), dadas as características heterodoxas do Plano

Cruzado, a equipe de Dilson Funaro foi acusada de "populismo econômico", fato que capitaneou resistências norte-americanas, mas também de grupos nacionais política e economicamente fortes. Assim conjugados, esses fatores contribuíram para a derrota do Plano Cruzado diante da "incapacidade dos órgãos estatais de operacionalizarem o plano em função da paralisia gerada pela dificuldade de conciliar interesses contraditórios de classes e segmentos de classe" (Behring, 2003, p. 140).

A derrota do Plano Cruzado foi, na análise da autora, um componente essencial à construção dos acordos que possibilitaram a adoção, nos anos 1990, das medidas ortodoxas neoliberais, no campo da política econômica, como se estas fossem a única opção possível para retomar o crescimento econômico, conferindo-lhe o tom de "inquestionabilidade" presente nos discursos governamentais de diferentes filiações ideológicas até os dias que correm.

No período entre 1987-1989, mesmo não elevando o desemprego aos patamares alcançados na retração anterior (1981-1983), a tendência ao aprofundamento e extensão da flexibilidade estrutural do regime de trabalho no Brasil era clara. Isso porque, de acordo com Portugal e Garcia (1997, p. 59-60), os mecanismos de ajuste das empresas passam a ser *focalizados mais na jornada de trabalho e não tanto na duração dos contratos*.

> Durante a segunda metade do governo Sarney, entre 1987-1989, vigorou uma estratégia *stop and go* ante um contexto de explosão inflacionária. [...] Durante esse período, à semelhança do ocorrido na retração anterior, o recuo médio do crescimento do PIB chegou a 2,2% ao ano [...]. Dessa vez, contudo, os reflexos no mercado de trabalho, sobretudo formalizado, no tocante à elevação do desemprego, foram substantivamente menos drásticos. Isso pode ser entendido pela natureza dos ajustes efetuados pelas empresas mais centralizados no controle das horas trabalhadas que na dispensa.

Ou seja, o que estou chamando de *aprofundamento e extensão da flexibilidade representa a sua adoção em relação a outros aspectos do regime de exploração do trabalho, além da flexibilidade quantitativa* expressa na rotatividade da mão de obra — que continuava alta. Informações sobre empregados com vínculos formalizados no final da década de 1980 indicam uma rotação mensal de cerca de 4% do estoque total de empregados (Rais/MTB apud Henrique et al., 1996). *Sem descartar essa primeira e mais significativa manifestação de flexibi-*

lidade, me parece que a tendência nos anos 1990 foi de diversificá-la, implicando claramente o seu aprofundamento, para o qual contribuem os novos elementos adicionados, especialmente no âmbito da ação estatal, à crise da economia brasileira.

6.2 O desemprego dos anos 1990 e a relação com as políticas de ajuste neoliberais

Nos anos 90 do século XX evidencia-se, no Brasil, uma importante mudança nos rumos da política econômica que, acentuando as particularidades historicamente constitutivas do capitalismo em nossa formação social, vai intensificar os traços heteronômicos do capital nacional e de sua valorização, ancorada ao capital externo. Ou seja, "consolida-se um circuito de valorização de capitais nacionais em que parte importante do processo de valorização se realiza por meio do capital externo, que ora pode desempenhar a função de capital financeiro, ora pode exercer mesmo a função de capital produtivo" (Machado, 2002, p. 78).

Trata-se das já bastante analisadas políticas de ajuste neoliberal, cuja implementação tardia no país se deveu ao fortalecimento de setores progressistas na sociedade civil e, em seu interior, do movimento sindical durante os anos 1980. Já a partir da derrocada do "Plano Cruzado", mas especialmente, da coalizão política vencedora das eleições presidenciais, em 1989, esse adiamento deixou de ser possível e Collor de Melo irá colocar o Brasil no rol dos experimentos neoliberais, tendo como foco a estabilização da economia por meio da adoção de políticas clássicas de combate à inflação, já que essa vinha se "arrastando" como um problema macroeconômico desde a década anterior.

As soluções para o enfrentamento da inflação, porém, vieram acompanhadas de uma política monetária restrita e da abertura comercial (Alves, 1998). Embora o Brasil tenha se constituído, historicamente, como uma economia internacionalizada, conforme dito anteriormente, a abertura comercial promovida pelas políticas neoliberais, a pretexto de tornar a economia "mais competitiva", desregulamentou algumas últimas barreiras de proteção comercial aos produtores internos. Foram tomadas medidas governamentais que reduziam o custo e o controle administrativo das importações com o pretexto de aumentar a competitividade da indústria nacional. Favorecendo as importações, esta abertura comercial trouxe graves consequências ao longo de toda a década de 1990 já que muitos "[...] não conseguiram absorver a pressão por rebaixamento de seus preços e/ou a competição em qualidade dos produtos importados" (Henrique et al., 1996, p. 98) e fecharam suas fábricas, reduzindo, consequentemente, os empregos do setor produtivo.

Essa política foi significativamente aperfeiçoada nos dois mandatos do governo FHC e, durante o governo Lula, ganhou *status* de "grande consenso supra-ideológico" sendo mantida como uma espécie de "patrimônio nacional", responsável por estabilizar a economia e vencer a inflação. Aliás, a "unanimidade" em torno do discurso da estabilização, segundo Ouriques (1997), possui uma clara dimensão ideológica, na medida em que está assentado numa espécie de "necessidade imperiosa" para o crescimento econômico, como se não houvesse outra maneira de conduzir a economia globalizada sem o risco do retorno da inflação. Os custos sociais decorrentes de sua aplicação são considerados "epifenômenos" passageiros até que o "grande" momento de "dividir o bolo" possa acontecer.

Abro aqui um pequeno parêntese para situar que, de acordo com Coggiola (1997), já era visível o deslocamento "à direita" do Partido dos Trabalhadores no primeiro mandato de FHC, quando, ainda exercendo uma função de oposição, parece ter-se integrado ao discurso da esperança na estabilização monetária. Nesse sentido, a "era FHC" é indicada como "berço" da capitulação ideológica desse partido e esteve na base do governo Lula, cuja adoção da mesma política econômica de FHC, para bons observadores não chegou a surpreender, principalmente quando se tem em conta o leque de alianças buscado para ambas as vitórias presidenciais e que deu sustentação às medidas governamentais no Legislativo (Netto, 2004).

Apesar do grande número de análises já efetuadas a respeito, vale a pena retomar alguns aspectos cruciais dessa política econômica que, conforme hipótese aqui defendida, e em consonância com vários autores,[2] é um determinante central para o agravamento do desemprego no Brasil contemporâneo. "Os anos 90 representaram um momento de ruptura com a trajetória de desenvolvimento que havia possibilitado a industrialização no país

---

2. Entre os vários analistas que colocam as políticas de ajuste neoliberais como determinantes novos e centrais em relação ao desemprego no Brasil, encontram-se Pochmann (2006), Mendonça (1998), Soares (2000), Mattoso (1995), Henrique et al. (1996), Dedecca (1998) e Alves (2005), que serão amplamente utilizados na condição de referências para as afirmações aqui contidas.

depois de 1930. [...] Os efeitos da nova política econômica sobre o emprego foram desastrosos" (Dedecca, 1998, p. 280).

Singer (1999), comparando os planos econômicos "Collor" e "Real", afirma que, enquanto o primeiro levou às últimas consequências a contenção da demanda de consumo, "sequestrando", inclusive as poupanças, por um ano e meio sem aviso prévio, o segundo tornou-se mais palatável à opinião pública. Foi anunciado com antecedência e implementado por etapas, precedentemente discutidas e aprovadas pelos parlamentares. Valorizando artificialmente a moeda brasileira através da "âncora cambial", a abertura da economia foi conduzida a um patamar diferenciado do ocorrido no governo Collor. Se, por um lado, a entrada de produtos importados a um custo menor que os nacionais fez a "alegria dos consumidores", de outro, impôs sérias dificuldades à indústria nacional e crescentes "[...] *déficits* na balança de mercadorias, cobertos com empréstimos externos e investimentos diretos do exterior. O que serviu para ampliar [...] o *déficit* na balança de serviços, onerada por crescentes remessas ao exterior de juros e rendimentos" (Singer, 1999, p. 32).

Após esse primeiro momento de euforia, o governo passou a enfrentar sucessivos "ataques" especulativos ao país, diante dos quais a resposta foi a ortodoxa elevação da taxa de juros, acompanhada pelos seus efeitos "anticrescimento", a fim de evitar a todo custo a "fuga de capitais", de que foi exemplar a crise da economia mexicana em 1995. A vulnerabilidade da economia aos "humores" do mercado financeiro é evidente e se estende aos dias atuais com o permanente "risco Brasil" anunciado e avaliado diariamente pela imprensa.

Entre os efeitos esperados pela adoção dessa política, estava a redução do *déficit* público (que era crescente a despeito da mesma) e, em tese, seria o grande culpado pela crise. O governo (e a imprensa a seu favor) queria fazer crer que as medidas para sua redução estavam sendo tomadas com a chamada "Reforma do Estado" — ou, na feliz expressão de Behring (2003), a "contrarreforma" — materializada nas privatizações, na reforma da previdência, entre outras medidas de corte no orçamento das políticas públicas.

Especialmente no que diz respeito às privatizações e às diretrizes de "enxugamento da máquina estatal", cabe mencionar o seu papel na amplificação dos índices de desemprego, em vista da redução de postos de trabalho no funcionalismo público e da ausência de novas contratações. Como já foi dito (cf. Item 6.2.), os empregos públicos foram responsáveis por parte do crescimento do setor terciário nos anos 1980 e, com a tendência registrada a partir das políticas de ajuste neoliberais, tornam-se um dos protagonistas do desemprego, inclusive no setor produtivo que, após as privatizações, foi atingido pelas "reengenharias" e "programas de demissão voluntária" — esses últimos, aliás, também implantados em empresas que continuaram públicas, como o Banco do Brasil.

> [...] os trabalhadores bancários foram fortemente atingidos pelas mudanças nos processos e rotinas de trabalho, fundamentadas e impulsionadas, principalmente, pelas tecnologias de base microeletrônica e pelas mutações organizacionais. [...] Os planos de demissão voluntária tornaram-se regra nos bancos públicos, conforme pudemos analisar em nossa pesquisa no Banco do Brasil. Paralelamente, proliferaram os terceirizados no labor bancário. (Antunes, 2006, p. 20-21)

Netto (1999) destaca que, para além dos cortes orçamentários, o governo utilizou-se amplamente da manipulação de receitas, de que foi exemplo o desvio dos recursos da CPMF (Contribuição Provisória sobre a Movimentação Financeira), criada para o financiamento da saúde, mas que compunha, até bem recentemente, parte importante das receitas que geravam o superávit primário. Atinge-se em cheio, com esse e outros expedientes possibilitados pela Desvinculação de Receitas da União (DRU), um dos principais pilares da recém-instituída seguridade social: o seu financiamento (Boschetti e Salvador, 2006).

Torna-se clara a subordinação da política social à orientação macroeconômica (Netto,1999), uma vez que a ação do Estado vem situando-a de dois modos: ou nos parâmetros mercantis (dirigida aos que têm capacidade de contribuir para acessá-las sob responsabilidade do mercado com sua propalada qualidade), ou no da refilantropização (Yazbek, 2001) (dirigida aos segmentos desmonetarizados, sob a alçada da "sociedade civil" com discutíveis índices de eficiência, cuja qualidade é emblemática).

Diante do crescimento do desemprego e da pobreza, cujos determinantes continuam sendo a histórica concentração de renda, mas, também, de acordo com Soares (2000), os efeitos da política de estabilização,

> muda [...] a orientação da política social [estatal]: nem consumos coletivos nem direitos sociais, senão que assistência focalizada para aqueles com "menor capacidade de pressão" ou os mais "humildes" ou, ainda, os mais "pobres" [emblematicamente traduzida no focalismo do Comunidade Solidária e do "fome zero"]. Dessa forma, o Estado neoliberal ou de "mal-estar" inclui, por

"QUESTÃO SOCIAL"

definição, uma feição assistencialista (legitimação) como contrapartida de um mercado "livre" (acumulação). Essa política de legitimação tem oscilado, particularmente, nos países da América Latina entre o assistencialismo e a repressão. Segundo a concepção neoliberal de política social, o bem-estar social pertence ao âmbito do privado. [...] a solução dos problemas dos pobres se resume ao "mutirão". (Soares, 2000, p. 73 e 90)

A mesma autora sublinha que o desemprego assumiu, em decorrência dessas orientações para a política econômica e social, uma dimensão que supera qualquer outra marca histórica já vista no Brasil. A partir de 1996, baixas taxas de crescimento econômico vieram acompanhadas do aumento das taxas de desemprego, que chegou a 19% segundo o DIEESE em 1998.

Outra tendência assume crescentemente maiores proporções: a diminuição da participação do emprego formal e o aumento das formas precárias de inserção no mercado de trabalho, conforme atesta Mattoso (1999, p. 128-129) ao apresentar dados do comportamento do mercado de trabalho até 1998:

o desemprego gerado pelo governo FHC só não foi ainda maior porque aumentou sobremaneira o emprego por conta própria e sem carteira, sobretudo nos primeiros anos de governo [...] [tornando as relações de trabalho mais precárias] com ampliação da ocorrência de condições de trabalho onde prevalecem situações sem contribuição à previdência e, portanto, sem acesso à aposentadoria [e demais benefícios previdenciários relacionados ao trabalho].

Essa tendência ao desassalariamento é visível, por exemplo, quando se observa que 46,7% pessoas ocupadas em atividades não agrícolas em 1999 correspondia a trabalhadores por conta própria[3] (IBGE-PNAD apud Baltar, 2003). Registra-se, desse modo, um crescimento desse tipo de ocupação "embora uma parcela não desprezível da ampliação do trabalho por conta própria na verdade tenha sido uma expressão do crescimento do trabalho assalariado disfarçado" (Baltar, 2003, p. 122). Cabe destacar, a título de comparação, que nos países desenvolvidos esse dado dificilmente ultrapassa 10% da ocupação não agrícola total (Baltar, 2003).

---

3. "No Brasil, no entanto, o trabalho por conta própria que realmente tem se expandido é o tradicional, mais conhecido por trabalho autônomo para o público, que se caracteriza, em geral, por ser portador de condições de trabalho e de remuneração precárias" (Pochmann. In: Antunes [Org.], 2006. p. 61).

Some-se a isso a incidência de um desemprego resultante de importantes alterações da estrutura produtiva (Mattoso e Baltar, 1996) que começaram a ter expressões em ramos como o automotivo (Alves, 2005), mas, também no setor de serviços, em que alguns de seus componentes foram intensivamente automatizados — como os bancos, por exemplo — e fica evidente o que estou denominando de aprofundamento e extensão da flexibilidade estrutural do mercado de trabalho brasileiro. Não dá para abstrair o fato de que, mesmo reconhecendo-se o seu agravamento pelo contexto aqui sumariado, essas características são estruturais no mercado de trabalho nacional e sempre impactaram os índices de desemprego e formalização da estrutura ocupacional, dado o padrão de regulação e exploração do trabalho historicamente dominante no país. Isso implica reconhecê-las como um marco nas particularidades da "questão social" no Brasil que se atualiza e aprofunda na contemporaneidade.

Busca-se, dessa forma, identificar em suas expressões contemporâneas o "novo e o que permanece" (Pastorini, 2004) importando, para tanto, distinguir os problemas estruturais de emprego dos seus aspectos conjunturais. De acordo com Souza (1998, p. 155 e 157)

> os problemas estruturais de emprego estão vinculados às características mais importantes do desenvolvimento dessas economias e manifestam-se essencialmente na existência de um **significativo contingente de trabalhadores que subutilizam** [ou, seria melhor dizer **têm subutilizada**?] **sua capacidade de trabalho.** [...] Da mesma forma, quando o ritmo de crescimento da demanda se desacelera, aos problemas estruturais veem somar-se problemas conjunturais de emprego. Nessas ocasiões, o número de desempregados aumenta, e mais importante, agravam-se os problemas estruturais preexistentes, pois também *aumenta o subemprego.* [...] Nesse caso, *a renda média que os subempregados vinham obtendo cai* como consequência do maior número de pessoas que disputam um mesmo mercado, ou um mercado também diminuído, como consequência da retração econômica. [Destaques em grifos do original, em negritos meus]

Na condição de fenômeno "novo" — expressão da tendência que se apresenta conjunturalmente no interior do subemprego como componente estrutural do mercado de trabalho no Brasil — *a visível deterioração da renda extraída do subemprego me parece estar na raiz da crescente equalização entre pobreza e desemprego* que se encontra no epicentro das políticas sociais atualmente formuladas pelo Governo Federal. Estas pretendem cobrir, com mediadas assistenciais, as lacunas das políticas de emprego, sem ter em conta que o que ocorre atualmente corresponde à "geração adicional de um maior contingente de mão de obra sobrante, deserdado das condições necessárias de incorporação social e ocupacional provenientes do modelo de políticas púbicas implementadas durante os anos de 1930 a 1980" (Pochmann, 2006, p. 26). Ou seja, diante da realidade de aproximadamente metade dos trabalhadores não ter acesso a nenhum mecanismo de proteção social relativo ao trabalho, em vista de sua inserção em atividades precárias e informais, acentuam-se mecanismos governamentais de assistência social que correspondem, no mais das vezes, ao único tipo de direito social por eles acessado. Essa tendência tem sido ressaltada por alguns analistas no Serviço Social, em especial Rodrigues (2007), que a identifica como uma "assistencialização da Seguridade Social".

Nesse sentido, embora visivelmente o foco da discussão proposta aqui tenha se mantido na realidade do desemprego nas zonas urbanas do Brasil, alguns aspectos desse debate requerem problematizações mínimas acerca do desemprego também nas zonas rurais, dado o seu impacto nos índices de desemprego aberto e, consequentemente, na pressão que opera sobre o mercado de trabalho urbano.

Além da sazonalidade como principal expressão estrutural dos problemas de emprego nas zonas rurais, Belik et al. (2003) mostram, com base nas estimativas do *sensor rural Seade*, que o desemprego também cresceu nessas áreas, apesar do meio rural brasileiro ter se complexificado bastante nos últimos anos. Refiro-me à existência, hoje, no meio rural de um crescente número de ocupações não agrícolas que, embora não tenham evitado o crescimento do desemprego nas zonas rurais, podem ser consideradas como seus atenuantes.

> Há vários fatores que contribuíram para que houvesse um forte crescimento das ocupações não agrícolas no meio rural na década de 1990. O primeiro é que, com a modernização da agricultura e o consequente aumento da produtividade do trabalho no campo, houve uma redução acentuada da mão de obra ocupada nas atividades agrícolas. Além disso, o próprio responsável pela atividade agropecuária também passou a ter tempo ocioso, aproveitando-o para dedicar-se a outras atividades (agrícolas e/ou não agrícolas) fora da propriedade, em tempo parcial ou naqueles períodos do ano em que as atividades agrícolas na propriedade são menos intensas. O segundo é que os preços dos produtos

agrícolas vêm caindo nas últimas três décadas, o que tem obrigado membros das famílias rurais a procurar atividades alternativas como formas de manter o nível de renda familiar. Um terceiro fator é que há oferta crescente de oportunidades de ocupação não agrícolas à população rural, que geralmente remuneram mais que a agricultura, e, portanto, exercem uma atratividade às pessoas que buscam melhorar seu padrão de vida. [...] [A] forte e rápida destruição de postos de trabalho nas atividades agrícolas e pecuárias tradicionais, [no entanto] é muito maior que o volume de criação de novas oportunidades nas atividades não agrícolas. Como resultado líquido desse processo, o que se observou no meio rural brasileiro nos anos 90 foi um significativo aumento do desemprego. (Belik et al., 2003, p. 181 e 192)

Tem-se, neste particular, um "retrato" de como os incentivos governamentais em termos da manutenção do latifúndio de monocultura para exportação ao longo de todo o período desenvolvimentista (e também na sua crise) acentuaram a importância econômica de culturas como a dos grãos e oleaginosas — que são altamente mecanizadas — enquanto culturas como o café e o algodão, tradicionalmente intensivas no uso de mão de obra, mergulharam em crises.

[...] o Norte do Paraná, que tinha [...] servido como zona de alta absorção de mão de obra, passou a expulsar gente a um ritmo muito elevado. A população rural do Paraná tinha passado de 3 milhões de pessoas em 1960 para 4,5 milhões em 1970; em 1980, contudo, registram-se apenas 3,2 milhões de habitantes na zona rural. A desarticulação da economia cafeeira — baseada em grande medida na mão de obra da pequena produção — e sua avassaladora substituição pela soja na região, responde em grande medida por este fenômeno. A soja é tipicamente uma cultura mecanizada que dispensa mão de obra e favorece a concentração fundiária.

No estado de São Paulo assistimos a um fenômeno semelhante, sendo o café substituído pela cana-de-açúcar, e tendo a população rural decrescido de 3,5 para 2,9 milhões de pessoas, durante a década [de 1980]. (Souza, 1998, p. 161-162)

É possível ainda, a partir desses autores (Belik et al., 2003) visualizar que, ao contrário do que vem ocorrendo nas áreas urbanas, o assalariamento tem crescido no meio rural devido à tendência de expansão das ocupações não agrícolas. *Uma coisa, entretanto, ambas as áreas têm em comum: o seu grau de precarização em termos de proteção social e as baixas remunerações das novas ocupações* (apesar da renda média auferida nas atividades não agrícolas ser quase o dobro da renda média das atividades agrícolas). A queda no nível das ocupações agrícolas baixou consideravelmente a renda agrícola familiar forçando, especialmente as mulheres, a buscar trabalho assalariado fora dos seus estabelecimentos. "A grande maioria dos ocupados é de trabalhadoras assalariadas, que têm renda média das mais baixas da população rural [...], perdendo até mesmo para as domésticas com residência urbana" (Belik, 2003, p. 187).

É preciso sublinhar, portanto, que se o desemprego das áreas rurais tem causalidades um tanto diferenciadas, haja vista que esse processo se acentua lá antes do que no meio urbano — ainda tributário das políticas desenvolvimentistas — nem por isso deixa de sofrer impactos dos ajustes neoliberais. Para Borin (1997), as medidas do primeiro governo FHC para o setor agrícola foram pontuais, a exemplo de alguns assentamentos e do ínfimo volume de recursos destinados ao Programa Nacional de Fortalecimento da Agricultura Familiar (Pronaf). A ausência total de uma política agrícola e agrária e a consequente falta de investimento público no setor, através do crédito agrícola, não permite, também de acordo com Leite (1999), afirmar que as medidas pontuais que se apresentaram sejam qualificadas como uma "reforma agrária". O mesmo se pode dizer das tímidas medidas que, no segundo mandato FHC, vieram se somar ao Pronaf — a exemplo do Programa de Crédito Especial para a Reforma Agrária (Procera), o Programa de Geração de Emprego e Renda (Proger-Rural). As mesmas são, antes, frutos da pressão que a ação organizada do MST e da Contag exerceu, incansavelmente, sob o governo, a despeito do elevado grau de repressão com que foram tratadas as ocupações promovidas, conforme ocorreu nos episódios de Eldorado de Carajás e Corumbiara.

Isso atesta, em boa medida, o tipo de resposta que o governo apresentou à questão agrária como uma das mais importantes manifestações da "questão social". Nesse sentido, *não só o aumento do desemprego aberto nas zonas rurais, mas, principalmente, as modificações na estrutura ocupacional com as ocupações não agrícolas, refletem a extensão e aprofundamento da flexibilidade estrutural do mercado de trabalho brasileiro pelas baixas remunerações e nível de proteção social.* A insatisfação com esse panorama continua alimentando a tendência histórica da migração campo-cidade e a elevada disponibilidade de mão de obra para o capital nos centros urbanos que caracteriza o país.

Com diferenças significativas, embora mensuradas apenas nas principais regiões metropolitanas do país, os índices de desemprego registrados nas duas principais pesquisas sobre o assunto (do IBGE e do Dieese) apresentam, a partir dos anos 1990, a seguinte tendência geral: taxas elevadas nos períodos de 1990-1992, uma leve desaceleração entre 1993 e 1997 e novamente uma alta a partir de 1998 que se estende até 2003, com 2004 marcando novamente um pequeno decréscimo. Ou seja, de um modo geral houve um crescimento do desemprego em razão das políticas de ajuste, mas é preciso registrar que houve variações nos seus índices, articuladas, unanimemente pelos analistas, aos breves períodos de melhorias parciais nos indicadores da economia nacional.

Duas questões, no entanto, merecem destaque nessa relação entre crescimento econômico e desaceleração do desemprego. A primeira é que, *a partir dos anos 1990, registra-se, ao contrário do ocorrido até os anos 1980, uma tendência à dissociação entre recuperação da economia brasileira (e, nela, dos índices de produção) e sua repercussão no emprego regular.*

> A recuperação da economia não tem implicado um retorno integral dos empregos formais eliminados durante a recessão. Essa situação contrasta com o ocorrido nos anos 80, quando a recuperação da economia em 1984-86 gerou empregos formais quantitativamente equivalentes aos que haviam sido eliminados durante o período 1981-83. (Proni; Baltar, 1996, p. 135)

Entre 1993 e 1994, por exemplo, a taxa média de crescimento do PIB foi da ordem de 4,9% ao ano, mas a ampliação dos postos de formais de trabalho alcançou apenas a 0,1% (Portugal; Garcia, 1997). Ou seja, *o crescimento do PIB não trouxe consigo os empregos formais eliminados durante as fases de seu decréscimo.* No mesmo sentido, mas tomando em consideração a relação entre o desempenho industrial e o comportamento dos empregos, Pochmann (2006b, p. 69) assinala que "entre os anos de 1993 e 1997, registrou-se uma recuperação econômica responsável pelo aumento da produção doméstica em 23,4%, enquanto o emprego formal foi reduzido em 1,4% e a taxa de desemprego cresceu 18,5%".

A outra questão a destacar, inclusive estreitamente relacionada com a anterior, é que em face da acentuada abertura econômica, a natureza do ajuste realizado pelas firmas centrou-se em procedimentos que buscaram, "à moda brasileira", a reestruturação produtiva (Portugal; Garcia, 1997). Trata-se, sobretudo de uma *reestruturação dos vínculos* e *não de uma reestruturação tecnológica*: muitos postos de trabalho deixaram de ser formais e passaram a ser precários, terceirizados ou mesmo temporários. Esse tipo de "reestruturação" foi facilitada pelo contexto do desemprego massivo onde a "[...] 'oferta' supera de longe a 'demanda', reduzindo o poder individual (de cada trabalhador) e coletivo (das entidades sindicais) de melhorar a qualidade do emprego em termos de formalização e de nível de renda" (Mendonça, 1998, p. 22). Esse quadro aponta para uma caracterização diferenciada do desemprego, tendo-se em conta uma comparação entre as décadas de 1980 e 1990.

> Além de o desemprego aberto passar a atingir uma parcela bem maior da população urbana do país, aumentou o tempo médio em que as pessoas afetadas permanecem desempregadas e mudou o perfil destas, aumentando o peso dos adultos, inclusive chefes de famílias e cônjuges. (Baltar, 2003, p. 148)

Nos anos 1980, o quadro geral de crise do desenvolvimentismo embora não tenha possibilitado o crescimento da empregabilidade, manteve relativamente estável o tamanho do parque industrial brasileiro. Essa manutenção, associada às diretrizes da política econômica, que ainda não se caracterizava nos quadros do neoliberalismo, possibilitou a recomposição dos níveis de emprego formal (cf. Item 6.1) e um desemprego predominantemente de curta duração, não obstante a manutenção da alta rotatividade.

Nos anos 1990, a mudança da política econômica — especialmente com a contrarreforma do Estado, as privatizações e o aprofundamento da abertura da economia — implicou na redução do setor produtivo[4] e do volume de ocupações não agrícolas, considerando-se o crescimento da população economicamente ativa (PEA). Esta última continuou crescendo cerca de 2% ao ano, enquanto que o número de pessoas ocupadas aumentou, em média, apenas 1,1% ao ano, o que significa dizer que houve um *déficit de praticamente 50% na absorção de força de trabalho nesse período* (Baltar, 2003).

---

4. "As transformações na economia brasileira durante a década de 1990, provocadas pela liberalização das importações e da entrada e saída de capital e pela mudança no papel do Estado, modificaram expressivamente a composição setorial e por posição na ocupação da geração de oportunidades de trabalho em atividades não agrícolas. De um lado, diminuiu a participação na geração do total de ocupações, de setores como a indústria de transformação, outras atividades (finanças), e outras atividades industriais (extração mineral e serviços de utilidade pública), tendo aumentado a de setores como comércio de mercadorias, serviço doméstico, construção civil, educação, alojamento e alimentação, serviços auxiliares da atividade econômica, saúde e serviços domiciliares (segurança e limpeza). De outro, diminuiu a participação na geração do total de ocupações, dos empregos celetista e estatutário em estabelecimentos, tendo aumentado as de empregados sem carteira, empregadores, trabalhadores por conta própria, trabalhadores sem remuneração (estagiários e membros da família que ajudam os por conta-próprias) e serviço doméstico remunerado" (Baltar, 2003, p. 138).

Por sua vez, os processos de reestruturação produtiva implementados no Brasil apresentam uma tendência a acentuar o desassalariamento, não pela diminuição do número absoluto de assalariados, e sim porque os empregos formais extintos não têm sido retomados com a melhoria da atividade econômica, conforme dito antes, sendo, predominantemente, transformados em subempregos, embora assalariados. *O que se revela estruturalmente baixo é o crescimento da economia nos moldes em que está sendo conduzida*, visto que, mesmo quando ele ocorre, é insuficiente para estimular tanto o retorno quanto a ampliação dos empregos que seriam necessários diante do aumento da PEA.

Ademais, há que se considerar que o perfil da nossa reestruturação produtiva não é predominantemente baseado na introdução de tecnologias poupadoras de mão de obra e sim na diminuição dos custos com o trabalho. Essa questão tem a ver, obviamente, não só com "desconexão forçada", resultante da mundialização do capital, mas também com a tendência histórica de um padrão de exploração do trabalho a baixo custo, do qual faz parte a flexibilidade quantitativa do regime de trabalho.

Dessa forma, a extinção dos empregos formais tem se feito substituir por subcontratações, que não necessariamente extinguem as ocupações (como seria o caso de uma reestruturação de cunho tecnológico). Se as ocupações (ou funções) não são extintas, a necessidade de força de trabalho para assumi-las também não o é, o que significa que esse desemprego não representa uma diminuição do capital variável diante do capital constante. Representa sim a tendência a reduzir o estoque de empregados estáveis, otimizando seu uso pelas empresas, acompanhada da terceirização e outras formas de contratação indireta da mão de obra, o que redunda em maior instabilidade e precariedade das ocupações (Henrique et al., 1996). Esse quadro acaba por provocar uma tendência ao aumento da procura por trabalho também entre as pessoas que estão ocupadas. Segundo dados do IBGE, entre os anos de 1992 e 1996 essa tendência foi especialmente acentuada, alcançando, em 1997, 51,7% dos homens e 34,8% das mulheres ocupadas.

É importante acrescentar ainda o aumento do "desemprego por desalento", definido pelo abandono das tentativas de entrar no mercado de trabalho em face da dificuldade de encontrar emprego (cf. Cap. 4). Essa dificuldade atingiu especialmente os jovens entre quinze e vinte anos, cuja proporção de ingresso no mercado de trabalho diminuiu fortemente na década de 1990.

Uma parcela expressiva da população masculina de quinze a vinte anos simplesmente deixou de procurar trabalho remunerado, fato que teve um significado social muito profundo porque coincidiu com a consolidação do crime organizado no país, principalmente nos ramos do tráfico de drogas, roubo de cargas, sequestro de pessoas e contrabando de armas, que envolveu a população jovem. (Baltar, 2003, p. 147)

Por fim, outra variável impactada pelo desemprego, resultante da precarização geral das condições e relações de trabalho no Brasil e que tem uma importância crucial na discussão sobre essas expressões da "questão social" é o quadro geral do sindicalismo nos anos 1990, também substantivamente diferenciado dos anos 1980. Alves (2006) demonstra a queda expressiva do número de greves e grevistas na década de 1990 a partir de dados do Dieese (2002). No ano de 1990 foram 1.956 greves, 9.084.672 grevistas, com uma média de 4.644 grevistas por greve. Ao final da década (1999), após decrescer ano a ano, os dados registram 522 greves, 1.378.688 grevistas e uma média de 2.496 grevistas por greve. Esse quadro é indicativo das dificuldades que o movimento sindical enfrentou — e enfrenta — ante a nova ofensiva do capital no Brasil, expressa sob a forma de minimização dos custos com a força de trabalho como uma estratégia antiga que se reatualiza na crise capitalista atual. Ela engloba vários elementos, entre os quais a desindexação salarial e a manutenção do baixo nível de emprego que explicam boa parte da fragilidade dos sindicatos para negociar aumentos salariais nesse contexto.

Na década de 1980, é reconhecido o papel que a política de reajustes salariais assumiu como referência das campanhas salariais e negociações coletivas (cf. item 6.1) protagonizadas, inclusive em nível nacional, pelas centrais sindicais. Embora já estivessem presentes, naquele momento, tendências à fragmentação da representação sindical, nem de longe eram portadoras da magnitude verificada na década de 1990. A partir desse marco, as centrais sindicais vêm perdendo espaço para o chamado "sindicalismo de resultados", com representações seccionadas entre setores no interior de cada categoria profissional ou até dentro de uma mesma empresa.

Segundo Oliveira (2003), esses são alguns dos efeitos da Lei n. 8.880, de 27 de maio de 1994, que, ditando as diretrizes da política econômica e seu teor liberalizante, "proibiu reajustes automáticos de salários, com o que deixou de haver um patamar mínimo de correção salarial estipulado oficialmente, válido para todas as categorias profissionais e que servia de ponto de partida para as negociações com os empresários e com o próprio governo" (p. 333-334).

As políticas de ajuste, preocupadas com a estabilidade da economia, partem do suposto de que os aumentos salariais são necessariamente inflacionários porque seriam necessariamente repassados aos preços. O que não se diz é que *o reajuste dos preços representa, na verdade, o reajuste das margens de lucro* e, ao que tudo indica, tais margens é que não podem jamais ficar em desvantagem em relação aos salários. Ou seja, abre-se mão de estabelecer mecanismos de regulação dos preços, como se isso não fosse possível, mas, na verdade, o que não é possível, nessa lógica, é a diminuição dos lucros em favor dos salários. Se os aumentos salariais fossem necessariamente determinantes da inflação, ela teria sido extinta no auge da política de "arrocho salarial" da ditadura militar (Silva; Miglioli, 1998).

Nota-se, desse modo, que, ao contrário da década de 1980, quando o sindicalismo brasileiro adquiriu condições políticas de instituir, mesmo que somente nas categorias mais bem organizadas, negociações coletivas em que a pauta tinha como eixo central as demandas salariais, a partir dos anos 1990, com as medidas de ajuste neoliberais, reduzem-se a capacidade de pressão e barganha dos sindicatos e as próprias negociações. Embora não tenham sido completamente abandonadas, essas passaram, cada vez mais, a se voltar à questão do emprego, com uma tendência clara à pulverização e descentralização.

> A partir da segunda metade da década de 1990, houve uma tendência crescente à pulverização da organização sindical, que se traduziu na disseminação de acordos por empresa. Essa disseminação também foi estimulada por uma série de medidas governamentais.[5] [...].
>
> Além disso, as lideranças sindicais depararam com as pressões provenientes de suas bases para negociar cláusulas que permitissem manter o emprego, mesmo que à custa da flexibilização da jornada de trabalho, ou para compensar

---

5. "Por iniciativa do governo neoliberal de Cardoso, surgiram, na última metade dos anos 1990, mecanismos que contribuíram para a fragmentação do processo de negociação coletiva de trabalho, tais como suspensão temporária do contrato de trabalho (Lei n. 9.601, de 21/1/1998) e contratação por tempo determinado (MP n. 1.726, de 3/11/1998), que tratam de contratos de trabalho individuais e, tanto no caso do ingresso quanto no caso da demissão, conduzem para a negociação individual" (Alves, 2006, p. 468). O mesmo autor menciona ainda a Lei n. 9.601, de 21/1/1998, e a Medida Provisória n. 1.709, de 6/8/1998, que, partindo da instituição, pelas negociações coletivas, do chamado "banco de horas", aumentam o prazo para a compensação das horas.

"QUESTÃO SOCIAL"

a ausência de reajustes salariais mais expressivos por meio de instrumentos de remuneração variável, como a PLR [Participação nos Lucros e Resultados].

[...] Sabemos que nos anos 80 já vigorava um sistema descentralizado de negociação coletiva e nessa ocasião surgiram os primeiros sinais de pulverização da organização sindical. [...] Nos anos 90, porém, a desindexação salarial, a pulverização da organização sindical e a descentralização da negociação coletiva puseram em xeque a representatividade, o poder de barganha e as estratégias dos sindicatos, sobretudo de entidades de defesa dos interesses gerais dos trabalhadores, como as centrais sindicais. (Oliveira, 2003, p. 345 e 347-348)

Essa e outras tendências das negociações coletivas foram analisadas numa pesquisa do DIEESE que teve por objeto os instrumentos normativos de 88 categorias profissionais entre 1993 e 1996 (apud Oliveira, 2003). Na análise das cláusulas de acordos coletivos, essa pesquisa constatou que, apesar da grande preocupação com o nível de emprego, as condições extremamente desfavoráveis de negociação acabaram redundando numa

pequena quantidade de cláusulas diretamente relacionadas à manutenção e ampliação dos postos de trabalho, como garantia do nível do emprego, redução da jornada de trabalho, eliminação das horas-extras e estabilidade no caso de introdução de novas tecnologias. [...] os resultados concretos das negociações coletivas não apresenta[ram] ganhos consideráveis quando comparados aos direitos estabelecidos em lei. (Oliveira, 2003, p. 342)

Isso reflete uma clara tendência defensiva dos sindicatos diante dos ajustes neoliberais: impõe-se ao sindicalismo, nesse momento, um horizonte de luta marcado pela manutenção das conquistas constantemente ameaçadas pelas contrarreformas liberalizantes já instituídas e pelas que se avizinham, como é o caso das prenunciadas reformas sindical e trabalhista.

No interior dessa postura mais "defensiva" desatacam-se, em especial, as tendências neocorporativas do movimento sindical fortalecidas na atualidade. Mas retomam fortemente o velho corporativismo tão marcante no sindicalismo brasileiro, fechando-se cada vez mais em torno das lutas econômicas das categorias separadamente, contexto que, inclusive, enfraqueceu a perspectiva da organização da CUT enquanto central sindical. Segmenta-se, por vezes, a categoria por meio dos "sindicatos de empresas", que realizam uma movimentação totalmente independente das negociações gerais da categoria e, principalmente, da classe trabalhadora como um todo, além, é claro, de perderem a característica presente no "novo sindicalismo" dos anos 1980 de aliar as lutas econômicas às intervenções no plano das lutas políticas mais amplas pela consolidação democrática do país.

Alves (2005) ressalta que essa postura se constitui num "defensivismo de novo tipo", debilitando ontologicamente a classe trabalhadora. Refere-se o autor à instalação, no interior do setor "moderno", base do poder sindical organizado, de polos "arcaicos" de relações de trabalho. Pense-se, por exemplo, na diversidade dos vínculos e formas de contratação existente hoje no interior das empresas. Vínculos que, na maioria das vezes, são precários, temporários; envolvem diferenças salariais significativas entre si; externalizam, via terceirização, parte da produção, como é o caso do "trabalho por peça", entre outras formas de contratação. Esta tem sido uma das principais questões a refletir quanto à organização política dos trabalhadores, já que esse quadro de determinações objetivas termina por comprometer a sociabilidade contestatória da classe. Isso porque logicamente esses trabalhadores de inserção precária tem, também precarizada, a sua capacidade de identificação com as lutas sociais organizadas, já que estão mais sujeitos à dispensa e muitas vezes as conquistas a serem obtidas sequer terão impactos sobre sua condição de trabalho, diante da diversidade dos contratos. Na medida em que a precarização atinge "a base social do sindicalismo de massa [...] [configura] a crise de um sujeito histórico capaz de pôr obstáculos à superexploração do trabalho, um dos traços estruturais do capitalismo retardatário no Brasil" (Alves, 2005, p. 103-104) reforçando, ao contrário, sua "passivização".

Ao finalizar essa caracterização do desemprego como expressão da "questão social" no Brasil contemporâneo, penso que se torna evidente o quanto os determinantes da luta de classes apontam num sentido claramente regressivo. Isso faz com que se reproduza o reverso de conquistas essenciais no campo dos direitos sociais enquanto sinônimo de "modernidade" no discurso dominante procurando "mascarar" a crise.

Refiro-me ao fato de que as repostas articuladas para a superação da crise capitalista atualizam traços como a flexibilidade e a precariedade das relações de trabalho, que historicamente compuseram o regime de trabalho brasileiro, tornando-se emblemáticos do nosso "atraso" em relação aos padrões de regulação do trabalho predominante nos países cêntricos.

O processo de tornar o "atraso" uma estratégia "moderna" compõe um quadro de respostas à "questão social" que, sem dúvida, mais que sua "refilantropização", indica a predominância de expedientes cujo princípio básico é a violência, só que também ela "modernizada". Explico-me: proliferam formas transfiguradas de violência no campo das repostas à "questão social", o que, sem deixar de contemplar o recrudescimento policial, articula-se sob as diretrizes neoliberais da gestão pública. Considero que afirmar como dados da "modernidade" a supressão de direitos, a inviabilidade orçamentária da seguridade social e, sobretudo, a naturalização dos atuais indicadores sociais é estabelecer a violência como princípio ordenador das respostas públicas à "questão social". Que a violência sempre esteve, de algum modo, presente no nosso padrão de respostas à "questão social", espero já tê-lo demonstrado. A novidade é que o contraponto a essas referências, no interior do próprio capitalismo, sob o ordenamento do padrão keynesiano, deixa de existir e dele emana, ao contrário, o principal fôlego dessa ofensiva do capital.

> Aparentemente, as maiores incertezas econômicas, a desestruturação da ordem econômica mundial e do mundo do trabalho indicariam que o capitalismo não é mais aquele. No entanto, a questão é exatamente inversa: o capitalismo continuaria sendo aquele sistema voltado em forma ampliada ao lucro, à concorrência e à elevação da produtividade, independentemente de consequências que possam ter sobre a ordem econômica internacional, a desigualdade ou sobre o mundo do trabalho. O caráter *virtuoso* do desenvolvimento do pós-guerra, imposto à lógica capitalista através de mecanismos institucionais e políticos é que mostraria a sua verdadeira face: temporária e reversível, sobretudo quando estes mecanismos são questionados ou rompidos. (Mattoso, 1995, p. 157; grifo do autor)

É importante mencionar, em concordância com Mattoso (1995), que entendo esse movimento como algo cujos determinantes objetivos estão referidos à crise. Diante dela, e das ameaças aos fundamentos de sua reprodução ao capital, não se coloca nenhum "dilema ético". Dito de outro modo: regredir nos padrões civilizacionais construídos em suas relações com o trabalho durante "os anos de ouro", não é para o capital uma estratégia na qual devam pesar motivações éticas. É, antes de tudo, movido pelo seu impulso mais essencial — referido a interesses econômicos — que pretende tornar a barbarização da vida social um aspecto de "modernidade". E isso não deve soar estranho para quem acompanha a "decadência ideológica" da burguesia e o progressivo abandono, de sua parte, dos valores humano-genéricos na realização da "modernidade capitalista" (Coutinho, 2010).

O revolucionamento permanente das forças produtivas e relações de produção sob o capitalismo é não só historicamente determinado como, também, portador de profundas contradições. Não obstante representarem um inquestionável "progresso" em termos do "recuo das barreiras naturais" representam, pelo mesmo movimento, a impossibilidade de acesso da imensa maioria dos homens às suas próprias objetivações. Os graus em que um ou outro polo da contradição predomina são definidos pela historicidade das lutas sociais que, no presente contexto, são amplamente desfavorecidas pelo conjunto de fatores que debilitam, ontologicamente, a constituição da classe trabalhadora como "classe em si" e, consequentemente, como "classe para si".

Isso atesta, uma vez mais, a atualidade do debate sobre os fundamentos ontológico-sociais dessa sociabilidade. Assim como seu desenvolvimento não é fundado eticamente, também a sua superação não se fará apenas com "boas intenções". Nesse sentido, o debate "ético" em torno da lógica de reprodução do capital é visivelmente incapaz de dar conta de sua essencialidade, se desacompanhado de outras mediações que lhe são fundantes; tampouco, pode iluminar adequadas respostas às manifestações mais agudas da desigualdade social — tratadas aqui sob o conceito de "questão social" — como parecem fazer crer os apelos à "paz" e à "solidariedade" nos dias que correm.

Sugestões bibliográficas

Leia os livros:

Neste capítulo, para além das referências gerais à crise capitalista atual, coube-me pensar em dois fatores decisivos para a caracterização da crise do capitalismo no Brasil e, consequentemente, dos determinantes do desemprego entre nós. O primeiro deles que determinou profundamente esse quadro na década de 1980 foi a crise do padrão de desenvolvimento apoiado no tripé Estado/Capital internacional/Capital nacional. Sugere-se a consulta a alguns dos autores que adotam essa posição como: ANTUNES, Ricardo. "A era de informatização e a época da informalização: riqueza e miséria do trabalho no Brasil"; POCHMANN, Márcio. "Desempregados do Brasil". ANTUNES, Ricardo (Org.). *Riqueza e miséria do trabalho no Brasil*. São Paulo: Boitempo, 2006. MATTOSO, Jorge. *A desordem do trabalho*. São Paulo: Scritta, 1995, também trata essa premissa como importante para entender as flutuações do emprego no Brasil do período em questão.

Para compreender melhor o papel anticíclico do Setor Produtivo Estatal no contexto dessa crise, ler o artigo REICHSTUL, Henri P.; COUTINHO, Luciano. "Investimento estatal de 1974/80: ciclo e crise". In: BELLUZZO, Luis de Gonzaga de; COUTINHO, R. (Orgs.). *Desenvolvimento capitalista no Brasil*. 4. ed. Campinas: Ed. da Unicamp, 1998. v. 2.

Para entender os ajustes neoliberais como determinantes da crise e do desemprego no Brasil dos anos 1990 são conhecidas e bastante numerosas as referências críticas que estão citadas ao longo do texto. Entre elas gostaria de destacar, pelo conjunto das reflexões que apresenta sobre o sindicalismo brasileiro: ALVES, Giovanni. *O novo (e precário) mundo do trabalho*. São Paulo: Boitempo, 2005. Nele se encontra, inclusive, um panorama do tema também nos anos 1980 fundamental na caracterização das relações entre o desenvolvimento das forças produtivas, o processo de redemocratização e as lutas sindicais.

Sugestões culturais

Assista aos filmes:

Abolição — Zózimo Bulbul. Brasil, 1988.

Tabuleiro de cana, xadrez de cativeiro — Thalles Gomes. Brasil, 2006.

Peões — Eduardo Coutinho. Brasil, 2004.

Cronicamente inviável — Sérgio Bianchi. Brasil, 2000.

Capítulo 7

Apontamentos sobre as tendências ao enfrentamento do desemprego como expressão da "questão social" no Brasil contemporâneo

Considerando o exposto até aqui, é chegado o momento de demarcar as relações entre algumas das principais conclusões encontradas e temáticas que cruzam, na atualidade, esse universo de preocupações com as particularidades da "questão social" no Brasil.

Inserida no debate contemporâneo do Serviço Social, a "questão social" tem sido um dos seus temas mais destacados e penso que as razões dessa visibilidade são óbvias: é um consenso entre analistas de variadas posições políticas que suas expressões (da "questão social") diversificaram-se e amplificaram-se mundialmente nos últimos anos.

Tomando como expressão central da "questão social" o desemprego, pude "banhar-me na realidade brasileira", conforme expressão de Iamamoto (1998), e dela apreender categorias que foram se tornando centrais para uma particularização da "questão social": *a flexibilidade estrutural e a precariedade das ocupações como características históricas do regime de trabalho no Brasil.* Determinando fundamento o padrão de exploração da força de trabalho no Brasil, preocupou-me o fato de tais características aparecerem em várias das análises contemporâneas no âmbito do Serviço Social (e não só), como se devessem ser tributadas, em primeira instância, ao recém-instituído "padrão de acumulação flexível".

Tentei mostrar que se a flexibilidade é, de fato, característica do atual modo de acumulação, *no caso brasileiro, ela deve ser considerada como uma extensão e aprofundamento da flexibilidade quantitativa já existente no país desde os marcos da "industrialização pesada"*, e, portanto, ainda "por dentro" do modo de acumulação fordista.

> Na verdade, a nova flexibilidade produtiva (re)põe a flexibilidade estrutural do trabalho no Brasil. Nos países capitalistas centrais, a nova ofensiva do capital na produção, a partir de meados dos anos 70, inclinou-se a debilitar a condição operária, desmontando vantagens e benefícios sociais, inscritos no *Welfare State*, elevando os patamares do desemprego estrutural, como no caso da Europa Ocidental, ou tornando precário o mercado de trabalho, como no caso dos EUA. [...] No caso do Brasil, em virtude de particularidades sócio-históricas, o novo nível de ofensiva do capital na produção, que se desenvolve a partir do novo complexo de reestruturação produtiva, sob a era neoliberal, **encontrou um mercado de trabalho flexível, ou pelo menos com um tipo de flexibilidade perversa, baseado na precarização do emprego e do salário** [...].
>
> Entretanto, sob o novo complexo de reestruturação produtiva, que se desenvolve nos anos 90, surge a necessidade de um novo tipo de flexibilidade do trabalho no Brasil, que tende a se sobrepor — e a conviver — de modo articulado à "flexibilidade estrutural" do mercado de trabalho no país [...] **É, de certo modo, um complemento à "flexibilidade estrutural", utilizada como recurso histórico de acumulação capitalista no Brasil.** (Alves, 2005, p. 240-242; destaques em negrito meus)

Duas observações precisam ser feitas nesse andamento. A primeira delas é referente às *relações entre a flexibilidade e a precariedade das ocupações e o desemprego*. Pareceu-me evidente que essas mediações são fundantes do desemprego no Brasil e que, em se tratando de compreender suas particularidades, desempenham um papel protagônico. Se não vejamos: além de terem sido centrais na constituição do "fordismo à brasileira", singularizando-o quando comparado aos padrões fordistas clássicos de exploração da força de trabalho, resultam de uma série de características que remetem às particularidades da ação das classes dominantes, marcadas pela intensa publicização de seus interesses particulares no âmbito do Estado, pelos processos de "revolução passiva" e "modernização conservadora", determinados, por sua vez, pela heteronomia do "capitalismo retardatário" brasileiro no contexto do imperialismo. Ou seja, a flexibilidade e precariedade do regime de trabalho no Brasil emergem como refinamentos de uma resposta às lutas de classe em clara falta de sintonia com os padrões capitalistas então "modernos": caracteriza-se pelo "atraso" da alta rotatividade da força de trabalho no contexto fordista em que a estabilidade é uma das marcas centrais, em se tratando dos empregos.

O desemprego, já nesse contexto, aparecia como um componente estrutural do regime de trabalho no Brasil ao qual estavam expostos, permanentemente, amplos contingentes populacionais, embora numericamente longe das proporções atuais. Isso para não falar da informalidade, que caracteriza também a precariedade da estrutura de ocupações, esta sim sempre significativa do ponto de vista quantitativo, compondo o panorama da "cidadania regulada" como resposta histórica à "questão social" no Brasil.

A segunda observação que gostaria de sublinhar tem a ver com *possíveis questionamentos à generalização dessas particularidades do desemprego como particularidades da "questão social"*. Muito embora não seja essa a minha intenção, o leitor pode ser conduzido a pensar que se trata de uma operação "reducionista" em termos da abrangência do conceito, que designa outras expressões para além do desemprego. Nesse sentido, penso que é importante salientar que o desemprego pareceu-me a expressão mais transversal à totalidade das expressões agrupadas sob o conceito de "questão social".

Posso afirmar tranquilamente que o desemprego, nesse caso, não chegou a ser uma escolha. Ele se impôs como expressão a ser priorizada na medida em que é resultante do mecanismo básico de reprodução da "questão social": a lei geral da acumulação capitalista. Ao mesmo tempo é a partir dele, considerando-se a centralidade do trabalho na constituição da vida social, que se gestam uma série de repercussões na esfera da sociabilidade.

Não quero afirmar assim qualquer relação monocausal entre desemprego e demais expressões da "questão social", uma vez que o trabalho assalariado (e não só a sua "ausência"), por exemplo, também determina fortemente algumas de suas expressões, como é o caso dos processos de pauperização relativa. Do mesmo modo traços da cultura, presentes na vivência individual e coletiva dos indivíduos sociais, também estão a reclamar investigações que tragam à luz as conexões entre estes traços e outras tantas expressões da "questão social".

Ocorre que, mesmo considerando-se tais "cruzamentos", ou mesmo "caminhos", para a pesquisa de outras expressões da "questão social", não vejo como ignorar as mediações aqui salientadas, em se tratando da realidade brasileira. Quero deixar claro, no entanto, que isso não implica necessariamente na sua centralidade; ou seja, dependendo do objeto focalizado no interior do amplo campo de fenômenos cobertos pelo conceito de "questão social", *a flexibilidade e a precariedade do regime de trabalho no Brasil podem desempenhar um papel mais ou menos crucial, mas, sem dúvida, estarão presentes e, por isso, estão sendo generalizadas como particularidades não só do desemprego, mas da "questão social" no Brasil.*

Nessa direção me parece evidente o "acerto" dos rumos que o debate do Serviço Social vem tomando quando, há cerca de trinta anos, apontou para a superação de análises endogenistas e segmentadas do trabalho profissional; análises nas quais a "questão social" aparece — articulada às políticas sociais — na condição de "patrimônio intelectual" possibilitador de uma outra compreensão acerca do objeto profissional que deixa de remeter aos "problemas sociais". Dar consequência a esse tipo de preocupação é, talvez, o mais importante dos objetivos que persegui ao longo da presente reflexão. Penso que é somente aprendendo os determinantes sócio-históricos da "questão social" que são dadas as condições para formular, na condição de categoria profissional, estratégias para o seu enfrentamento que evitem as "armadilhas", hoje visivelmente imperantes — tanto na esfera pública quanto na esfera privada — da "assistencialização da 'questão social'".

Conforme tratado no quarto capítulo, o desemprego surge como categoria reflexiva articulado à necessidade de pensar mecanismos para seu enfrentamento que fossem diferentes dos mecanismos utilizados no trato de outras expressões da "questão social" como a pobreza, a mendicância etc. Hoje, diante da crise capitalista e do neoliberalismo como modo de regulação a ela compatível, essa diferença parece estar se "apagando". Não obstante suas conexões já sinalizadas, *desemprego e pobreza são expressões diferenciadas da "questão social"*. Assim sendo, políticas de assistência não podem substituir políticas de emprego ou mesmo de seguridade social, assim como não podem ter qualquer impacto significativo descoladas das causalidades macroeconômicas que reproduzem os elevados patamares de concentração de renda no Brasil.

As considerações acima merecem alguns detalhamentos com base no que vem se mostrando como parte das tendências recentes do debate profissional a partir do acompanhamento da conjuntura.

Primeiramente é fundamental que se reafirme a concepção ampla de seguridade social aqui subjacente. Quando digo, portanto, que *políticas de assistência não podem substituir políticas de emprego ou mesmo de seguridade social* refiro-me ao entendimento óbvio, nesta concepção, de que a assistência social é parte da seguridade, mas que esta última supõe outras políticas sociais para além da assistência. Obviedades à parte, penso ser necessário insistir na caracterização do quadro das políticas sociais contemporâneas brasileiras para mostrar que essa constatação tão óbvia vem sendo ignorada pela centralidade que as políticas assistenciais assumiram no período recente, mais especialmente a partir dos dois mandatos do governo Lula.

É notável que esteja em curso no Brasil atual um conjunto de iniciativas cuja intencionalidade parece conferir "uma espécie de atribuição heróica à assistência social, quando seus benefícios e serviços [deveriam] ser pensados numa perspectiva mais ampla de seguridade social, aqui vista para além do conceito restrito da Constituição brasileira" (Behring, 2008, p. 167). Essa constatação tem suporte em análises tanto sobre as políticas de trabalho, emprego e renda, quanto sobre a política nacional de assistência social, buscando suas relações recíprocas com as demais políticas de "corte social" e com a política econômica.

No campo das primeiras, Wendhausen (2009) esclarece, a partir de pesquisa documental e bibliográfica, as similitudes encontradas entre o Planfor e o PNQ,[1] as principais medidas de trabalho, emprego e renda dos governos FHC e Lula, respectivamente. As mesmas se encontram, principalmente, no fato da qualificação aparecer como principal mecanismo de enfrentamento ao desemprego em ambas as propostas, inspirando o que Alencar (2008) chama de "nacional empreendedorismo". De acordo com essa autora

---

1. Ambas as siglas significam "Plano Nacional de Qualificação", tendo sido o Planfor implantado a partir de 1995 até 2003. Com base em avaliações do Ministério do Trabalho e Emprego apontando suas debilidades operacionais, foi reformulado sob a sigla PNQ, em 2003, já no primeiro governo Lula, importando destacar que na análise de Wendhausen (2009) não é registrada nenhuma mudança conceitual significativa, apesar de notáveis redirecionamentos operativos.

Se na década de 1970, o horizonte que se delineava na atuação sobre o setor informal era sua incorporação em direção do assalariamento, dada a perspectiva de homogeneização da estrutura ocupacional como decorrência do desenvolvimento econômico e na superação do subdesenvolvimento, na década de 1990 os propósitos são outros. [...]

A inserção produtiva e social do excedente da força de trabalho e dos trabalhadores urbanos pobres passa a ser a prerrogativa da proposição que vislumbra o apoio e o incentivo aos pequenos empreendimentos como meio mais eficaz de garantir renda ou ocupação (não necessariamente emprego assalariado). [...] Estas políticas de emprego restritas a uma atuação sobre o mercado de trabalho caracterizam-se mais pelo seu caráter compensatório e focalizado do que pelas suas reais possibilidades de criar empregos, dado que estão desvinculadas de um projeto de desenvolvimento econômico nacional, atuam particularmente sobre o mercado de trabalho e focando sua intervenção sobre determinados segmento sociais. (Alencar, 2008, p. 117-118)

Embora não tenha pretendido analisar os indicadores de desemprego do governo Lula, não posso me furtar a debatê-los, mesmo que sumariamente, nesse momento em se torna inevitável referir-me aos mecanismos por ele implementados no enfrentamento à "questão social". Isso porque tem se intensificado a propagação de avaliações que reputam ao Governo Lula "os louros" da aparente "superação precoce" da mais recente crise financeira, iniciada em 2008. Os traços gerais dessa política tiveram sua continuidade garantida com a eleição de Dilma Rousseff. De acordo com essas análises, o crescimento econômico registrado a partir de 2004 não chegou a ser abalado pela referida crise graças à sagacidade da equipe econômica governamental com medidas de redução de impostos para estimular o consumo. As chamadas "desonerações" em setores estratégicos[2] teriam, por meio do reforço ao consumo, impactado os níveis de desemprego que apresentam decréscimo desde 2007,[3] tendo sido registrado, em novembro de 2011, segundo o IBGE, o índice de 5,2% nas principais regiões metropolitanas do país.[4] Mesmo quando considerada na metodologia do Dieese, a tendência que se apresen-

---

2. *Folha de S.Paulo*, 26 dez. 2009, p. B1-B4.

3. Em 2007 a taxa de desocupação foi de 10,3% contra 11,1% de 2004.

4. Disponível em: <http://www.ultimoinstante.com.br/economia/nivel-atividade/60217-Desemprego-Brasil-fica-novembro-diz-IBGE.html#axzz1ixwSYcPN>. Acesso em: 9 jan. 2012.

ta no período recente também é de queda: foram 10,1% em outubro contra 9,7% em novembro de 2011.[5]

O otimismo é impressionante e atinge analistas dos mais variados espectros ideológicos. Podemos ler desde Aloízio Mercadante, sustentando que "até 2014 o Brasil deverá se tornar a quinta economia do mundo"[6] a Pochmann, por exemplo, afirmando que a trajetória brasileira de relativa imobilidade social decorrente dos anos 1990

> apresenta significativa inflexão a partir de 2005, quando a ascensão social voltou a fazer parte da vida de milhões de brasileiros. Entre 2005 e 2008, por exemplo, o segmento de baixa renda, que representava quase 33,7% da população nacional passou para 26% dos brasileiros. No estrato de rendimento intermediário, registra-se a passagem de 34,9% para 37,4% da população, enquanto o segmento da renda superior saltou de 31,5% para 36,6% no mesmo período de tempo [...] A volta da ascensão social no Brasil aponta para uma sociedade de consumo de massa, ainda que constrangida pela desigualdade na mobilidade. De todo modo o Brasil deixa para trás os sinais de uma estrutura social piramidal para assumir cada vez mais a figura de uma pêra. (*Folha de S.Paulo*, 18 dez. 2009, p. A3)

Na contramão de todo esse otimismo, Quadros (2009) recomenda um pouco mais de prudência. Em princípio reconhece as alterações positivas na base da pirâmide social, que resultaram do crescimento econômico registrado a partir de 2004, embora sua taxa média anual não tenha ultrapassado 4,5%. Este fato seria uma combinação resultante da "elevação real do salário mínimo; do crescimento do trabalho com carteira, que torna mais efetiva a recuperação do piso legal; e da expansão dos programas de transferência de renda" (Quadros, 2009, p. 1). Entretanto, o mesmo autor chama a atenção para a necessidade de relativizar

> abordagens bastante recorrentes em áreas governamentais, comentaristas, analistas do mercado financeiro e consultores econômicos com forte presença na mídia, sugerindo que o problema teria sido superado pelo forte crescimento do emprego formal, de fato observado. Em nosso entendimento, este verda-

---

5. Disponível em: <http://www.jb.com.br/economia/noticias/2011/12/21/dieese-taxa-de-desemprego-cai-para-97-em-novembro>. Acesso em: 9 jan. 2012.

6. *Folha de S.Paulo*, 28 dez. 2009, p. A3.

"QUESTÃO SOCIAL"

deiro "oba-oba" midiático predominante até a eclosão da crise terminou por ocultar o problema do desemprego, servindo aos propósitos dos setores interessados em manter intocada a política econômica de viés conservador.

Outra constatação relevante, de caráter mais geral, é que a evolução do desemprego na estrutura social revela, como era de se esperar, que as taxas de desocupação crescem quando se caminha do topo para a base da pirâmide. Isto é, as famílias mais pobres são as que mais sofrem com este problema. Como as famílias são classificadas pela posição do membro melhor situado, as camadas inferiores são duplamente penalizadas: não atingem posições mais elevadas e carregam consigo uma maior proporção de desempregados, que significam subtração de renda familiar.

[...] Desta forma, verifica-se que a forte redução na proporção de miseráveis foi acompanhada de uma certa expansão do desemprego entre as famílias que permaneceram nesta situação. (Quadros, 2009, p. 6)

A mesma tendência aparece nas análises do Instituto de Pesquisa Econômica Aplicada (Ipea) para o período 2005-2010. Segundo o instituto a redução da taxa de desemprego não pode ser generalizada para os extratos de menor renda:

no caso dos 10% com menor rendimento, a elevação na taxa de desemprego foi de 44,2% (de 23,1% para 33,3%). [...] Ademais, se percebe que a taxa de desemprego, que tende a ser mais elevada entre os trabalhadores de menor rendimento, tornou-se ainda mais um elemento de maior desigualdade no mercado de trabalho. [...]. A taxa de desemprego [...] dos 10% com menor rendimento em relação à [...] dos 10% de maior rendimento, que era 11 vezes maior em 2005, passou a ser 37 vezes superior em 2010. (Ipea, 2011, p. 5)

Ainda de acordo com essa mesma fonte, registra-se crescimento de 28,5% na taxa de desemprego dos trabalhadores pobres entre 2005 e 2010, o que faz com que "quase 55% dos desempregados das seis principais regiões metropolitanas do Brasil [fossem] pobres em 2010" (Ipea, 2011, p. 7-8). Destaca-se, desse modo, como o panorama do mercado de trabalho no Brasil se altera ao analisarmos a decomposição dos índices divulgados. Fica evidente a manutenção, portanto, do padrão de extremas desigualdades sociais reforçado pela política econômica que acaba por ter efeitos bastante diversificados nos diferentes extratos de classe social. Se, por um lado, estabiliza ou mesmo diminui os processos de pauperização relativa, acentua os de pauperização absoluta, mantendo a alta rotatividade das ocupações para os segmentos de menor renda (Ipea, 2011).

Concordando com os termos dessa análise, procurei mostrar (cf. Cap. 6) que os índices de desemprego da sociedade brasileira, desde os anos 1990, são consequências de opções de política macroeconômica no campo da estabilização e da abertura, assim como da manutenção de uma estrutura fundiária altamente concentrada. Deste modo, reitera-se a histórica subordinação dos governos brasileiros às políticas econômicas ortodoxas recomendadas pelos organismos internacionais, traço da heteronomia que aprofunda a ausência de um projeto de desenvolvimento econômico nacional. Nessa direção, a conjuntura recente parece "sepultar", de modo inequívoco, qualquer pretensão de recomposição dos investimentos produtivos, já que a saída da crise pelo consumo tem, na sua base, empregos gerados predominantemente no setor de serviços,[7] que mesmo com o aumento dos níveis de formalização, não superam a alta rotatividade e precariedade característica dessas ocupações e não reverte, portanto, o lugar retardatário do capitalismo brasileiro na divisão internacional do trabalho.

Não obstante sua redução, no período recente, o desemprego no Brasil só poderá ser realmente impactado mediante reformas estruturais clássicas como a fundiária e a tributária, somadas a taxas de crescimento econômico que superem a soma da elevação da produtividade do trabalho com o crescimento da população economicamente ativa. Entretanto,

> vale lembrar que crescimento econômico não traz, necessariamente, redistribuição de renda e redução da pobreza e das desigualdades. [...] Ainda que ele possa alterar os índices de pauperismo absoluto, pode aprofundar a pauperização relativa, quando, mesmo com a melhora das condições gerais de vida da classe trabalhadora, assistimos a uma maior concentração de renda a partir de uma menor participação dos salários no montante da riqueza socialmente produzida. (Braz, 2007, p. 57)

Quero, com isso, destacar não só a necessária relação entre política social e política econômica, conforme vários analistas dentro e fora do Serviço Social, mas fundamentalmente, o "fetiche" que boa parte da categoria pa-

---

7. *Folha de S. Paulo*, 26 dez. 2009, p. B1. Nesta página cabe mencionar o destaque conferido às previsões em relação à criação de empregos em 2010, calculadas em torno de 2 milhões de vagas, ofertadas, em sua maioria, pelo setor de serviços.

rece estar reproduzindo com a centralidade (inclusive midiática) das políticas de assistência social dos últimos governos. Entro, assim, na segunda das ponderações aludidas antes: a que tangencia a política nacional de assistência social (PNAS).

Desde o internacionalmente aclamado discurso em favor do "programa Fome Zero", a resposta desses governos à "questão social" tem apresentado uma tônica predominantemente assistencial que passou pela unificação dos programas de transferência de renda e culminou com o SUAS (Sistema Único de Assistência Social) sendo equalizado como o "modelo de proteção social" brasileiro. É preciso que se diga, retomado o afirmado há pouco, que a assistência social não pode responder sozinha pela seguridade social. Se assim o é, mesmo que um balanço da PNAS deva reconhecer os avanços proporcionados pela sua implementação na direção preconizada pela Loas, não pode deixar de situar as contradições que a percorrem fazendo desse processo algo que apresenta inúmeras funcionalidades ao estágio atual do capitalismo em crise.

Seguindo o balanço apresentado por Behring (2008), devem-se enumerar como principais avanços decorrentes do Suas o intenso processo de profissionalização proporcionado pela recomposição dos quadros funcionais no âmbito do Estado, em todos os níveis, estimulado pela NOB/RH; a ampliação da cobertura; a instituição de mecanismos de produção de indicadores sociais mais próximos das realidades e mais amplos que as tradicionais "cartografias da pobreza"; e, por fim, a constituição de uma rede de serviços sócio-assistenciais articulada com investimentos em equipamentos físicos impactando significativamente as possibilidades de sua operacionalização. A mesma autora enumera, por outro lado, a reiteração de questões historicamente presentes na área da assistência social que permanecem sem enfrentamento — e eu diria até, sendo reforçadas — pelo desenho da política que temos. Entre essas, na minha avaliação, o financiamento adquire centralidade, pois se constata, primeiramente, o

> crescimento vegetativo dos recursos para a seguridade social [...]. Internamente, há um crescimento da alocação de recursos na assistência social, que diz respeito aos benefícios e programas de transferência de renda, mas apenas 58,6% dos recursos são geridos pelo FNAS, já que o PBF [Programa Bolsa Família] fica fora do fundo, apesar de se localizar na função da assistência. Do que fica no FNAS, 92% foram para os programas de transferência de renda e 8% para os demais programas (2006) — essa relação, segundo estudo de Boschetti ficou

em [...] 91,6% e 8,4% no PL para 2008. Esses recursos que oscilam entre 8 e 9% incluem todos os programas e a implantação do Suas. (Behring, 2008, p. 163)

Essa ilustrativa citação percorre o conjunto das principais contradições da PNAS já que, por meio do financiamento, podemos avaliar o potencial real de inovação dessas medidas. Obviamente que no interior dessa problematização salta aos olhos o teor predominantemente assistencialista da política que tem sua base na prioridade absoluta do orçamento conferida aos programas de transferência de renda em detrimento da implantação dos demais programas da assistência social e do próprio Suas. Além do Programa Bolsa Família (PBF) ficar fora do controle democrático do FNAS, cerca de 90% dos recursos do fundo tem sua destinação a programas de transferência de renda. Parece-me absolutamente imperioso sublinhar que este formato institucional enfraquece as possibilidades de participação e controle social na área da assistência. Não se trata de desconhecer a importância e/ou validade dos programas de transferência de renda, mas de identificar criticamente os critérios e intencionalidades de sua implantação. A questão é que o acesso e gestão desses recursos é predominantemente seletivo — indo na contramão da universalidade — e seu usufruto estimula a atomização dos sujeitos reforçando, muitas vezes, a percepção do direito como benefício, campo fértil, como todos sabemos, para o uso clientelista dos recursos assistenciais.

É perceptível também, por meio dos dados do financiamento, o quanto são reduzidas as chances de implantação dos CRASs e CREASs conforme previsto pelas NOBs, posto que o aparelhamento físico, patrimonial e de recursos humanos desses equipamentos exigiria maior prioridade no interior do FNAS. Com média de 9% do fundo tendo que dar conta dessa tarefa e do financiamento dos demais programas assistenciais, é praticamente inevitável que o Suas se transforme "num imenso plantão de gestão da pobreza" (Behring, 2008, p. 165). É flagrante, ainda de acordo com Behring (2008, p. 168) que, tendo na renda, relacionada ao território e não no trabalho, o corte da análise situacional, a proteção social acaba sendo formulada distante das demais políticas de seguridade social, em especial, da previdência social. Basta observar a já destacada funcionalidade macroeconômica dos programas de transferência de renda e seus impactos na configuração da pirâmide social (ou da pera, como quer Pochmann) sempre a partir de indicadores da renda, o que não implica necessariamente uma alteração na situação de trabalho dessas pessoas.

Ao conjugar essas dificuldades com as encontradas no debate em torno das políticas de emprego, tem-se um breve panorama explicativo de como o foco governamental nas políticas assistenciais, notadamente através de programas de transferência de renda, oferece uma "porta de entrada", mas não oferece, com a mesma clareza, as "portas de saída". Multiplicam-se as primeiras enquanto que as últimas ficam restritas a tópicas políticas de qualificação profissional, de cunho empreendedorista.

Assim é que diante de um quadro de desemprego massivo, percebo como sintomática a ênfase governamental nas políticas de assistência social e a correspondente fragilidade de medidas que possam ser caracterizadas como políticas de emprego. É visível, nesse campo da formulação das políticas sociais, a equalização entre desemprego e "exclusão", como um passo para a sua equalização à pobreza, recomendando-se, assim, políticas assistenciais como mecanismos de distribuição de renda. Fica fora do debate nessa direção o fato de que

> a redistribuição está ligada à política econômica como um todo. A forma como a renda se parte está intimamente vinculada à própria estrutura econômica do país, ou seja, ao tipo de industrialização, à estrutura agrária, ao sistema financeiro etc. de modo que a redistribuição implica mudanças nesses diferentes campos. [...] [É preciso] insistir no **ponto central do problema: a necessidade de alterar a relação entre salários e lucros, a favor dos primeiros, tendo por base os aumentos salariais**. [...] De acordo com os dados gerais que podem servir de indicadores, a produtividade do trabalho no Brasil tem crescido, em média, aproximadamente 3,5% ao ano, de 1960 em diante. Esse aumento de produtividade permitiria que os salários crescessem proporcionalmente, sem repercutirem sobre os preços. Que vemos, entretanto? No Brasil os acréscimos de salários são inferiores aos da produtividade [...] apesar disso, os preços não param de subir. Conclusão: só os lucros crescem (e como crescem).
>
> **De acordo com essa análise, a responsabilidade pela inflação deve ser buscada fundamentalmente do lado dos lucros, e não dos salários**. Daí, concluímos ainda que, para **não apenas limitar a inflação, mas também e acima de tudo, redistribuir a renda, é essencial regular o crescimento dos lucros em relação ao dos salários**. (Silva; Miglioli, 1998, p. 198, 200-201; destaques em negrito meus)

Observe-se que as premissas aqui realçadas estão sendo pensadas no horizonte do próprio capitalismo, muito embora não seja esse o horizonte projetado teleologicamente pelo conjunto de valores e princípios que norteiam o trabalho de parcela significativa dos assistentes sociais. Minha preocupação, longe de demarcar qualquer petição de princípio revolucionário, é focalizar a questão e suas alternativas no campo das políticas sociais, a partir da realidade da luta de classes contemporânea, que, conforme já sublinhado, não apresenta qualquer possibilidade visível de revolução, muito menos, de revolução socialista, não obstante a passagem de um ex-operário pelo poder.

É diante desse quadro, francamente regressivo, que a cidadania burguesa passa, também, por uma "reestruturação" em que a flexibilidade é alçada a princípio de "modernidade" diante da aparente ausência de alternativas.

> A argumentação em defesa da flexibilização é sempre mais ou menos a mesma: é melhor que nada. É verdade. Mas que não se espere um desenvolvimento da nossa força de trabalho, como todos desejamos, na base do "é melhor que nada". Um bom trabalho em um bom emprego, a despeito de todas as mudanças que estão ocorrendo, continua sendo a condição mais importante para [...] a imensa maioria das pessoas. Dizer que isso acabou, sem esclarecer o que poderá vir a substituí-lo, não passa de escárnio. (Salm, 1998, p. 21)

Reproduzir esse discurso é "jogar água no moinho" do "fatalismo" (Iamamoto, 1992), embora muitas vezes a intencionalidade profissional seja repleta de motivações éticas em contrário. Volto a afirmar que, se acertamos na "mudança de rumo", em termos da análise dos elementos fundantes de nossa profissionalidade, será o momento de estarmos atentos para "reajustar o seu foco", saturando-o das mediações contidas na realidade, a fim de que o mesmo possa ser tomado com centralidade pelo conjunto dos profissionais nas estratégias a serem formuladas no âmbito da intervenção propriamente dita.

Sugestões bibliográficas

Leia os livros:

O acompanhamento da dinâmica recente da economia no Brasil precisa ser visto com cautela dada a tendência dos meios de comunicação superestimarem o "baixo" impacto da crise financeira agudizada a partir de 2008 no país. Nesse contexto até mesmo analistas críticos, como Márcio

Pochmann, superestimam a redução dos índices de desemprego e o aumento da "mobilidade social" como conquistas do crescimento econômico (ver o artigo "a estrutura social no Brasil: mudanças recentes" publicado na revista *Serviço Social & Sociedade*. São Paulo: Cortez, n. 104, 2011).

O contraponto a esse excesso de otimismo pode ser lido no texto: QUADROS, Waldir. *Perfil social do desemprego recente*. Campinas, Ed. da Unicamp, fev. 2009. (Texto para discussão, n. 156.) Disponível em: <http://www.eco.unicamp.br/>. Acesso em: 17 abr. 2011. Nele, o autor chama a atenção para a precariedade crescente das ocupações que mascara bastante os dados sobre o desemprego quando considerados em sua forma mais aguda: o desemprego aberto.

Dados do IPEA. *Desemprego e desigualdade no Brasil metropolitano*. Disponível em: <http://ipea.gov.br/portal/index.php?option=com_content&view=article&id=7190:ipea-lanca-comunicado-sobre-desemprego-e-desigualdade&catid=4:presidencia&Itemid=2>, acesso em: 22 dez. 2011, também são ilustrativos do crescimento da desigualdade social entre os desempregados no Brasil e ajudam a questionar a pretensa "mobilidade social" alicerçada basicamente na estratégia de ampliação dos programas de transferência de renda. Nesse sentido, é imperioso entender o debate sobre a "assistencialização da seguridade social e do Serviço Social", travado pela colega Mavi Rodrigues na revista *Serviço Social & Sociedade*. São Paulo: Cortez, n. 91, 2007 e outros debates que estão na agenda da política social contemporânea, sistematizados em artigos do livro: BEHRING Elaine; ALMEIDA, Maria Helena Tenório de (Orgs.). *Trabalho e Seguridade Social*: percursos e dilemas. São Paulo: Cortez, 2008.

Sugestões culturais

Assista aos filmes:

Garapa — José Padilha. Brasil, 2009.

Lixo extraordinário — Lucy Walker. Brasil, 2010.

Um lugar ao sol — Gabriel Mascaro. Brasil, 2009.

Considerações finais

O movimento da realidade sócio-histórica, ao reproduzir-se, altera diversos aspectos da vida social e, ao fazê-lo, incide também sob as demandas *institucionais* e *socioprofissionais* (Pontes, 1995) postas ao Serviço Social. São cada vez mais diversificadas as refrações da "questão social" e suas complexas relações na medida em que se universalizam aspectos de barbarização da vida social em função da crise na qual o capital está imerso nas últimas décadas (cf. Cap. 5). Por outro lado, são cada vez mais frágeis as bases universais das políticas sociais brasileiras em face dessa massificação da "questão social" (cf. Cap. 7). Sua implementação nesse contexto assume, muitas vezes, para os profissionais nela envolvidos a forma da "frustração" ou da "ausência de resultados". Tais aparências acabam por ser subjetivamente internalizadas e equivocadamente atribuídas à capacidade técnica individual ou a alguma espécie de inépcia genética da profissão em lidar com a "dinâmica e os limites institucionais".

Dessa forma, não é incomum o elevado adoecimento ocupacional de assistentes sociais — notadamente uma das categorias que mais sofre de estresse entre os servidores públicos de um modo geral e na saúde, em particular, segundo várias pesquisas[1] — ou a reiteração do falso dilema, frequentemente levantado, acerca das "distâncias entre teoria e prática".

A pesquisa aparece, a meu ver, como um recurso privilegiado para o enfrentamento desse quadro já que as alternativas e propostas de intervenção são tão mais eficientes quanto mais próximas estejam da realidade que as

---

1. Disponível em: <http://www.faesp.br/rafi/ed2/artigos_maritza.aspx>; <http://www.pepsic.bvs-psi.org.br/pdf/>; <http://www.cressmt.org.br/noticias.jsp?id=675>. Acesso em: 15 jan. 2012.

demandou. Essa proximidade requer a realização do trânsito, repleto de mediações responsáveis pelas conexões entre o conhecimento teórico universal e os fenômenos singulares com os quais os profissionais se defrontam diariamente.

Assim sendo, a formação deste profissional precisa contemplar a aquisição de habilidades não apenas no terreno técnico-operativo, mas também investigativo para o que a pesquisa, devidamente informada numa perspectiva ético-política e teórico-metodológica crítica, é um instrumento essencial. Nessa direção e desde o processo de revisão das bases curriculares efetivado em 1982 a pesquisa é mais que uma matéria de ensino na formação de assistentes sociais. No caso das Diretrizes Curriculares vigentes, ela foi alçada a *princípio formativo* inerente à capacidade de

> apreensão crítica do processo histórico da sociedade brasileira como totalidade; investigação sobre a formação histórica e os processos sociais contemporâneos que conformam a sociedade brasileira no sentido de apreender as particularidades da constituição e desenvolvimento do capitalismo no país; apreensão do significado social da profissão e desvelando as possibilidades de ação contidas na realidade; apreensão das demandas — consolidadas e emergentes — postas ao Serviço Social via mercado de trabalho, visando a formular respostas profissionais que potenciem o enfrentamento da questão social, considerando as novas articulações entre o público e o privado. (Abess, 1997, p. 62)

Também o disposto na Lei de Regulamentação da Profissão (Lei n. 8.662/1993) como competências e atribuições do assistente social deixa explícita a necessidade do conhecimento (direto ou indireto) para a intervenção. Segundo Guerra (2009), no primeiro caso, significa dizer que ao realizar o atendimento individual ou coletivo nas instituições, cada profissional põe em movimento sua capacidade de conhecer diretamente a realidade para tomar decisões; significa dizer também, no segundo caso (o conhecimento indireto), que nesse processo o mesmo recorre aos conhecimentos já sistematizados, bibliográficos, sobre os temas que atravessam esses atendimentos. Para a autora, portanto, através da lei de regulamentação da profissão, "a investigação ganha o *estatuto de elemento constitutivo da própria intervenção profissional*" (2009, p. 712; grifos no original).

Entendido como parte da dimensão investigativa da profissão, o conhecimento da "questão social" coloca, portanto, uma série de desafios à pesquisa e intervenção na área de Serviço Social que precisam ser coletivamente decifrados. Já se disse o quanto é insuficiente tratar a "questão social" apenas remetendo às categorias básicas do modo de produção capitalista, sendo necessário associá-las à "formação social", componente essencial para ultrapassar a generalidade daquelas abordagens.

Considero — agora ainda mais que no início do percurso — que é saturando o debate da "questão social" de mediações sócio-históricas que se demonstra seu potencial reflexivo numa dada direção. Ou seja, o potencial totalizador da "questão social", quando desenvolvido na perspectiva da "pesquisa concreta de situações concretas", evidencia a justeza da formulação que a define como resultante dos mecanismos de exploração do trabalho pelo capital, densificando o embate com as demais concepções presentes no terreno das ciências sociais e incorporadas na cultura profissional.

Entendo que os principais responsáveis pelo adensamento dessas reflexões, em face das particularidades do trabalho acadêmico, são os grupos de estudo existentes no âmbito das universidades e a produção de pesquisas, monografias, teses e dissertações. Sem esquecer a contribuição dos demais profissionais, é importante reconhecer, que

> [...] nem todo/a assistente social tem que dedicar-se sistematicamente à pesquisa. A própria alocação socioprofissional dos assistentes sociais (como, aliás, se registra em todas as categorias profissionais) impede o exercício sistemático da pesquisa por todos os profissionais. É por esta razão, aliás, que é preciso democratizar os resultados das investigações conduzidas por aqueles que estão alocados no espaço específico da pesquisa. (Netto, 2009, p. 693)

Nesse sentido, cabe estimular a incorporação ao debate das mediações que traduzem a "questão social" nas diferentes regiões, estados e municípios do amplo território brasileiro. Pense-se, por exemplo, nas clivagens entre o rural e o urbano; nas diferentes atividades produtivas, seus nexos e intensidade da exploração do trabalho a partir de relações contratuais específicas; nos traços da cultura política que reproduzem ou oferecem resistência às ideologias dominantes; na caracterização das classes sociais que mostre, a partir de sua vinculação a determinados setores produtivos, as suas similaridades em relação aos capitalistas e trabalhadores em geral, mas também suas idiossincrasias, entre tantos outros aspectos, que eu poderia continuar listando por mais algumas páginas.

Nesse nível da pesquisa, é possível o desvendamento de mediações que são importantes para o trabalho profissional porquanto se refletem nas expressões da "questão social" recorrentes na dinâmica institucional. Ao se depararem com elas, os profissionais, pondo em ação a dimensão investigativa do seu trabalho, também possuem um papel que contribui no conhecimento das mediações que particularizam a "questão social". Nesse sentido, Netto (2009, p. 693-694) afirma que

> [...] todo/a assistente social, no seu campo de trabalho e intervenção, deve desenvolver uma atitude investigativa: o fato de não ser um/a pesquisador/a em tempo integral não o/a exime quer de acompanhar os avanços dos conhecimentos pertinentes ao seu campo de trabalho, quer de procurar conhecer concretamente a realidade da sua área particular de trabalho.

Podendo se traduzir sob a forma de pesquisa científica ou não — já que as condições de trabalho muitas vezes são premidas pela imediaticidade e pela falta de recursos — diversas ações podem, se sistematizadas, oferecer conhecimentos importantes sobre as expressões da "questão social". A realização de estudos socioeconômicos, de perfis dos usuários, de levantamentos de dados sobre características e o fluxo das necessidades sociais atendidas e represadas institucionalmente, por exemplo, delineiam contornos complementares aos indicadores que embora incontestavelmente úteis, podem se mostrar defasados ou mesmo inexistentes em relação a determinados territórios e/ou fenômenos sociais específicos. Isso para não falar da constante necessidade de incorporação das pesquisas acadêmicas e outras referências bibliográficas, como a imprensa nacional e local que oferecem elementos estruturais e conjunturais para compreensão dos aparentemente fragmentados processos sociais.

A produção desses materiais, assim como dos resultados da pesquisa acadêmica, precisa encontrar veículos de comunicação recíproca, entendendo que ambos os polos são uma unidade dialética que reflete diferentes níveis de conhecimento do real. Podendo ser válida para a pesquisa de várias temáticas, no caso da "questão social", essas sumárias indicações consistem, a meu ver, num imperativo para fazer avançar o debate para além de suas dimensões teórico-conceituais. Desnecessário enfatizar que essa preocupação tem um lugar especial no caso do Serviço Social, já que sua existência — ou natureza, conforme sinaliza Montaño (1998) — decorre de suas capacidades interventivas.

> A especificidade que particulariza o conhecimento produzido pelo Serviço Social é a inserção de seus profissionais em práticas concretas. O assistente social se detém frente às mesmas questões que outros cientistas sociais, porém o que o diferencia

é o fato de ter sempre em seu horizonte um certo tipo de intervenção: sua preocupação é com a incidência do saber produzido sobre sua prática: em Serviço Social, o saber crítico aponta para o saber fazer crítico. (Baptista, 1992, p. 88-89)

Nesta perspectiva, considero que os assistentes sociais têm muito a contribuir na consolidação de uma perspectiva verdadeiramente descentralizada, como preconiza a legislação brasileira que regulamenta os direitos sociais no Brasil. Sublinhe-se, por exemplo, a necessidade de contextualização das ações propostas nos níveis municipais — por meio de instrumentos como Planos setoriais para cada política — diante da qual tem se aberto um leque de novas demandas ao profissional de Serviço Social. De acordo com Teixeira (2009), tem sido recorrente a sua presença orientando política e eticamente a formatação e execução dessas políticas.

Conforme esse tipo de requisição, o trabalho dos assistentes sociais se situa, predominantemente, no campo da consolidação não só da forma (participativa e com controle social), mas também do conteúdo dos processos de descentralização político-administrativa das políticas públicas. Em função disso é que o conhecimento apurado das expressões da "questão social" me parece imprescindível para superar a implementação de projetos que chegam aos municípios, desconsiderando inteiramente suas particularidades.

Ao contrário do preconizado pela legislação, tem sido comum a reprodução de ações indiferenciadas nos municípios brasileiros que independem do seu porte ou da característica das suas necessidades e demandas. Isso porque os processos participativos se realizam, predominantemente, "pelo alto", reforçando a cultura tecnocrática presente no Estado brasileiro (cf. Cap. 3) ao contrário de fazer o enfrentamento a elas. É sabido que a descentralização vem se realizando com muitos problemas no Brasil neoliberal, já que na "[...] atual conjuntura brasileira, o debate das políticas sociais públicas tem privilegiado a focalização em oposição à universalização, enfatizando a despolitização e tecnificação dos interesses sociais" (Bravo, 2009, p. 397).

Dada a capilaridade e força dessa dinâmica conjuntural que reforça características estruturais de nossa formação social, claro está que se a dimensão investigativa (em todos os espaços de trabalho dos assistentes sociais) não é suficiente, por si só, para enfrentá-la, sem ela e sem intervenções devidamente fundamentadas, não temos sequer condições para resistir em sentido contrário a esses propósitos que, conforme Netto e Braz (2006), atualizam o velho dilema "socialismo ou barbárie".

Referências bibliográficas

ABESS. Diretrizes Gerais para o Curso de Serviço Social. In: *Cadernos Abess*, São Paulo: Cortez, n. 7, 1997.

_____. *Relatório final da pesquisa avaliativa da implementação das diretrizes curriculares do curso de serviço social*. Abepss: São Luís, CD-ROOM, 2008.

ABRANCHES, S. H. *Os despossuídos*: crescimento e pobreza no país do milagre. Rio de Janeiro: Zahar, 1985.

ALBUQUERQUE, M. M. *Pequena história da formação social brasileira*. Rio de Janeiro: Graal, 1981.

ALENCAR, M. M. T. de. Políticas públicas de emprego e renda no Brasil: do "nacional desenvolvimentismo" ao "nacional-empreendedorismo". In: ALMEIDA, M. H. T. de; BEHRING, E. R. (Orgs.). *Trabalho e seguridade social no Brasil*: percursos e dilemas. São Paulo: Cortez; Rio de Janeiro: FSS/Uerj, 2008.

ALVES, G. Nova ofensiva do capital, crise do sindicalismo e as perspectivas do trabalho: o Brasil nos anos noventa. In: TEIXEIRA, F.; OLIVEIRA M. A. de (Orgs.). *Neoliberalismo e reestruturação produtiva*: as novas determinações do mundo do trabalho. São Paulo: Cortez; Fortaleza: Uece, 1998.

_____. *O novo (e precário) mundo do trabalho*. São Paulo: Boitempo, 2005.

_____. Trabalho e sindicalismo no Brasil dos anos 2000: dilemas da era neoliberal. In: ANTUNES, R. (Org.). *Riqueza e miséria do trabalho no Brasil*. São Paulo: Boitempo, 2006.

ALVES, M. H. M. *Estado e oposição no Brasil (1964-1984)*. Petrópolis: Vozes, 1987.

ANTUNES, R. A era de informatização e a época da informalização: riqueza e miséria do trabalho no Brasil. In: _____ (Org.). *Riqueza e miséria do trabalho no Brasil*. Boitempo, 2006a.

_____. Construção e desconstrução da legislação social no Brasil. In: _____ (Org.). *Riqueza e miséria do trabalho no Brasil*. São Paulo: Boitempo, 2006b.

ANTUNES, R. A desconstrução do trabalho e a perda de direitos sociais. *Evocati Revista*, n. 19, jul. 2007. Disponível em: <http://www.evocati.com.br/evocati/interna.wsp?tmp_page=interna&tmp_codigo=134&tmp_secao=18&tmp_topico=direitotrabalho>. Acesso em: 26 mar. 2012.

ARANHA, L. *Educação e trabalho no contexto da terceira revolução industrial*. São Cristóvão (SE): Editora UFS, 1999.

AZEREDO, B. Políticas públicas de emprego no Brasil: limites e possibilidades. In: OLIVEIRA, M. A. (Org.). *Reforma do Estado e políticas de emprego no Brasil*. Campinas: Ed. da Unicamp, 1998.

BALTAR, P. E. de A. Estrutura econômica e emprego urbano na década de 90. In: PRONI, M. W.; HENRIQUE, W. (Orgs.). *Trabalho, mercado e sociedade*. São Paulo: Ed. da Unesp; Campinas: Ed. da Unicamp, 2003.

BAPTISTA, M. V. A produção do conhecimento social contemporâneo e sua ênfase no Serviço Social. In: *Cadernos Abess*, São Paulo, Cortez, n. 5, 1992.

BEHRING, E. R. *Política social no capitalismo tardio*. São Paulo: Cortez, 1998.

_____. *O Brasil em contra-reforma*. São Paulo: Cortez, 2003.

_____. Trabalho e seguridade social: o neoconservadorismo nas políticas sociais. In: _____; ALMEIDA, M. H. T. de (Orgs.). *Trabalho e seguridade social no Brasil*: percursos e dilemas. São Paulo: Cortez; Rio de Janeiro: FSS/Uerj, 2008.

_____; BOSCHETTI, I. *Política social*: fundamentos e história. São Paulo: Cortez, 2006.

BELIK, W. et al. Emprego rural nos anos 90. In: PRONI, M. W.; HENRIQUE, W. (Orgs.). *Trabalho, mercado e sociedade*. São Paulo: Ed. da Unesp; Campinas: Ed. da Unicamp, 2003.

BORIN J. Reforma agrária no governo FHC In: VV.AA. *A crise brasileira e o governo FHC*. São Paulo: Xamã, 1997.

BOSCHETTI, I.; SALVADOR, E. Orçamento da seguridade social e política econômica: perversa alquimia. *Serviço Social & Sociedade*, São Paulo, Cortez, n. 87, 2006.

BRAUN, M. B. S. *Uma análise da balança comercial agrícola brasileira à guisa de sua evolução histórica recente*, 2004. Disponível em: <http://www. cac-php.unioeste.br/revistas/gepec/download>. Acesso em: 27 set. 2007.

BRAVO, M. I. de S. O trabalho do assistente social nas instâncias públicas de controle democrático. *Serviço Social*: Direitos e competências profissionais. Brasília: CFESS/Abepss, 2009.

BRAZ, M. O PAC e o serviço social: crescimento para quê e para quem? — os setenta anos da profissão e os seus desafios conjunturais. *Serviço Social & Sociedade*, São Paulo, Cortez, n. 91, 2007.

BRAZ, M. O governo Lula e o projeto ético-político do Serviço Social. *Serviço Social & Sociedade*, São Paulo: Cortez, n. 78, 2004.

CANO, W. Desequilíbrios regionais no Brasil: alguns pontos. In: BELLUZZO, L. G. de; COUTINHO, R. (Orgs.). *Desenvolvimento capitalista no Brasil*. 4. ed. Campinas: Ed. da Unicamp, 1998. v. 2.

CARDOSO DE MELLO, J. M. de *O capitalismo tardio*. 9. ed. São Paulo: Brasiliense, 1994.

CARDOSO, F. G. et al. Questão social: fenômeno vinculado à histórica luta de classes e determinante básico do Serviço Social como profissão. *Ser Social*, Brasília: UnB, 2000. (Col. Questão social e Serviço Social, n. 6.)

CARDOSO, M. *Ideologia do Desenvolvimento no Brasil*: JK e JQ. 2. ed. Rio de Janeiro: Paz e Terra, 1978.

CASTEL, R. *As metamorfoses da questão social*: uma crônica do salário. Petrópolis: Vozes, 1998.

_____. As transformações da questão social. In: BÓGUS, L.; BELFIORE-WANDERLEY, M.; YAZBEK, M. C. (Orgs.). *Desigualdade e a questão social*. São Paulo: Educ, 2000.

CERQUEIRA FILHO, G. *A questão social no Brasil*: crítica do discurso político. Rio de Janeiro: Civilização Brasileira, 1982.

CHESNAIS, F. *A mundialização do capital*. São Paulo: Xamã, 1996.

_____ (Org.). *Uma nova fase do capitalismo?* São Paulo: Xamã, 2003.

COGGIOLA O. O governo FHC e o movimento sindical. In: VV.AA. *A crise brasileira e o governo FHC*. São Paulo: Xamã, 1997.

COSTA, L. de S. *O desemprego e seus indicadores*. Dissertação (Mestrado) — Instituto de Economia, Unicamp Campinas, 2002.

COUTINHO, C. N. As categorias de Gramsci e a realidade brasileira. In: _____. *Gramsci*: um estudo sobre seu pensamento político. Rio de Janeiro: Civilização Brasileira, 1999.

_____. *O estruturalismo e a miséria da razão*. São Paulo: Expressão Popular, 2010.

_____. *Marxismo e política*: a dualidade de poderes e outros ensaios. 2. ed. São Paulo: Cortez, 1996.

DANTAS, I. *Coronelismo e dominação*. São Cristóvão: Ed. da Universidade Federal de Sergipe (UFS)/Diplomata, 1987.

DEDECCA, C. S.; BALTAR, P. E. de. Notas sobre o mercado de trabalho no Brasil durante a industrialização restringida. *Cadernos do Cesit* [Texto para discussão, n. 12.], Campinas, Instituto de Economia, 1992. (Mimeo.)

_____. Emprego e qualificação no Brasil dos anos 90. In: OLIVEIRA, M. A. (Org.). *Reforma do Estado e políticas de emprego no Brasil*. Campinas: Ed. da Unicamp, 1998.

DEMO, P. Dialética da ajuda. *Ser Social*, Brasília, UnB, 2000. (Questão social e Serviço Social, n. 6.)

DRAIBE, S. *Rumos e metamorfoses*: Estado e industrialização no Brasil 1930-1960. Rio de Janeiro: Paz e Terra, 1985.

DUPAS, G. *Economia global e exclusão social*: pobreza, emprego, Estado e o futuro do capitalismo. Rio de Janeiro: Paz e Terra, 1999.

FAUSTO, B. *História do Brasil*. 5. ed. São Paulo: Edusp, 1997.

FERNANDES, F. *A revolução burguesa no Brasil*: ensaios de interpretação sociológica. 5. ed. Rio de Janeiro: Globo, 2006.

FERREIRA, C. G. O fordismo, sua crise e o caso brasileiro. *Cadernos do Cesit* [Texto para discussão, n. 13], Campinas, Instituto de Economia, 1993. (Mimeo.)

FIORI, J. L. *O voo da coruja*: uma leitura não liberal da crise do estado desenvolvimentista. Rio de Janeiro: Ed. Uerj, 1995.

FURTADO, C. *Formação econômica do Brasil*. 9. ed. São Paulo: Companhia Editora Nacional, 1969.

GONÇALVES, R. *Ô abre-alas*: a nova inserção do Brasil na economia mundial. Rio de Janeiro: Relume-Dumará, 1994.

GRAMSCI, A. *Cadernos do Cárcere*. Ed. e trad. de Carlos Nelson Coutinho; coedição, Luiz Sérgio Henriques e Marco Aurélio Nogueira. Rio de Janeiro: Civilização Brasileira, 2000. v. 3.

GUERRA, Y. D. Pesquisa e produção do conhecimento na área do serviço social. In: CFESS/ABEPSS (Orgs.). *Serviço Social*: Direitos e competências profissionais. Brasília: CFESS/Abepss, 2009.

HENRIQUE, W.; DEDECCA, C. S.; BALTAR, P. E. Mercado de trabalho e exclusão social no Brasil. In: MATTOSO, J. E.; OLIVEIRA, C. E. B. de (Orgs.). *Crise e trabalho no Brasil*: modernidade ou volta ao passado. São Paulo: Scritta, 1996.

HOBSBAWM, E. J. *A era das revoluções*: 1789-1848. 19. ed. São Paulo: Paz e Terra, 2005.

HUBERMAN, L. *História da riqueza do homem*. 11. ed. Rio de Janeiro: Zahar, 1976.

IANNI, O. *A ditadura do grande capital*. Rio de Janeiro: Civilização Brasileira, 1981.

_____. *A sociedade global*. Rio de Janeiro: Civilização Brasileira, 2002.

_____. *Estado e planejamento econômico no Brasil*. 4. ed. rev. atual. Rio de Janeiro: Civilização Brasileira, 1986.

IAMAMOTO, M. V. *Renovação e conservadorismo no serviço social*. São Paulo: Cortez, 1992.

_____. *O serviço social na contemporaneidade*: trabalho e formação profissional. São Paulo: Cortez, 1998.

IAMAMOTO, M. V. Transformações societárias, alterações no "mundo do trabalho" e serviço social. *Ser Social*, Brasília, UnB, 2000. (Questão social e Serviço Social, n. 6.) _____. A questão social no capitalismo. *Temporalis*, Brasília, n. 3, Abepss, 2001a.

_____. *Trabalho e indivíduo social*: um estudo sobre a condição operária na agroindústria canavieira paulista. São Paulo: Cortez, 2001b.

_____. *Serviço social em tempo de capital fetiche*: capital financeiro, trabalho e questão social. São Paulo: Cortez, 2007.

_____; CARVALHO, R. de. *Relações sociais e serviço social no Brasil*: esboço de uma interpretação histórico-metodológica. 10. ed. São Paulo: Cortez, 1995.

IBGE. *Mapa do Mercado de Trabalho no Brasil 1992-1997*. Disponível em: <http://www.ibge.gov.br/home/default.php>. Acesso em: 22 abr. 2007.

_____. *O trabalho no século XX*. Disponível em: <http://www.ibge.gov.br>. Acesso em: 29 abr. 2007.

IPEA. *Desemprego e desigualdade no Brasil metropolitano*. Disponível em: <http://ipea.gov.br/portal/index.php?option=com_content&view=article&id=7190:ipea-lanca-comunicado-sobre-desemprego-e-desigualdade&catid=4:presidencia&Itemid=2>. Acesso em: 9 jan. 2012.

KONDER, L. *O que é dialética*. 8. reimpr. 23. ed. São Paulo: Brasiliense, 2008 (Col. Primeiros Passos.)

LEAL, V. N. *Coronelismo, enxada e voto*. 2. ed. São Paulo: Alfa-Ômega, 1975.

LEITE, S. Políticas públicas e agricultura no Brasil: comentários sobre o cenário recente. In: LESBAUPIN, I. (Org.). *O desmonte da nação*: balanço do governo FHC. Petrópolis: Vozes, 1999.

LENIN, V. I. *O imperialismo*: fase superior do capitalismo. 3. ed. São Paulo: Centauro Editora, 2005.

LÖWY, M. *A teoria do desenvolvimento desigual e combinado*. Disponível em: <http://www.revistaoutubro.com.br/edicoes/01/out01_06.pdf>. Acesso em: 10 jan. 2012.

LUKÁCS, G. *Ontologia do ser social*: os princípios ontológicos fundamentais de Marx. São Paulo: Ciências Humanas, 1979.

_____. *El asalto a la razón*: la trayectoria del irracionalismo desde Schilling hasta Hitler. México/Buenos Aires: Fondo de Cultura Económica, 1959.

MACHADO, G. V. *A burguesia brasileira e a incorporação da agenda liberal nos anos 90*. Dissertação (Mestrado) — Instituto de Economia, Unicamp, Campinas, 2002.

MANDEL, E. *O capitalismo tardio*. 2. ed. São Paulo: Nova Cultural, 1985.

_____. *A crise do capital*: os fatos e sua interpretação marxista. São Paulo: Ed. Ensaio; Campinas: Ed. da Unicamp, 1990.

MANZANO, M. P. F. Custo de demissão e proteção do emprego no Brasil. In: MATTOSO, J. E.; OLIVEIRA, C. E. B. de (Orgs.). *Crise e trabalho no Brasil*: modernidade ou volta ao passado. São Paulo: Scritta, 1996.

MARTINELLI, M. L. *Serviço social*: identidade e alienação. São Paulo: Cortez, 1995.

MARX, K. *Miséria da filosofia*. Porto: Publicações Escorpião, 1976.

_____. *O capital*. Livro I. 18. ed. Rio de Janeiro: Civilização Brasileira, 2001. v. 1 e 2.

_____. As lutas de classe na França: 1848-1850. In: MARX, K.; ENGELS, F. *Obras escolhidas*. São Paulo: Alfa-Ômega [s.d.]. v. 1.

_____. O Dezoito Brumário de Luís Bonaparte. In: MARX, K.; ENGELS, F. *Obras escolhidas*. São Paulo: Alfa-Ômega [s.d.]. v. 1.

_____; ENGELS, F. *A ideologia alemã*. 10. ed. São Paulo: Hucitec, 1996.

_____; ENGELS, F. Manifesto do Partido Comunista. In: MARX, K.; ENGELS, F. *Obras escolhidas*. São Paulo: Alfa-Ômega [s.d.]. v. 1.

MATTOSO, J. E. *A desordem do trabalho*. São Paulo: Scritta, 1995.

_____; BALTAR, P. E. de A. *Transformações estruturais e emprego nos anos 90*. Campinas: Ed. da Unicamp/Cesit, 1996.

MENDONÇA, S. E. A. O espaço restrito da flexibilização. In: VV.AA. *Seminário desemprego*: desafios e perspectivas na virada do século. Rio de Janeiro: Corecon/Cofecon, 1998.

MÉSZÁROS, I. *Para além do capital*. São Paulo: Boitempo; Campinas: Ed. da Unicamp, 2002.

_____. *O século XXI*: socialismo ou barbárie? São Paulo: Boitempo, 2006.

MONTAÑO, C. *La naturaleza del servicio social*. São Paulo: Cortez, 1998.

_____. *Terceiro setor e questão social*: crítica ao padrão emergente de intervenção social. São Paulo: Cortez, 2003.

MOTA, A. E. *Cultura da crise e seguridade social*: um estudo sobre as tendências da previdência e da assistência social nos anos 80 e 90. São Paulo: Cortez, 1995.

NASCIMENTO, N. S. F. Desenvolvimento capitalista e "questão social": notas para o debate. *Praia Vermelha*, Rio de Janeiro, Escola de Serviço Social, UFRJ, n. 10, 2004.

NETO, J. F. S. Flexibilização, desregulamentação e o direito do trabalho no Brasil. In: MATTOSO, J. E.; OLIVEIRA, C. E. B. de (Orgs.). *Crise e trabalho no Brasil*: modernidade ou volta ao passado. São Paulo: Scritta, 1996.

_____; OLIVEIRA, M. A. de. Contrato coletivo de trabalho: possibilidades e obstáculos à democratização das relações de trabalho no Brasil. In: MATTOSO, J. E.; OLIVEIRA, C.

E. B. de (Orgs.). *Crise e trabalho no Brasil*: modernidade ou volta ao passado. São Paulo: Scritta, 1996.

NETTO, J. P. *Capitalismo monopolista e serviço social*. São Paulo: Cortez, 1992a.

_____ (Org.). *Lukács*: sociologia. São Paulo: Ática, 1992b.

_____. *Crise do socialismo e ofensiva neoliberal*. 2. ed. São Paulo: Cortez, 1995.

_____. *Ditadura e serviço social*: uma análise do serviço social no Brasil pós-64. 2. ed. São Paulo: Cortez, 1996a.

_____. Transformações societárias e Serviço Social. *Serviço Social & Sociedade*, São Paulo, Cortez, n. 50, 1996b.

_____. Cinco notas a propósito da questão social. *Temporalis*, Brasília, Abepss, Grafline, ano 2, n. 3, 2001.

_____. *O que é marxismo*. 2. reimpr. 9. ed. São Paulo: Brasiliense, 2009.

_____. FHC e a política social: um desastre para as massas trabalhadoras. In: LESBAUPIN, I. (Org.). *O desmonte da nação*: balanço do governo FHC. Petrópolis: Vozes, 1999.

_____. A conjuntura brasileira: o Serviço Social posto à prova. *Serviço Social & Sociedade*, São Paulo, Cortez, n. 79, 2004.

_____; BRAZ, M. *Economia política*: uma introdução crítica. São Paulo: Cortez, 2006.

_____. Introdução ao método na teoria social. In: CFESS/ABEPSS (Orgs.). *Serviço Social*: Direitos e competências profissionais. Brasília: CFESS/Abepss, 2009.

NETTO, J. P. Razão, ontologia e práxis. *Serviço Social & Sociedade*, São Paulo: Cortez, n. 44, 1994.

OLIVEIRA, M. A. Tendências recentes das negociações coletivas no Brasil. In: PRONI, M. W.; HENRIQUE, W. (Orgs.). *Trabalho, mercado e sociedade*. São Paulo: Ed. da Unesp; Campinas: Ed. da Unicamp, 2003.

_____; TEIXEIRA, F. J. S. (Orgs.). *Neoliberalismo e reestruturação produtiva*: as novas determinações do mundo do trabalho. São Paulo: Cortez; Fortaleza: Uece, 1996.

OURIQUES, N. D. Plano Real: estabilização monetária e estratégia recolonizadora. In: VV.AA. *A crise brasileira e o governo FHC*. São Paulo: Xamã, 1997.

PASTORINI, A. *A categoria "questão social" em debate*. São Paulo: Cortez, 2004.

_____. Quem mexe os fios das políticas sociais? Avanços e limites da categoria "concessão-conquista". *Serviço Social & Sociedade*, São Paulo, Cortez, n. 53, 1997.

PEREIRA, P. A questão social e as transformações das políticas sociais: respostas do Estado e da sociedade civil. *Ser Social*, Brasília, UnB, 2000. (Questão social e serviço social, n. 6.)

PEREIRA, P. Questão social, serviço social e direitos de cidadania. *Temporalis*, Brasília, Abepss, Grafline, ano 2, n. 3, 2001.

PONTES, R. P. *Mediação e serviço social*. São Paulo: Cortez; 1995.

PRADO JÚNIOR, C. *História econômica do Brasil*. 46. ed. São Paulo: Brasiliense, 2004.

POCHMANN, M. Mudança e continuidade na organização sindical brasileira no período recente. In: MATTOSO, J. E.; OLIVEIRA, C. E. B. de (Orgs.). *Crise e trabalho no Brasil*: modernidade ou volta ao passado. São Paulo: Scritta, 1996.

_____. Rumos da política do trabalho no Brasil. In: SILVA, M. O. S.; YAZBEK, M. C. *Políticas de trabalho e renda no Brasil contemporâneo*. São Paulo: Cortez; São Luiz: Fapema, 2006a.

_____. Desempregados do Brasil. In: ANTUNES, R. (Org.). *Riqueza e miséria do trabalho no Brasil*. São Paulo: Boitempo, 2006b.

_____. A estrutura social no Brasil: mudanças recentes. *Serviço Social & Sociedade*, São Paulo, Cortez, n. 104, 2011.

PORTUGAL, M. S.; GARCIA, L. S. Notas sobre o desemprego estrutural no Brasil. In: VALLE, R.; CARLEIAL, L. *Reestruturação produtiva e mercado de trabalho no Brasil*. São Paulo: Hucitec/Abet, 1997.

POSSAS, M. L. Empresas multinacionais e industrialização no Brasil. In: BELLUZZO, L. G. de; COUTINHO, R (Orgs.). *Desenvolvimento capitalista no Brasil*. 4. ed. Campinas: Ed. da Unicamp, 1998. v. 2.

PRONI, W. M.; BALTAR, P. E. de A. Sobre o regime de trabalho no Brasil: rotatividade da mão de obra, emprego formal e estrutura salarial. In: MATTOSO, J. E.; OLIVEIRA, C. E. B. de (Orgs.). *Crise e trabalho no Brasil*: modernidade ou volta ao passado. São Paulo: Scritta, 1996.

QUADROS, W. *Perfil social do desemprego recente*. Campinas: Ed. da Unicamp, fev. 2009. [Texto para discussão, n. 156]. Disponível em: <http://www.eco.unicamp.br/>. Acesso em: 2 jan. 2009.

REICHSTUL, H. P.; COUTINHO, L. Investimento estatal de 1974/80: ciclo e crise. In: BELLUZZO, L. G. de; COUTINHO, R. (Orgs.). *Desenvolvimento capitalista no Brasil*. 4. ed. Campinas: Ed. da Unicamp, 1998. v. 2.

RODRIGUES, M. Assistencialização da seguridade e do serviço social no Rio de Janeiro: notas críticas de um retrocesso. *Serviço Social & Sociedade*, São Paulo, Cortez, n. 91, 2007.

ROSANVALLON, P. *A nova questão social*. Brasília: Ed. Instituto Teotônio Vilela, 1998.

SABOIA, J. Globalização, modernização tecnológica e desemprego. In: VV.AA. *Seminário desemprego*: desafios e perspectivas na virada do século. Rio de Janeiro: Corecon/Cofecon, 1998.

SABOIA, J. Salário e produtividade na indústria brasileira: os efeitos da política salarial no longo prazo. In: *Pesquisa e Planejamento Econômico*, Rio de Janeiro, v. 20, n. 3, 1990. Disponível em: <http://ppe.ipea.gov.br/index.php/ppe>. Acesso em: 31 dez. 2009.

SALM, C. Flexibilidade: solução ou precarização do trabalho? In: VV.AA. *Seminário desemprego*: desafios e perspectivas na virada do século. Rio de Janeiro: Corecon/Cofecon, 1998.

SANTOS, A. Reforma trabalhista e sindical do governo Lula. *Serviço Social & Sociedade*, São Paulo, Cortez, n. 81, 2005.

SANTOS, E. P. A questão social em debate. *Praia Vermelha*, Rio de Janeiro, Escola de Serviço Social, UFRJ, n. 10, 2004.

SANTOS, W. G. dos. *Cidadania e justiça*: as políticas sociais na ordem brasileira. Rio de Janeiro: Campus, 1987.

SCHHWARTZ, E.; NOGUEIRA, V. M. Exclusão social: a desigualdade do século XX. *Ser Social*, Brasília, UnB, 2000. (Questão social e serviço social, n. 6.)

SCHWARZ, R. *Ao vencedor as batatas*. Forma literária e processo social no início do romance brasileiro. 4. reimpr. 5. ed. São Paulo: Duas Cidades/Ed. 34, 2008.

SERRA, R. M. S. A questão social hoje. *Ser Social*, Brasília, UnB, 2000. (Questão social e serviço social, n. 6.)

SILVA, S. *Expansão cafeeira e origens da indústria no Brasil*. 6. ed. São Paulo: Alfa-Ômega, 1985.

_____; MIGLIOLI, J. Redistribuição: um problema de salários e lucros. In: BELLUZZO, L. G. de; COUTINHO, R. (Orgs.). *Desenvolvimento capitalista no Brasil*. 4. ed. Campinas: Ed. da Unicamp, 1998. v. 2.

SINGER, P. A raiz do desastre social: política econômica de FHC. In: LESBAUPIN, I. (Org.). *O desmonte da nação*: balanço do governo FHC. Petrópolis: Vozes, 1999.

SKIDMORE, T. *Brasil*: de Getúlio a Castelo (1930-1964). Rio de Janeiro: Paz e Terra, 1975.

SOARES, L. T. *Os custos do ajuste neoliberal na América Latina*. São Paulo: Cortez, 2000.

SODRÉ, N. W. *História da burguesia brasileira*. 3. ed. Rio de Janeiro: Civilização Brasileira, 1976.

_____. *Capitalismo e revolução burguesa no Brasil*. Belo Horizonte: Oficina de Livros, 1990.

SOUZA, P. R. C. Os impasses atuais das políticas de emprego e salário. In: BELLUZZO, L. G. de; COUTINHO, R. (Orgs.). *Desenvolvimento capitalista no Brasil*. 4. ed. Campinas: Ed. da Unicamp, 1998. v. 2.

STEIN, R. H. A (nova) questão social e as estratégias para seu enfrentamento. *Ser Social*, Brasília, UnB, 2000. (Questão social e serviço social, n. 6.)

TAVARES, M. da C. *Acumulação de capital e industrialização no Brasil*. 3. ed. Campinas: Ed. da Unicamp, 1998.

TEIXEIRA, A. *O ajuste impossível*: um estudo sobre a desestruturação da ordem econômica mundial e seu impacto sobre o Brasil. Rio de Janeiro: Editora UFRJ, 1994.

TEIXEIRA, F.; OLIVEIRA M. A. de (Orgs.). *Neoliberalismo e reestruturação produtiva*: as novas determinações do mundo do trabalho. 2. ed. São Paulo: Cortez, 1998.

TEIXEIRA, J. B. Formulação, administração e execução de políticas públicas. *Serviço Social*: Direitos e competências profissionais. Brasília: CFESS/Abepss, 2009.

TONET, I. O pluralismo metodológico: um falso caminho. *Serviço Social & Sociedade*, São Paulo, Cortez, n. 48, 1995.

VIANNA, L. W. *Liberalismo e sindicato no Brasil*. Rio de Janeiro: Paz e Terra, 1978.

VIEIRA, E. *Estado e miséria social no Brasil*: de Getúlio a Geisel. 4. ed. São Paulo: Cortez, 1995.

WANDERLEY, L. E. W. A questão social no contexto da globalização: o caso latino-americano e o caribenho. In: BÓGUS, L.; BELFIORE-WANDERLEY, M.; YAZBEK, M. C. (Orgs.). *Desigualdade e a questão social*. São Paulo: Educ, 2000.

WEFFORT, F. *O populismo na política brasileira*. Rio de Janeiro: Paz e Terra, 1978.

WENDHAUSEN, E. J. Políticas de trabalho, emprego e renda: uma análise das propostas dos governos FHC e Lula. *Serviço Social & Sociedade*, São Paulo, Cortez, n. 99, 2009.

YAZBEK, M. C. Pobreza e exclusão social: expressões da questão social no Brasil. *Temporalis*, Brasília, Abepss, Grafline, ano 2, n. 3, 2001.

Glossário

A

Assistencialismo

Prática associada ao já mencionado mandonismo/paternalismo que possibilita o acesso a bens e serviços a partir de motivações "caridosas", aparentemente desinteressadas. Essas doações estimulam a dependência política em relação ao "doador" na contramão da cidadania e dos direitos sociais.

B

Balança comercial

É o cálculo governamental anual que indica o predomínio da situação de comércio externo do país. Pretende medir o saldo positivo (*superávit*) ou negativo (*déficit*) de acordo com a posição majoritária do país: quando ele exportou mais que importou, tem-se um *superávit*; quando o volume de importações supera o de exportações, tem-se um *déficit*.

C

Capital constante

Equivale, segundo as análises de Marx, à parte do capital empregada nos instrumentos de trabalho e no maquinário necessário à produção, de um modo geral.

Capital financeiro

Formas diferenciadas de investimento dos lucros capitalistas. No primeiro caso, é a forma básica do capital, já que é investido na PRODUÇÃO, de onde se extrai mais-valia a partir da exploração da força de trabalho; no segundo caso, é uma forma histórica bem posterior (nasce entre meados do século XIX, associada aos bancos) e representa investimentos que fazem o dinheiro investido render sob a forma de juros. Atualmente, esta última vem se tornando cada vez mais importante pelo seu papel na atenuação da crise capitalista. Para aprofundamento, sugiro Iamamoto (2007).

Capital produtivo/Capital financeiro

Formas diferenciadas de investimento dos lucros capitalistas. No primeiro caso, é a forma básica do capital, já que é investido na PRODUÇÃO, de onde se extrai mais-valia a partir da exploração da força de trabalho; no segundo caso, é uma forma histórica bem posterior (nasce entre meados do século XIX, associada aos bancos) e representa investimentos que fazem o dinheiro investido render sob a forma de juros. Atualmente, esta última vem se tornando cada vez mais importante pelo seu papel na atenuação da crise capitalista. Para aprofundamento, sugiro Iamamoto (2007).

Capital variável

Equivale aos investimentos feitos na contratação da força de trabalho.

Capitalismo em seu estágio monopolista

Momento atual do desenvolvimento capitalista iniciado no século XX. Além da diminuição da "livre concorrência" por meio da inteira dominância de setores produtivos inteiros pelas fusões de capital, concentrando-o, também intensifica a financeirização da economia.

Complexo de complexos

Expressão lukacsiana que sublinha o significado da totalidade em Marx, de modo a diferenciá-la de outras formas de compreensão da totalidade, especialmente a positivista, em que o "todo" é um complexo formado a partir da junção das partes "simples". Em Marx, a totalidade é "concreta, inclusiva e macroscópica, de máxima complexidade [e] é constituída por totalidades de menor complexidade. Nenhuma dessas totalidades é 'simples'" (Netto, 2009, p. 690). Se não existe nada em sociedade que possa ser, nesse raciocínio, chamado de "simples", isso significa dizer que mesmo o ponto de partida mais aparentemente microscópico é recheado de mediações que o torna, à partida, necessariamente um complexo.

D

Desemprego aberto

"[...] é a parcela da PEA [População Economicamente Ativa] que, não tendo nenhuma ocupação, pressionou o mercado de trabalho através da procura efetiva nos últimos sete dias anteriores à pesquisa" (Costa, 2002, p. 81).

Desenvolvimento desigual e combinado

Elaboração conceitual do marxista Leon Trotsky que se preocupa em explicar as condições de inserção de economias capitalistas periféricas, especialmente da Rússia, nas relações econômicas internacionais. De um modo geral, acentua que esses países de industrialização retardatária possuem singularidades no seu desenvolvimento que, por ser tardio, conta com a possibilidade de acesso a traços de modernidade nas forças produtivas introduzidos num ambiente de relações de produção arcaicas; ou se constrói sob a manutenção de setores de produção "tradicionais", como foi o caso do Brasil e sua "vocação agrária". No contexto em que está citado aqui, pretende ajudar a entender a funcionalidade da manutenção desse padrão de desenvolvimento limitado no contexto da divisão internacional do trabalho, sob condições imperialistas.

Desindexação salarial

Medida governamental que acabou por não permitir acordos de reposição salarial na data-base, ou fora dela, por índices de inflação ou de custo de vida, conforme feito ao longo dos anos 1980.

E

Eldorado de Carajás e Corumbiara

Dois massacres resultantes das formas de enfrentamento do Estado brasileiro ao Movimento dos Trabalhadores Rurais Sem-Terra em favor da manutenção dos latifúndios. No primeiro, ocorrido no Pará em 17 de abril de 1996, a polícia militar matou 19 militantes do movimento que tentaram resistir ao mandato de reintegração de posse; o segundo ocorrido em Rondônia em 09 de agosto de 1995, também a partir de uma ação de reintegração de posse executada pela polícia, matou 11 pessoas.

Emenda "Dante de Oliveira"

Nome pelo qual ficou conhecida a Proposta de Emenda Constitucional (PEC n. 5/1983) de autoria do deputado federal Dante de Oliveira (PMDB-MT). A mesma propunha a retomada, em 1984, das eleições diretas para Presidente da República no Brasil. Cabe lembrar que isso não ocorreu durante os 20 anos que se sucederam ao golpe militar de 1964. Conforme já dito, o movimento da sociedade pela aprovação desta PEC ficou conhecido como "Diretas já".

Endógeno

Interno; com autonomia e capacidade de autodeterminação.

Escola da regulação

Referência a um grupo de pensadores e pesquisadores, originalmente gestado na França no final dos anos de 1960 (Behring, 1998). Tornou-se uma perspectiva teórica mais ampla com a presença em vários países e tem como preocupação central descobrir os mecanismos que provocaram a crise capitalista atual, enfatizando-se as relações entre modo de regulação e regime de acumulação.

F

Federalista

Vem de Federalismo, que é a forma de organização do território brasileiro desde a Proclamação da República. Nela reconhece-se uma certa "autonomia" para os estados que constituem aparatos governativos próprios, tendo, entretanto, suas decisões submetidas à ordem Constitucional e a parâmetros gerais definidos pelo Governo Central (Federal) que confere unidade à Nação. Nesta época havia bastante dificuldade de limitar a autonomia dos estados, especialmente aqueles que vinham se tornando mais importantes economicamente e que tinham tendências regionalistas muito arraigadas, como São Paulo e Minas Gerais.

H

Heterodoxas

Nesse contexto significa dizer que foi um plano econômico diferente do tradicionalmente proposto pelas agências internacionais.

Heteronomia

É o oposto de autonomia. Indica dependência, incapacidade de tomar decisões de modo autônomo. É um conceito utilizado por Fernandes (2006) para designar a situação econômica do Brasil ante as demais potências capitalistas desenvolvidas que possui derivações em se tratando também de decisões políticas do Estado brasileiro.

I

Imperialismo

Este conceito designa um conjunto de características assumidas, progressivamente, pelo capitalismo ao final do século XIX e início do século XX em razão da centralização de capitais (produtivos e financeiros) que dá origem aos monopólios. De um modo geral indica a luta das grandes potências capitalistas naquele momento (Alemanha, Inglaterra e EUA) pela dominação econômica e política do restante dos países do mundo que culminou na I Guerra Mundial. Nas palavras de Lênin os principais aspectos em jogo eram "a luta pelas fontes de matérias-primas [carvão e aço], pela exportação de capitais, pelas concessões de lucros monopolistas etc. e, finalmente, pelo território econômico geral" (2005, p. 126). Cabe destacar que apesar da sua gênese historicamente datada, o imperialismo ainda vigora nas relações entre as economias capitalistas atualmente. Em sua atual e terceira fase predomina a exportação de capital financeiro e não mais produtivo, como foi no seu momento clássico. Sobre o imperialismo consultar Lenin (2005) e também Netto e Braz (2006) especialmente os capítulos 8 e 9.

Indústria de bens de produção

Também conhecidas como indústrias de base ou de bens de capital. Este ramo da produção processa industrialmente matérias-primas brutas e é assim chamada porque é a base para o desenvolvimento de outros ramos industriais. É essencial para o desenvolvimento autônomo do capitalismo, pois a partir delas pode-se avançar na fabricação de máquinas e equipamentos necessários aos demais setores industriais (capital constante) e o país passa a depender menos da importação desse tipo de equipamento. São exemplos desse ramo industrial a petroquímica e a siderurgia que, tendo como matérias-primas o petróleo e o aço, respectivamente, estão entre as primeiras desse gênero a surgir no contexto da industrialização restringida brasileira.

Interesses universais

Referência ao processo das revoluções burguesas clássicas, ocorridas na Europa Ocidental. Nesses casos, especialmente nas revoluções francesa e inglesa, a burguesia teve a seu lado um conjunto de extratos de classe bastante diferenciado e essa aliança só foi possível pela capacidade burguesa de convencê-los de que as bandeiras das revoluções (liberdade, igualdade e fraternidade) eram universais, ou seja, eram de interesse de todos e não apenas dela própria. Obviamente que este processo se revelou inteiramente falso a partir da estruturação da dominância burguesa, mas é um pressuposto importante para a ocorrência de movimentos revolucionários.

L

Liberalismo

Doutrina política que caracterizou a dominância da sociedade burguesa na Europa Ocidental. Possui inúmeras variantes impossíveis de serem integralmente mencionadas neste espaço. Do ponto de vista político, esse conjunto de ideias surge reivindicando a igualdade (perante a lei), a liberdade (do trabalho) e a universalidade do ser humano (Schwarz, 2008). Seu sentido é dado pela luta contra características da sociedade feudal onde existiam castas que diferenciavam os homens segundo seu nascimento e também onde os trabalhadores eram "presos" à terra, não havendo "trabalhadores livres". Em sua dimensão econômica, o liberalismo propõe que o mercado se autorregule e, nesse sentido, que a intervenção do Estado seja a menor possível, preservando os "direitos individuais" e a livre concorrência. Em ambas as dimensões, sua gênese na sociedade brasileira é bastante paradoxal: tanto por causa do trabalho escravo (e, portanto, nada livre) quanto por causa das dimensões da intervenção estatal, necessárias a uma burguesia nacionalmente débil.

Liofilização organizacional

Segundo Antunes o termo é do sociólogo espanhol Juan Jose Castillo e designa a substituição cada vez mais intensiva de trabalho vivo por trabalho morto. "A liofilização organizacional não é outra coisa senão o processo de 'enxugamento' das empresas" (Antunes, 2012).

Lógico-gnosiológico

É um conceito que equivale a "epistemológico"; designa elaborações teóricas cuja preocupação é produzir resultados que indiquem *a melhor forma de conhecer* o objeto e não *o que efetivamente este objeto é*. Desse tipo de preocupação resultam, muitas vezes, conceitos abstratos que surgem *a priori*, como fórmulas que se aplicam a distintas realidades: verdadeiros modelos explicativos a partir dos quais o pesquisador "enquadra" seus objetos. A referência a esse tipo de procedimento acadêmico é feita para ilustrar a direção oposta (ontológica) em que caminha a elaboração marxiana, preocupada com a essência e a dinâmica dos objetos socialmente determinados.

M

Marxista-leninista

Nas palavras de Netto (2009), corresponde ao "marxismo institucionalizado" como ideologia oficial do Estado Soviético. Esta elaboração teórica se desenvolveu sob a ditadura stalinista na União Soviética e pretendeu corresponder ao "verdadeiro" marxismo, reunindo, de modo utilitarista, alguns pressupostos da obra marxiana e da obra de Lênin a partir das necessidades de justificar os rumos autoritários tomados pelo socialismo naquele país.

Matriz marxiana

Netto (2006) diferencia claramente a "matriz marxiana" como conjunto de ideias elaboradas originalmente por Marx da "tradição marxista" (ou "marxismo") que, é constituída por um leque diversificado de autores que se dedicaram, após a morte de Marx, a interpretar e a atualizar sua obra.

Mediações

Já algumas vezes citada nesse texto, a categoria *mediação* designa, em linhas gerais, o "recheio" dos aspectos que estão sendo analisados, para relembrar a definição de Konder (2008). Responde pelos aspectos, características e determinações constitutivas da realidade que vão nos ajudando a compreendê-la de modo mais "concreto"; a fazer o movimento que supera a aparência dos fenômenos em busca de sua essência. Neste sentido, é importante lembrar que uma realidade MEDIATIZADA (isto é, repleta de mediações) é o oposto de sua compreensão IMEDIATA, ou seja, sem mediações.

Microeletrônica

Componente técnico responsável pelas características da chamada "Terceira Revolução Industrial", cuja expressão conhecida é a aplicação da informática e da tecnologia digital ao setor produtivo e de telecomunicações.

Modo de produção escravista

Designa um período da história da humanidade (a Antiguidade Clássica) em que toda a produção social era organizada com base no trabalho escravo. Esse tipo de força de trabalho se institui como consequência das guerras e disputas territoriais empreendidas especialmente pelos impérios grego e romano que obrigavam os povos "conquistados" a trabalharem gratuitamente, tornando-os propriedade do Estado. Como modo de produção, o escravismo antecede o feudalismo.

O

Ontológico-social

Busca dos fundamentos do SER SOCIAL, diferente de se afirmar apenas como ONTOLOGIA (que pode ser referida a qualquer outro tipo de ser orgânico ou inorgânico). Tem suas categorias definidas a partir do primado da "existência sob a consciência"; ou seja, é pautada pelo materialismo e por isso diferente de outras ontologias existentes na história da filosofia, cujo fundamento é afirmado de modo idealista.

P

Paternalismo e o mandonismo

Ambos os termos designam relações trabalhistas cuja sustentação não se dá apenas com base na subsunção real do trabalhador ao capitalista, englobando aspectos de dominação extraeconômicos. Mais concretamente falando, mantêm-se relações de dominação com base em favores e concessões por parte dos patrões que cobram seu preço exigindo subserviência e fidelidade política. Essas contrapartidas funcionam como mecanismo de alienação que retarda a percepção das relações de exploração e, principalmente, a organização dos trabalhadores para seu enfrentamento.

Pauperização absoluta e relativa

Configuram duas formas diferenciadas de expressão da pobreza. A primeira (absoluta) remete ao mais extremo grau de privação, em geral associado ao desemprego e à ausência de quaisquer condições de provimento das necessidades sociais básicas.

A segunda (relativa) designa o empobrecimento de segmentos assalariados em face da queda no poder de compra de suas remunerações diante de crises ou de políticas de ajuste econômico.

"Plano Cruzado"

Plano econômico que "congelava" preços e salários na tentativa de combater a inflação. Associado a isso causou muito incômodo no cenário internacional por ter proposto a que o governo decretasse a moratória (não pagamento) da dívida externa.

Política cambial

É um conjunto de decisões governamentais que determina quanto vale a moeda de um país em relação às demais moedas, em geral ao dólar. Pode-se proceder valorizando ou desvalorizando a moeda dependendo de que movimento o governo quer acentuar na balança comercial (relação entre a quantidade de exportações e de importações). No caso em questão, ao desvalorizar a moeda nacional, o governo brasileiro produzia a sensação de aumento nos lucros da exportação do café, que eram pagos com moeda estrangeira.

R

Reestruturação produtiva

Procedimentos de natureza diversificada que os capitalistas adotam para reorganizar os processos produtivos tentando aumentar a margem de lucro. São medidas como investimentos em tecnologia que aceleram a produção; demissões e contratações que variam de acordo com a demanda do produto no mercado, entre outras.

Reformadores sociais

Pensadores que formularam um programa de "reformas" no interior da ordem capitalista objetivando atenuar seus efeitos mais graves do ponto de vista socioeconômico. Havia os de perfil mais humanitário, de cunho caritativo, e os que direcionaram seus esforços para reformar as instituições públicas com mecanismos assistenciais.

Regressivo em suas possibilidades civilizatórias

A expressão chama a atenção para o movimento atual do capitalismo que retrocede em várias conquistas por ele proporcionadas, especialmente durante os anos 1940-1970. É o caso, por exemplo, das relações entre capital e trabalho que desde que se instituíram, já foram bastante alteradas num sentido civilizatório em função das conquistas democráticas obtidas pela luta dos trabalhadores organizados, mas que no contexto atual de crise tendem a apresentar o retorno de características como a barbarização e a extrema exploração, regredindo em várias das conquistas mencionadas.

Revolução Burguesa

Classicamente falando, esse termo designa os processos de constituição da burguesia como classe dominante no capitalismo. Ou seja, realizou-se como autêntico momento de lutas sociais e rupturas na dinâmica sociopolítica e cultural dos países que hoje se consolidaram como "desenvolvidos", a exemplo da França (1789) e da Inglaterra (1640).

S

Sazonalidade

No sentido em que aparece aqui indica interrupções na dinâmica do trabalho efetivado em alguns setores produtivos, como é o caso, por exemplo, de determinadas culturas agrícolas que precisam de maior ou menor quantidade de força de trabalho a depender da época de plantio ou de colheita.

Setor Produtivo Estatal

Efetivamente, as indústrias que possuem capital público, nacionalizado, conforme foi a indústria do petróleo no Brasil até a quebra do monopólio, ocorrida durante o governo FHC.

Subsunção formal do trabalho ao capital

Processo discutido por Marx no Livro I, v. 1 de *O capital*, especialmente entre os capítulos XI e XIII. Trata-se da progressiva dominância que o capitalista vai exercendo sobre o trabalhador ao aprofundar A divisão do trabalho em duas direções: no parcelamento das etapas do processo produtivo e na utilização cada vez mais intensa de tecnologia. A combinação desses processos faz o trabalhador perder, gradativamente, o controle do processo produtivo. Em sua fase inicial, de cooperação simples, a produção e, portanto, o consumo da força de trabalho, era apenas formalmente controlado pelo capitalista, já que o trabalhador ainda era parte essencial do processamento das operações manuais. Esta era a subsunção formal do trabalho ao capital. Com a utilização crescente do maquinário, passando da manufatura à fase da grande indústria capitalista, este se torna um "apêndice da máquina" e se consolida o domínio real do capitalista sobre o trabalhador, elemento subjetivo do processo de trabalho. Esta é a chamada subsunção real do trabalho ao capital. Além do próprio Marx, outra referência auxiliar no tratamento dessas categorias encontra-se em Netto e Braz (2006), Capítulo 4, especialmente item 4.5.

Segunda Revolução Industrial

Aprofundamento das inovações tecnológicas e produtivas ocorridas no capitalismo na segunda metade do século XIX. As principais inovações aplicadas à produção diziam respeito ao papel da indústria química e eletromecânica e à utilização do petróleo e do aço. Para maiores detalhes, consultar especialmente o segundo capítulo Aranha (1999).

T

Tradição marxista

Netto (2006) diferencia claramente a "matriz marxiana" como conjunto de ideias elaboradas originalmente por Marx da "tradição marxista" (ou "marxismo") que, é constituída por um leque diversificado de autores que se dedicaram, após a morte de Marx, a interpretar e a atualizar sua obra.

Transformismo

De origem gramsciana, o conceito de "transformismo" tornou-se bastante utilizado nas análises sobre o Brasil a partir de sua popularização na obra de Carlos Nelson Coutinho. O mesmo é assim definido em uma das notas dos Editores dos Cadernos do Cárcere (2000, v. 3): "O fenômeno do transformismo está presente em diversas passagens dos *Cadernos*, em conexão com o conceito de 'revolução passiva' ou 'revolução-restauração'. [...] O transformismo significa um método para implementar um programa limitado de reformas, mediante a cooptação pelo bloco no poder de membros da oposição" (p. 396).

"Trinta anos gloriosos"

Termo originalmente criado pelo economista francês Jean Fourastié e popularizado por Eric Hobsbawm para designar o período que cobre os anos de 1945-1973. Esse foi um momento "glorioso" para o capitalismo, pois manteve elevada e crescente a taxa de lucros mediante a adoção do padrão fordista/keynesiano, fortes indutores de produtividade e consumo.

U

Unicidade sindical

Princípio da legislação trabalhista promulgada por Vargas a partir do qual não é admitida a criação de mais de um sindicato por categoria profissional. Esse princípio sempre foi bastante polêmico por reduzir a liberdade de associação e autonomia do movimento sindical e continua válido legalmente até os dias de hoje, segundo a Constituição de 1988.